gefördert durch:

EMW

Evangelisches Missionswerk
in Deutschland
Association of Protestant Churches
and Missions in Germany

Elisabeth Bartholomäus

Mit Skalpell und Gottvertrauen

Aus dem Leben einer Missionsärztin

Erlanger Verlag
für Mission
und Ökumene

Hauptstraße 2, 91564 Neuendettelsau
Neuendettelsau 2014

Umschlaggestaltung und Satz: Susanna Endres, Nürnberg
Druck und Bindung: CPI buchbücher.de, Frensdorf
ISBN 978 3 87214 542 0

www.erlanger-verlag.de

Für meinen Bruder Martin

in dankbarer Verbundenheit

INHALT

INHALT

Vorwort

Während unser Auslandseinsatz als Schwestern der Christusträger-Gemeinschaft in Indonesien allmählich seinem Ende zu ging, sprachen wir manchmal über die verschiedenen gemeinsamen Erlebnisse im Laufe der vielen hinter uns liegenden Jahre. Gelegentlich meinten dann die Schwestern, ich solle doch meine Erinnerungen aufschreiben, um auch andere Menschen daran teilhaben zu lassen, wie wunderbar ich Gottes Führung immer wieder erfahren habe. Nachdem mich auch noch mein Bruder Martin wiederholt dazu ermuntert hat, machte ich mich dran, über mein Leben zu berichten.

Diese Autobiographie soll ein Zeugnis sein von der Gnade und Barmherzigkeit unseres Gottes und zu Seiner Ehre dienen; in dem Sinn, wie der König David es in seinem Psalm geschrieben hat: „Lobe den Herrn, meine Seele, und vergiss nicht, was er dir Gutes getan hat!“ (Psalm 103, Vers 2).

In einem Gebet von Wolfgang F. Rudolph aus dem bayerischen Diakoniewerk in Neuendettelsau heißt es:

Gleicht unser Leben nicht einem Buch, o Herr?
Die Jahre Kapiteln in ihm?
Wird es spannend, gut zu lesen sein, jedes Kapitel in meinem Leben?
Es wird davon abhängen, ob ich dir die Federführung überlasse.
Wie gerne schreibst du mein Leben,
wie gerne gibst du den einzelnen Kapiteln Inhalt,
einen großen, weiten Inhalt voller Harmonie.
Auch die Misstöne, die dunklen Partien gliederst du ein,
dass sie hell werden,
weil du mein Buch vom Ziel her schreibst.

Dank sagen möchte ich denen, die zum Gelingen dieses Buches beigetragen haben: Meinen Mitschwestern Astrid Henniges und Christine Fimpel, so wie auch Frau Susanna Endres und Herrn Pfarrer Martin Backhouse vom Erlanger Verlag für Mission und Ökumene, die sich die Mühe gemacht haben, mich zu beraten und das Buchkonzept bis zur Fertigstellung zu bearbeiten.

Überfallene außer Lebensgefahr

1000 DM Belohnung ausgesetzt — Noch kein greifbares Ermittlungsergebnis

Die 24 Jahre alte Medizinstudentin Elisabeth Bartholomäus, die — wie berichtet — am 12. Februar gegen 20 Uhr in den Ringparkanlagen gegenüber der Handwerkskammer von einem unbekannten Täter auf brutale Weise niedergeschlagen worden war, ist wieder soweit genesen, daß keine Lebensgefahr mehr besteht. Eine eingehende Vernehmung der Verletzten ist jedoch — wie aus einer gestern von der Polizeidirektion herausgegebenen Presseverlautbarung hervorgeht — noch immer nicht möglich.

Nach dem bisherigen Ermittlungsergebnis liegt kein Raubüberfall vor, da der Unbekannte nichts weggenommen hat; auch für ein versuchtes Sexualverbrechen haben sich keinerlei Anhaltspunkte ergeben. Die Auswertung zahlreicher Hinweise aus Kreisen der Bevölkerung hat noch zu keinem greifbaren Ergebnis geführt. Die Polizeidirektion Würzburg bittet deshalb die Bevölkerung, die Ermittlungsarbeit der Kriminalpolizei weiterhin zu unterstützen, damit dieses Verbrechen gesühnt werden kann.

Die Staatsanwaltschaft Würzburg hat eine Belohnung von 1000 DM für Hinweise ausgesetzt, die zur Ermittlung oder Überführung des Verbrechers führen.

Die Belohnung wird gegebenenfalls unter Ausschluß des Rechtsweges zuerkannt und verteilt. Sie ist nur für Privatpersonen und nicht für Beamte bestimmt, zu deren Berufspflicht die Verfolgung strafbarer Handlungen gehört.

Sachdienliche Hinweise nimmt die Kriminalpolizei Würzburg, Tel. 5 09 32, Nebenstelle 246, oder jede andere Polizeidienststelle entgegen.

Zeitungsartikel: Aus der Mainpost vom 03. März 1964

Der Überfall

Es war Anfang März 1964, als mir eine freundliche Nonne einen Zeitungsartikel aus der „Mainpost“ vor die Nase hielt. Ich lag als Patientin in einem Einzelzimmer der Würzburger Hals-Nasen-Ohren-Klinik und wusste nicht warum.

Die Überschrift des Artikels lautete: „Überfallene außer Lebensgefahr“. Darunter stand: „1000 Mark Belohnung ausgesetzt. – Noch kein greifbares Ermittlungsergebnis“. Ich konnte zunächst nichts mit der Nachricht anfangen. Nachdem ich den Bericht mehrfach gelesen und meinen Namen darin entdeckt hatte, begann ich allmählich zu erfassen, dass er etwas mit mir zu tun haben musste. Es stand da geschrieben, dass „die 24 Jahre alte Medizinstudentin Elisabeth Bartholomäus am 12. Februar gegen zwanzig Uhr in den Ringparkanlagen gegenüber der Handwerkskammer von einem unbekannten Täter auf brutale Weise niedergeschlagen worden“ sei. Sie sei inzwischen so weit genesen, dass keine Lebensgefahr mehr bestehe. Eine eingehende Vernehmung der Verletzten sei jedoch noch immer nicht möglich. Nach den bisherigen Ermittlungsergebnissen liege kein Raubüberfall vor. Auch für ein versuchtes Sexualverbrechen hätten sich keinerlei Anhaltspunkte ergeben. Die Staatsanwaltschaft Würzburg habe eine Belohnung von tausend Mark für Hinweise ausgesetzt, die zur Ermittlung des Verbrechers führen würden. Es ging also tatsächlich um mich!

Trotzdem blieb mir das Ganze unverständlich und ich vergaß schnell wieder, was ich da gelesen hatte. Mein Kurzzeit-Gedächtnis hatte ausgesetzt. Auch von früher wusste ich fast nichts. In jenen Tagen versuchte ich krampfhaft mir zu überlegen, wer ich sei, wo ich wohnen, welche Menschen ich kennen würde und was überhaupt los sei. Ich konnte mich nicht daran erinnern, wie man mit dem Auto fährt oder dass ich Medizin studiert hatte. Mein eigener Name fiel mir erst beim Lesen des Zeitungsartikels wieder ein. An dem Verlust meines Gedächtnisses litt ich in jenen Tagen mehr als unter den Kopfschmerzen, der kahlen Kopfhaut und der totalen Lähmung meiner linken

Gesichtshälfte, mit einseitig starrer Mimik. Mund und Auge konnte ich auf der linken Seite nicht schließen, und die rechte Hand war mit Gips fixiert.

Im Lauf der folgenden Wochen, während sich meine Gedächtnisfunktion allmählich besserte, erfuhr ich immer mehr und begann auch zu verstehen und zu glauben, was passiert war: Am 12. Februar, dem Aschermittwoch, sollte unser Bach-Chor kurz vor der geplanten Aufführung der Matthäuspassion für einen Zeitungsartikel fotografiert werden. Deshalb sollten wir Sänger so angezogen sein wie bei den öffentlichen Auftritten. Mit meinem schwarzen Kostüm konnte ich nicht Rad fahren und ging deshalb zu Fuß zur Johanniskirche. Daran und auch an die Tage kurz vor dem 12. Februar kann ich mich bis heute nicht erinnern; ebenso wenig wie an das, was danach geschah, und an die darauf folgenden etwa sechs Wochen. Ich kann das Geschehen nur aus den sechzehn Zeitungsartikeln der Mainpost, aus mündlichen Berichten und Briefen, aus Aufzeichnungen meiner Schwester Lore in meinem Tagebuch und aus dem Krankenblatt der Würzburger Universitätsklinik für Neurochirurgie wiedergeben. Ich war also in Richtung Kirche unterwegs und durchquerte dabei eine Grünanlage. Erst nach Monaten stellte sich heraus, dass ein amerikanischer Soldat, ein 34-jähriger Sergeant, mich überfallen hatte. Er hatte mir den Schädel eingeschlagen, wobei auch meine rechte Hand verletzt wurde, und mich dann bewusstlos und blutüberströmt in ein Gebüsch gezerrt. Später stritt er die Tat ab und gab vor, mich aufgefunden zu haben. Sein Tatwerkzeug, ein siebzig cm langes gerilltes Rundeisen, wurde kurz darauf im Erdboden entdeckt. Der Täter war, blutverschmiert wie er war, weitergegangen und traf einen Spaziergänger, der gerade mit seinem Hund vorbei kam. Er machte auf mich aufmerksam mit den Worten: „Da, Frau tot!“ Der Mann, er war Pfleger in einer der Universitätskliniken, rief sofort die Kriminalpolizei und den Rettungsdienst herbei. Ich wurde in die neurochirurgische Klinik eingeliefert.

Meine Habseligkeiten am Tatort wurden von der Polizei verwahrt. Es waren Mantel, Schuhe, Armbanduhr, Brille und die Partitur der Matthäuspassion, in der mein Name stand. Alle diese Dinge waren nach Zeitungsangaben „unersetzbar geschädigt". Anhand des Notenhefts war es nicht schwer, mich zu identifizieren. Drei Stunden war die Polizei am Tatort beschäftigt gewesen. Im Rahmen der Ermittlungen nahmen die Polizisten aus meiner Studentenbude auch mein Tagebuch in Beschlag, um eine eventuelle Verbindung zwischen mir und dem Täter herauszufinden. Der verdächtigte Amerikaner war fünf Jahre vorher wegen „Notzucht" an einer Sechzehnjährigen in Dachau zu einer Freiheitsstrafe von fünf Jahren verurteilt, aber bereits nach drei Jahren frei gekommen. Trotz der damaligen „unehrenhaften Entlassung" aus der US-Armee wurde er in Würzburg im gleichen Dienstgrad wie vorher wieder eingestellt. Er war schon einige Wochen vor dem 12. Februar verdächtigt worden, zwei Überfälle auf Frauen ebenfalls in den Würzburger Ringparkanlagen begangen zu haben. In jenen Fällen waren die Opfer von rückwärts angegriffen und mit einem Knüppel, bzw. mit der behandschuhten Faust niedergeschlagen worden. Beide hatten laut um Hilfe gerufen, so dass der Täter flüchtete. Diese Frauen hatten ihn identifizieren können. Nach dem Überfall auf mich war der Mann fortan als „Frauenschreck von Würzburg" bekannt und gefürchtet. Trotz seiner Gewalttaten wurde er nicht bestraft. Die deutschen Behörden waren dazu nicht berechtigt. Das zuständige Amt der US-Armee behauptete, nicht für die außerdienstlichen Handlungen ihrer Soldaten verantwortlich zu sein. Später wurde dieser gefährliche Verbrecher „unehrenhaft" aus der US-Armee nach Amerika entlassen.

Der diensthabende Arzt in der neurochirurgischen Klinik, Professor Engelhardt, erzählte mir später, wie müde und abgespannt er an jenem Abend gewesen sei. Er war alles andere als erfreut, dass er noch eine so schwere Schädelverletzung versorgen musste; noch dazu eine durch Menschenhand verursachte bei irgend einem „losen Mädchen", für das er mich bei der Erstuntersuchung hielt. Umso mehr war er dann darüber erschüttert, dass es sich um seine eigene Studentin handelte, die kurz vorher bei einer Visite auf seiner Intensivstation noch geäußert hatte: „Hier möchte ich einmal nicht liegen!"

Als ich ein Jahr später den Operationsbericht las, den mir Professor Engelhardt zum bestandenen Examen geschenkt hatte, staunte ich sehr darüber, dass ich noch lebte und keine schlimmeren Folgen zurückgeblieben waren. Und noch heute, nachdem ich viele solcher Verletzungen gesehen und selbst versorgt habe, danke ich meinem Gott immer wieder neu von Herzen für Seine große Gnade, die mich entgegen aller menschlichen Voraussagen so wunderbar gerettet hat.

Bereits zwei Tage nach der Operation – so steht es im Krankenblatt geschrieben – begrüßte ich den Arzt bei der Visite mit „Guten Morgen". Auf die Frage „Elisabeth, wo bist du?" gab ich die Antwort: „In Indien". Ich war vollkommen desorientiert und sehr unruhig und riss einmal in meinem Delirium dem Arzt die Tasche vom Dienstkittel. Ich sprach sehr viel und schnell; es bestand ein völliger Verlust des Gedächtnisses, und in meiner Verwirrtheit „konfabulierte" (konfabulieren: erfundene Erlebnisse als selbst erlebt darstellen) ich viel. Deshalb verordnete man mir eine „Schlafkur". Die mir vertrauten Menschen erkannte ich zwar, fragte aber immer wieder, woher sie denn alle kommen würden. Ja, ich sprach sogar Gebete wie das Vaterunser mit und stimmte in bekannte Lieder ein. Ich selber habe keinerlei Erinnerung an jene Wochen. Ich weiß nur von einer Art Traumerlebnis: Es erschien mir, wie wenn ich meinen Doktorvater gesehen hätte, der auch tatsächlich dagewesen war. Viele Menschen aus der näheren und auch aus der ferneren Umgebung haben mich während dieses Zustands damals im Krankenhaus besucht. Manche von ihnen mussten abgewiesen werden, weil es oft zu viele waren.

Sechs Tage nach dem Überfall versorgte laut Krankenblatt Dr. Wilhelm, ein mir schon vorher bekannter Handchirurg, die offenen Trümmerbrüche des Zeige- und Mittelfingers meiner rechten Hand. Zwei Wochen nach der ersten Operation wurde ich in die Hals-Nasen-Ohren-Klinik verlegt. In einem dritten Eingriff wurden eitrig infizierte Knochensplitter aus dem Mittelohr ausgeräumt, der gelähmte Gesichtsnerv freigelegt und vom Druck entlastet in der Hoffnung, seine Restitution (Wiederherstellung) zu ermöglichen. Über den anschließenden Verlauf steht geschrieben: „Patientin ist weiterhin sehr unruhig, Sprache aber flüssig und gut. Gedankenflüchtig, örtlich und zeitlich noch vollkommen desorientiert, vergisst die Namen. Wenn man sie auf die Matthäuspassion hin anspricht, findet sie Gelegenheit, über diese zu sprechen und ist dabei sehr lebhaft. Sie weiß, wo sie wohnt, spricht sehr viel von Wien, von ihrer Doktorarbeit und von ihrem bevorstehenden missionsärztlichen Dienst. Fragt auch immer, was sie noch alles lernen müsse. Es fehlt ihr jedes Gefühl für die Aktualität und die zeitliche Beziehung ihrer Gedanken zu dem betreffenden Tag, an dem sie gefragt wird. Sie kennt gut die Medikamente, die sie bekommt, und weiß auch deren Wirkungsweise. Sie sagt, die linke Gesichtshälfte sei so komisch; und wenn man ihr erklärt, dass der Gesichtsnerv betroffen sei, kennt sie den Zusammenhang und weist auch auf den Verlauf des Nervus facialis im (gebrochenen) Felsenbein hin. Sie hat erhebliche Lücken in ihrem Erinnerungsvermögen, besonders für die Ereignisse des gleichen Tages. Aber auch im Blick auf fachliches Wissen.“ Im Nachhinein staunte ich darüber, dass der Stationsarzt sich damals solche Mühe gemacht hatte, einen so eingehenden Krankenbericht zu schreiben, wie es mir selber später aus Zeitgründen bei solchen Verlaufsbeschreibungen gar nicht möglich gewesen wäre. Jedenfalls war es für mich selber interessant zu erfahren, wie andere mein Verhalten erlebt hatten.

In der Würzburger Universitäts-HNO-Klinik beginnen meine eigenen Erinnerungen. Am meisten litt ich zunächst unter dem Gedächtnisverlust. Kaum fünf Minuten lang konnte ich mir merken, was gerade vorher gewesen war. Unser Psychiatrie-Professor Scheller untersuchte mich und sprach mehrfach mit mir, nachdem er konsiliarisch zugezogen worden war. Einmal fragte er mich nach der Votivkirche von Wien, wo ich kurz vorher gewesen war. Ich konnte ihm nichts darüber sagen. Aber schon am folgenden Tag war es mir möglich ihm mitzuteilen, dass es sich um eine neugotische Kirche handelte, in der ich Gottesdienste besucht hatte. Ich war stolz auf diese meine „Leistung“. Die Erinnerungs- und Orientierungsfähigkeit nahm allmählich zu. Ich hatte inzwischen auch erfasst, dass ich Medizinstudentin war. Um das Gelernte, das aus meiner Erinnerung verschwunden war, nachholen zu können, ließ ich mir medizinische Lehrbücher aus meiner Studentenbude ins Krankenhaus bringen. Im Lesen und beim Ansehen der Bilder kamen die Erinnerungen zusehends wieder zurück.

Ich konnte und wollte nicht einsehen, dass es mit meinem Studium – und noch viel weniger mit meinen Berufsplänen – vorbei sein sollte. Erst später erfuhr ich, dass man mich damals in irgendeine Betreuungs-Anstalt für Hirngeschädigte einweisen wollte. Dass ich jemals weiter studieren oder gar Missionsärztin werden könnte, das hielt niemand mehr für möglich. Aber Gott wusste es besser. Auf Mutters Frage, wie es wohl weitergehen werde, antwortete der Professor: „Frau Pfarrer, wir können nur noch vertrauen“. Die behandelnden Ärzte bezeichneten meine weitgehende Genesung als ein Wunder.

Am 21. Februar schrieb Mutter einen Text nieder, von dem sie das Empfinden hatte, er sei ihr von Gott selber eingegeben worden. Fast getraute sie sich nicht, ihn aufzuschreiben. Diese Worte waren mir später Trost, Hilfe, Freude und Verpflichtung zugleich:

Folge mir nach!

Ich bin‘s. Fürchte dich nicht. Ich bin‘s! Ich bin‘s, der da ruft.
Komm, folge mir nach! Komm, folge mir nach!
Komm, komm und wohne unter meinen Zelten!
Ich bin‘s! Ich bin’s! Fürchte dich nicht! Folge mir nach!
Nacht wird zum Licht, Qual wird zum Trost.
Ich halte dich fest in meiner Hand und niemand, niemand kann dich daraus reißen.
Du sollst zum Segen gesetzt sein über Viele.
Ich will dir Vollmacht geben, weil du mir nachfolgen willst.
Sei getrost, sei getrost! Du wirst andere trösten, weil du mich kennst.
Weil du in der Finsternis nach mir verlangt hast,
sollst du zum Lobpreis des Vaters wirken dürfen.
Sei getrost! Sei getrost! Ich bin‘s. Folge mir nach!

Im März begann sich meine Gedankenwelt wieder zu ordnen. Langsam kamen Erinnerungen zurück, auch an meine Kindheit. Unmittelbar nach Kriegsbeginn wurde ich geboren ...

Kindheit und Jugend

Die ersten Lebensjahre in der Kriegszeit

Fürchte dich nicht, denn ich habe dich erlöst; ich habe dich bei deinem Namen gerufen; du bist mein!

Dieser Bibelvers aus Jesaja 43, Vers 1 war die Losung für das Jahr 1939, in dem ich geboren wurde. Dass ich Gottes Eigentum bin, dass Er mich kennt und beim Namen gerufen hat, das ist mir viel später zur Glaubens-Gewissheit geworden.

Elf Tage nach dem Beginn des zweiten Weltkriegs, am 12. September 1939, erblickte ich das Licht der Welt. Meine Mutter hatte fünf Wochen lang in Würzburg auf diesen Tag gewartet. Sie war dort von der Rot-Kreuz-Klinik in der Stadtmitte aus täglich die vielen Treppen zum „Käppele" hinauf gepilgert, einer hochgelegenen Wallfahrtskirche, um meine Ankunft zu beschleunigen. Deshalb wurde sie einmal gefragt: „Frau Pfarrer, sind Sie eigentlich katholisch?" Nach geburtshilflicher Rechnung hätte ich schon im August kommen sollen. Damals wurde eine Geburt nicht so rasch eingeleitet, wie das heutzutage mancherorts üblich ist. Mutter berichtet in ihren Erinnerungen, dass mich nicht einmal die Aufregung und Anspannung des Kriegsbeginns mit Fliegerangriffen und nächtlicher Verdunkelung zum Kommen bewegen konnten.

Zwei Jahre vorher hatte Mutter ebenfalls lang und bange auf die Geburt ihrer Zwillinge Gotthilf und Martin gewartet. Der erstere war dann im Alter von vier Monaten an einer Hirnhautentzündung gestorben. Daraufhin war Mutter ein dreiviertel Jahr lang an einer schweren Depression erkrankt und in einer Nervenklinik behandelt worden. Entscheidend geholfen hat ihr damals ein Seelsorger in Neuendettelsau. Während Mutters Krankheitszeit hatte unsere Bamberger Großmutter väterlicherseits den kleinen Martin, seinen als Dorfpfarrer tätigen Vater und den Haushalt versorgt.

Mutter hatte sich später sehnlichst eine Tochter gewünscht, und zwar eine kleine „Liesel", im Gedenken an ihre eigene Mutter, die mit fünfundzwanzig Jahren gestorben war und ihr einziges zweijähriges Kind hinterlassen hatte. Nun sollte also Mutters Hoffnung in Erfüllung gehen. Nach einer Omnibus-Fahrt geruhte das „kleine Pfarrfräulein", wie man mich dann nannte, sich endlich ans Licht der Welt zu begeben. Laut Mutters Bericht habe keines ihrer sieben Kinder nach der Geburt so viel „Leben, Energie und Gezappel" an den Tag gelegt wie ich.

Im Losungsbüchlein stand am Tag meiner Geburt das Wort aus dem 22. Kapitel der Offenbarung, Vers 3+4: „Seine Knechte werden ihm dienen und sein Angesicht sehen; und sein Name wird auf ihrer Stirn geschrieben sein". Im Rückblick könnte man in diesem Satz einen Hinweis auf meinen späteren missionsärztlichen Dienst als Christusträger-Schwester sehen.

Am ersten Sonntag nach der Heimkehr in unser Dorf Hellmitzheim wurde ich in der dortigen Kirche getauft auf die Namen Elisabeth Meta Anna. Der Vater taufte mich selber, so wie er es bei fast allen seiner Kinder getan hat. Meine Patentante Meta trug mich, bedeckt mit Mutters Brautschleier, zur Kirche und zum Taufstein. Mutter bezeugte später immer wieder, dass mein Tauf-Sonntag zu den „allerschönsten" Tagen ihres Lebens gezählt habe. Er sei von großem Frieden erfüllt gewesen; und beim Zurückdenken daran habe sie immer „tiefste Freude" empfunden. Mein damals zweijähriger Bruder Martin begrüßte sein Schwesterchen „voller Erwartung und doch auch mit sehr gemischten Gefühlen", indem er staunend und freudig ausrief: „Maidi!" Den Namen „Liesel" konnte er noch nicht aussprechen. Deshalb wurde ich während des ersten Lebensjahres nur „Maidi" gerufen.

Im Pfarrhaus des Bauerndorfes Hellmitzheim, zwischen Kitzingen und Neustadt/Aisch gelegen, wuchsen wir als Kriegskinder auf. Das Haus stammte aus vorreformatorischer Zeit.

Schon früh hatte ich Schwierigkeiten mit dem Essen. Wenn wir nicht essen wollten, wurden wir von Vater dazu gezwungen, indem er mich zwischen seinen Knien festhielt und Martin an den Stuhl band, bis wir unsere Teller leer gegessen hatten. Es ist mir noch in

Unsere Familie im Pfarrhof Hellmitzheim, etwa 1942

dunkler Erinnerung geblieben, wie ich, aus Unlust zu kauen und zu schlucken, die Speisen über die Mittagspause und auch die Nacht hindurch bis zum nächsten Morgen im Mund behielt. Das muss eine große Geduldsprobe für die Eltern gewesen sein. Manchmal schob ich meinen noch gefüllten Teller in unbeobachteten Momenten schnell unter einen Küchenschrank, damit er nicht gesehen werden konnte. Natürlich wurden solche Missetaten bestraft, vor allem durch unseren äußerst gestrengen Vater. Nach seinen schweren und manchmal auch schmerzhaften Strafmaßnahmen suchten wir gewöhnlich Trost und Hilfe bei unserer lieben Mutter.

Wir haben auch viele frohe Erinnerungen an unsere Kinderzeit. Dazu gehört die wunderbare Schaukel, die Vater mit Seilen an den Balken der Zimmerdecke befestigt hatte. In einem daran aufgehängten stabilen Waschkorb sitzend, wurden wir von den Eltern kräftig angeschubst und flogen kreischend und juchzend durch die Luft. Am Martinstag, dem 11. November, kam alljährlich der „Pelzmärtel" zu uns Kindern. Es war ein Knecht des benachbarten Bauern, was wir beide bald herausfanden. Wenn wir unartig gewesen waren, steckte er uns in seinen Sack und trug uns die Treppe hinunter. Nach den für nötig befundenen Ermahnungen jedoch beschenkte er uns dann immer mit Leckereien aus seinem großen Sack, so dass wir wieder mit ihm versöhnt waren. Unsere guten Nachbarn waren für uns Kinder wie Onkel und Tanten. Der alte Herr Wolf reparierte mein Puppenwägelchen jedes Mal wieder aufs neue, wenn es nötig war, und eine unserer Nachbarinnen feierte immer das Weihnachtsfest mit uns zusammen, weil sie sonst alleine gewesen wäre. Schräg gegenüber vom Pfarrhaus wohnte meine erste Freundin, die Bauerstochter Martha Brummer.

Nur für kurze Zeit gingen wir Geschwister in den Kindergarten des Dorfes. Er stand ursprünglich unter kirchlicher Leitung, wurde dann aber von nationalsozialistischen Erzieherinnen übernommen. Deshalb blieben wir zuhause, wo sich unsere Mutter um uns kümmerte. Noch gut erinnern kann ich mich an Vaters verdunkeltes Arbeitszimmer mit seinem geheimnisvollen Rotlicht. Ich durfte dort manchmal zusehen, wenn er seine Fotos selber entwickelte und Abzüge von den Bildern fertigte. In unserem Kinderzimmer stand ein großer Schrank. Dort ruhten während der Wochentage Martins geliebter „Sonntagsbär“ und meine schöne „Sonntagspuppe“, mit denen wir nur an Sonn- und Feiertagen spielen durften. Außerdem hatte ich noch das „Luisle“, eine wunderschöne, leider aber zerbrechliche Puppe. Eines Tages rutschte sie mir dummerweise aus der Hand und lag in tausend Scherben auf dem Steinboden. Am meisten grämte sich liebenswerterweise mein „großer Bruder“ Martin über das Unglück. Er saß auf dem Sofa und schluchzte herzzerbrechend. Deutlich in Erinnerung geblieben sind mir die häufigen Fliegerangriffe auf unser Dorf. Es war ja Kriegszeit. Immer wenn die Sirenen heulten, mussten wir zusammen mit unseren eingemieteten Mitbewohnern aus Mannheim in eine dunkle Ecke des Pfarrhauses flüchten; denn es gab dort keinen Keller. Während dieser Fliegeralarme hielt uns Mutter fest in den Armen und betete in der Hoffnung, dass Gott uns gnädig bewahren möge. Er tat es auch in wunderbarer Weise.

Als ich noch keine vier Jahre alt war, geschah etwas Außergewöhnliches: Mutter verließ uns für einige Tage. Als sie mit verweinten Augen zurück kam, durften wir nicht mehr wie gewohnt auf ihren Schoß klettern. Sie hatte eine wunderschöne „Puppe“ mitgebracht: Es war unsere neugeborene Schwester Gertrud, die während ihrer Geburt im Krankenhaus gestorben war und jetzt ganz friedlich wie ein kleiner Engel mit schneeweißem Gesicht im Kinderbettchen lag. Das stand in unserem „guten Zimmer“, einem selten benützten Wohnraum im ersten Stock des Hauses. Begeistert von dem so wunderschönen Mitbringsel tanzten wir beide, Martin und ich, freudig um das Bettchen herum. Zu unserer Bestürzung ernteten wir dafür kräftige väterliche Ohrfeigen, was wir zunächst nicht begriffen. Die kleine Gertrud war der erste tote Mensch, den wir zu sehen bekamen. Später erzählte uns Mutter, dass das Schwesterlein aufgrund eines geburtshilflichen Fehlers gestorben sei, unsere Mutter aber dem verantwortlichen Arzt - wenn auch schweren Herzens - vergeben habe. Mutter fertigte und beschriftete eigenhändig das schlichte Holzkreuz, das dann noch jahrzehntelang an dem kleinen Kindergrab auf dem Hellmitzheimer Friedhof hinter der Kirche zu sehen war.

Nicht lange danach, als Mutter einmal gerade mit dem Bepflanzen des kleinen Grabes beschäftigt war, kam die Briefträgerin zu ihr auf den Friedhof und überreichte ihr ein besonders wichtiges Schreiben. Es handelte sich um den Einzugsbefehl für unseren Vater. Er musste am folgenden Tag als Soldat in den Krieg ziehen. Wir gingen ihm zu dritt entgegen nach Nenzenheim, wo er einen Vertretungsdienst übernommen hatte. Die ganze Nacht über wurden Vorbereitungen für Vaters Abschied getroffen. Ein Jahr lang war er dann in Deggendorf an der Donau stationiert. Einmal besuchten wir ihn dort in seiner Soldatenwohnung. Trotz ständiger Lebensgefahr durch die Kriegshandlungen mit häufigem Fliegeralarm hatte Mutter diese Reise gewagt. Wir fuhren in schmutzigen und überfüllten Eisenbahnwagen. In Deggendorf erlebten wir ein frohes Zusammensein mit unserem Vater. Wir machten miteinander einen langen Spaziergang am Donaustrand. Mutter war dann erleichtert und dankbar, als wir wohlbehalten wieder daheim ankamen. Nicht lange danach wurde Vaters schweres Motorrad für den Kriegsbedarf ohne jeglichen Ersatz abgeholt.

Eine Begebenheit wurde mir immer wieder erzählt, so dass es mir vorkommt, als könnte ich mich selber daran erinnern: Mutter hatte ringförmige süße Plätzchen gebacken und wollte sie Vater im Anschluss an einen kurzen Heimaturlaub nach Deggendorf mitgeben. Das Gebäck war wegen kriegsbedingt fehlender Zutaten viel zu hart geworden, so dass Vater es nach Mutters Meinung nicht mitnehmen konnte. Deshalb legte sie die Plätzchen einzeln auf eine große Platte in unserem „guten Zimmer“ ans offene Fenster, damit sie an der Luft weich werden sollten, so wie Vater es gern hatte. Dann wollte Mutter ihm die Plätzchen nachschicken. Zu dem Zimmer bekamen wir nur selten Zutritt. Mutter hielt an jenem Sonntagmorgen den Kindergottesdienst in der Kirche. Martin ging mit und ich blieb allein zuhause. Ich wurde ins Bett gesteckt, in der Annahme, dass ich schlafen würde. Aber daran dachte ich nicht. Erst am folgenden Tag, als Mutter die nun weich gewordenen Plätzchen für Vater verpacken und wegschicken wollte, entdeckte sie, was mit ihnen passiert war: Jedes einzelne der süßen Ringlein war angebissen. Die Übeltäterin war aber offensichtlich nicht eine Maus gewesen, sondern die kleine Liesel. Obwohl die Tür zum „guten Zimmer“ ziemlich schwer zu öffnen war, hatte ich mich dorthin geschlichen, um zu überprüfen, ob die Plätzchen für Vater inzwischen genießbar seien. Ich hatte gründliche Arbeit geleistet und jedes der süßen Stückchen für gut befunden. Natürlich gab es eine Strafpredigt. Vater dagegen lachte nur und erzählte später, dass er eine Schachtel voll süßer Brösel erhalten und deshalb nichts von meinen Bissen gesehen habe.

Es existieren noch mehrere Briefe und Karten, die ich mit Mutters Hilfe auf offensichtlich sehr minderwertigem Papier an Vater geschrieben habe. Sie sind mit vielen selbst gemalten Bildern verziert und mit dem Aufdruck „Feldpost“ versehen. Als Adresse ist angegeben „Uffz. (Unteroffizier) Eugen Bartholomäus 48959 B“ (ohne Ortsbezeichnung). In einem dieser Briefe vom 21.2.1945 steht geschrieben: „Heute habe ich der Mutter arg viel geholfen: Fast alle drei Betten ganz allein abgezogen und die Kopfkissen alle ins Schlafzimmer getragen. Die bösen Flieger waren heute auch schon wieder da, arg viele, die nach Nürnberg sind ... Es grüßt Dich herzlich und schickt Dir ein Küßlein Dein Lieselein.“

Unser Vater wurde später noch an der Front eingesetzt und war nach Kriegsende in italienischer Gefangenschaft. Über seine Erlebnisse als Soldat erzählte er nach der Heimkehr nichts, außer der Tatsache, dass er nie auf einen Menschen, sondern nur einmal auf einen Hund geschossen habe. Zuhause betete unsere Mutter täglich mit uns für Vater. Sie leitete auch uns Kinder dazu an, Gott um Hilfe und Bewahrung zu bitten für ihn und auch für unser Dorf und uns selber.

Trotz und inmitten aller Kriegsgefahren wuchsen wir fröhlich auf. Wir wussten uns geborgen bei unserer lieben Mutter und in Gottes Hand. Wir hatten keine Ahnung von all dem Schrecklichen, das draußen in der Welt geschah. Oft ging Mutter mit uns in den Wald zum Beerenpflücken. Martin habe sich dabei manchesmal „fürchterlich gebärdet", wie sie berichtet, wenn ihm die Himbeersträucher ins Gesicht schlugen. Mir dagegen habe das nichts ausgemacht, und ich sei „sehr tapfer" gewesen. Ebenso hätte ich mich dann später bei der Bombardierung unseres Dorfes benommen, als „Liesel stets tapfer, vorbildlich ruhig und immer gut zu haben" gewesen sei. Meinem Bruder Martin habe das schreckliche Kriegsgeschehen sehr viel stärker zugesetzt. Das war ja auch verständlich, da er zwei Jahre älter war als ich, und deshalb mehr von dem erfassen konnte, was vor sich ging.

Mit dem letzten Groß-Angriff auf Nürnberg am 2. Januar 1945 begann auch für uns eine besonders aufregende Zeit. Die Bombengefahr durch Tief-Flieger wurde immer größer, und die Nächte waren zunehmend unruhig. Im März wurde in unserer geliebten alten Hellmitzheimer Kirche ein letztes Mal Konfirmation gefeiert. Am Ostersonntag fand der letzte Gottesdienst statt. Die Front kam immer näher auf uns zu. Benachbarte Dörfer wurden geräumt, und ihre Bewohner strömten als Flüchtlinge nach Hellmitzheim. In unserem Dorf waren während der gesamten Kriegshandlungen „nur" sechs Tote zu beklagen. Am 5. April tobten in unmittelbarer Nähe schwere blutige Waldgefechte mit Verlusten für die Deutschen. Wir Drei fanden Unterschlupf im Keller eines Bauernhauses im „oberen Dorf", gemeinsam mit vielen anderen Hellmitzheimern. Wir hatten dort unseren festen Platz einem Kellerfenster gegenüber und schliefen auf Kartoffeln, was nicht gerade gemütlich war. Mutter hatte das „Allernötigste" in vier kleinen Koffern mitgenommen, dazu eine Matratze, um notfalls ein Lager für ihre bevorstehende Entbindung zu haben;

denn sie war hochschwanger. In jenem großen Keller betete unsere Mutter oft zusammen mit den vielen verängstigten Menschen um Gottes Schutz und Hilfe.

Einmal erlebten wir eine ganz wunderbare Bewahrung: Als wir für nur kurze Zeit nicht an unserem Platz auf dem Kellerboden saßen, brach plötzlich das gegenüber liegende Kellerfenster mit großem Getöse ein. Infolge eines Artillerie-Volltreffers ins benachbarte Wohnhaus wurden die Scherben, vermischt mit Holzstücken und Kuhmist, unter gewaltiger Wucht durch den Explosions-Druck genau in „unsere", in jenem Augenblick leere Kellerecke geschleudert, und niemand wurde verletzt. So erfuhren wir schon als Kinder, wie unser himmlischer Vater Gebete erhören kann. Von ganzem Herzen dankten wir Ihm.

In jenen gefahrvollen Tagen konnte Mutter noch unsere Federbetten und Vaters geliebte Violine in Kellern anderer Bauern des Dorfes unterbringen. Das wertvolle Instrument wurde in einem Mostfass beim Bürgermeister sicher aufbewahrt, zusammen mit Vaters „lieben Feldpostbriefen". Zunächst brannten im Dorf nur einige Scheunen infolge der Kriegshandlungen ab. In unserem Pfarrhaus schlug eine Bombe ein und zerschmetterte drei Zimmerwände. Wieder wurden wir selber vor Schaden bewahrt; denn wir waren während dieses Geschehens nicht zuhause. Am 10. April kam es dann zu schweren Artillerie-Einschlägen auch im Hof „unseres" Bauern Kriener, in dessen Keller wir Zuflucht gefunden hatten. Ich weiß noch gut, wie angenehm und befreiend es war, wenn wir zwischendurch immer wieder einmal aus dem verrauchten Keller an die frische Luft nach oben gehen durften. Einige junge, mutige Burschen und Mädchen konnten zunächst durch ihren tatkräftigen Einsatz weitere Brände im Dorf verhindern bzw. löschen.

Bombenangriff

Am 11. April 1945 brach dann doch das große Unglück über Hellmitzheim herein. Laut Mutters Aufzeichnungen kam es dazu infolge der „unbegreiflichen Hartherzigkeit und Borniertheit der deutschen

Offiziere, die bis zum letzten Augenblick einen aussichtslosen Kampf führten und nicht bereit waren, als Verlierer dem Feind das Feld zu räumen". Schon einen Tag vorher hatten die Amerikaner unseren Bahnvorsteher ins Dorf geschickt mit dem Angebot, Hellmitzheim zu verschonen, wenn sich seine Bewohner freiwillig ergeben würden. Tragischerweise war diese Mission jedoch erfolglos gewesen. Und noch zur Mittagszeit des Unglückstages war ein drittes und letztes Angebot der Amerikaner vom deutschen Militär abgelehnt worden, die Kampfhandlungen einzustellen, wenn sich das Dorf ergeben würde. Die Feinde hätten gerne das „schöne Dorf" verschont. Nun aber nahm die Katastrophe ihren Lauf. Am Nachmittag um halb fünf Uhr erfolgte der erste schwere Tief-Flieger-Angriff, dem bereits ein großer Teil unseres Dorfes zum Opfer fiel. Einem Bauern, der schon im ersten Weltkrieg ein Bein verloren hatte, wurde nun auch das zweite abgeschossen. Er hat überlebt; und wir sahen ihn später noch manchmal ohne Beine auf seinem Traktor sitzen und bewunderten seine Durchhaltekraft. Ein besonders mutiges Mädchen wagte sich in einem allerletzten vergeblichen Versuch, den Rest des Dorfes retten zu können, bis zu den amerikanischen Stellungen vor, um für Hellmitzheim Schonung zu erbitten. Immerhin blieb die junge Frau dann im Schutz des Feindes, bis das Dorf zum größten Teil zerstört war. Das deutsche Militär setzte sich in der darauf folgenden Nacht ab. Die Soldaten flohen unverrichteter Dinge, und einige von ihnen kamen dabei ums Leben.

Während die große Scheune unseres „Gastgebers" lichterloh in Flammen stand und mit großem Krachen zerbarst, mussten wir unseren Keller verlassen. Die beiden Wohnhäuser blieben stehen dank der Bemühungen des Besitzers und seiner Leute, das Feuer zu löschen. Wir rannten in nasser Kleidung durch das brennende Dorf, während uns die glühenden Funken von den im Feuer prasselnden Häusern entgegensprühten. Ich kann mich nicht erinnern, dabei besondere Angst empfunden zu haben. Wir waren ja an Mutters Händen fest gehalten und geführt. Mitleid hatte ich nur mit Bello, dem Hund auf unserem Bauernhof. Er war angebunden und heulte jämmerlich, während die große Scheune herunterbrannte und wir alle flüchteten.

Ich weiß nicht, ob das arme Tier damals überlebt hat. Wir jedenfalls rannten um unser Leben. An einem kleinen Bach außerhalb des Dorfes legten wir uns auf die Erde. Zur Tarnung vor den über uns kreisenden Tief-Fliegern, die ständig ihre Bomben abwarfen, deckten wir uns mit braunen Mänteln zu. Das Vieh war aus den Ställen freigelassen worden, und die armen Rinder irrten verwirrt und ziellos auf den Feldern und Wiesen umher. Auf der Straße fuhren mit großem Getöse die Panzer und ließen ihre Geschosse aus den Maschinengewehren durch die Frühlingsluft schwirren. Das ganze Dorf stand in einem großen Flammenmeer. Von unserem Tarnplatz aus konnten wir am späten Nachmittag die Bomben beobachten, die auf die Kirche und unser Pfarrhaus geworfen wurden. Bald darauf loderten beide Gebäude hell auf. Es war ein schreckliches Inferno, das sich in die Seelen der Menschen und auch in die von uns Kindern eingeprägt hat.

37 Wohnhäuser und 38 Scheunen wurden an jenem elften April in Hellmitzheim zerstört. Besonders für Mutter war es hart, mit ansehen zu müssen, wie unser Pfarrhaus in Flammen aufging, zusammen mit allem, was ihr und Vater lieb und wert gewesen war: Seine ganze Bücherei, die „guten Anzüge“, wertvolle Kirchenbücher, Mutters mühsam ersparte Aussteuer und viele andere ideelle Werte und Freudenquellen. Aber sie tröstete sich damit, dass es in dieser Situation wichtiger gewesen war, zu versuchen, das Leben zu retten, als an Hab und Gut zu denken. Mutter berichtet in ihren Aufzeichnungen, dass sie in ihrem hochschwangeren Zustand, uns Kinder an der Hand, noch weiter weg geflüchtet sei zusammen mit anderen „Kellerbewohnern“. Einige liebe Menschen brachten uns sogar noch etwas Essbares aus dem Dorf hinaus zu unserem Lagerplatz. Weiter heißt es: „Alle Menschen waren von der Frage beseelt: Wohin? Sich scharen unter der weißen Fahne (des Feindes) und damit den tödlichen Schüssen der deutschen Fanatiker ausgesetzt sein? Sich Erdlöcher graben? Zurückkehren ins brennende Dorf? Wir liefen einem deutschen Offizier in die Hände, der offenbar selber auf der Flucht war, und uns nur höhnisch versicherte, er könne den Flüchtlingen nichts raten. Es würde keine zehn, ja auch keine drei Tage mehr dauern. Schließlich entschloss sich die ganze Notgemeinde dazu, den Weg

zurück ins Dorf zu wagen. Martin weinte sehr: \`Mutter, nicht mehr, nicht mehr zum Feuer!\` Schweren Herzens gingen wir dann doch in \`unseren\` Keller des Kriener-Hauses zurück". Liebe Freunde hatten uns dort auf einer Bank ein Lager vorbereitet, auf dem wir zu dritt schlafen konnten. Mutter lag entgegengesetzt zwischen uns Beiden, hielt jeweils einen Fuß von uns in der Hand und dankte Gott für die erfahrene Hilfe und gnädige Bewahrung in diesem schrecklichen Geschehen.

In der folgenden Nacht setzten sich viele Dorfbewohner unter Lebensgefahr bis an die Grenzen ihrer Kraft ein beim Löschen von Bränden und dem Versuch zu retten, was noch zu retten war. Am 12. April wurde das Dorf stellenweise noch weiter beschossen. Die Magd aus einem Mühlenbetrieb wurde am Morgen dem Feind entgegengesandt, während sie ein großes weißes Tuch an einer langen Stange emporhielt als Zeichen der Kapitulation. So konnte das Dorf doch noch vor der völligen Zerstörung durch die Amerikaner bewahrt werden. Um die Mittagszeit des gleichen Tages zogen sie dann als Sieger nach Hellmitzheim ein. Der Bürgermeister geleitete sie durchs Dorf, während die Einwohner neugierig herumstanden. Mutter ging mit uns die Straße hinab dorthin, wo Kirche und Pfarrhaus gestanden hatten. Für sie war der Anblick der rauchenden Trümmerhaufen besonders schmerzlich. Eine letzte Nacht verbrachten wir noch im Keller. Am nächsten Morgen fragte Mutter den Hausbesitzer, ob er uns vielleicht ganz aufnehmen könnte. Er hatte ja noch seine beiden Wohnhäuser, ein altes und ein neues. Herr Kriener war gerade mit seiner Stallarbeit beschäftigt, stieß die Gabel in den Misthaufen und antwortete freudig und spontan: „Aber Frau Pfarrer, das ist doch Christenpflicht!"

Wir zogen in das möblierte, aber nicht heizbare Schlafzimmer seiner Töchter ein. Mutter sorgte fortan für das Nötigste zum Leben durch Betteln und Tauschhandel im Dorf. So konnte sie das aus den Trümmern gerettete Silberbesteck gegen Bettwäsche eintauschen. Nun erlebten wir also den „Luxus", wieder in richtigen Betten schlafen zu dürfen. Gut erinnern kann ich mich an das Nachbarzimmer, in dem die Flüchtlingsfamilie Fischer wohnte, und in dessen Kachelofen Mutter kochen durfte. Im Gegensatz zu den vielen „ausgebombten“ Menschen in den zerstörten Städten Deutschlands mussten wir in unserem Dorf keinen Hunger leiden; denn die Bauern versorgten uns als die Familie ihres Pfarrers liebevoll mit Lebensmitteln aus ihrer Landwirtschaft.

Elf Tage nach dem Zusammenbruch kam unser ehemaliger Nachbar Willi Brummer zurück in sein Heimatdorf. Zwei Wochen lang hatten er und seine Kriegskameraden, aus Nord-Deutschland kommend, sich mutig durch die Stellungen der Amerikaner durchgeschlagen. Einen Tag nach seiner Rückkehr traf ihn Mutter auf den Trümmern seines Anwesens gegenüber von unserem Pfarrhaus. Er erzählte ihr von seinen Kriegserfahrungen, und sie durfte sogar seine Entlassungspapiere vom deutschen Militär sehen. Groß waren Erleichterung und Freude über die Heimkehr des jungen Mannes. Am Nachmittag des gleichen Tages überreichte ihm eine polnische Flüchtlingsfrau, die bei der Familie gewohnt hatte, ein Metallstück, das sie in ihrem Garten gefunden hatte. Willi Brummer, als Kriegs-Sanitäter waffenunkundig und ahnungslos, brachte den unbekannten Gegenstand unbeabsichtigt zur Explosion. So kam er auf den Trümmern seines Hauses in tragischer Weise grausam ums Leben. Die Freude über seine Heimkehr wurde durch großen Schmerz abgelöst. Das ganze Dorf war entsetzt und trauerte mit. Zwei Tage später wurde er auf dem Friedhof hinter der Kirchenruine beerdigt.

Jahre später schrieb mein Bruder Martin im Münchener Sonntagsblatt auf eine Umfrage hin, wie die Menschen das Kriegsende am 8. Mai 1945 erlebt hätten, unter anderem: „Was auch uns Kinder belastet hat in jener Zeit, waren die sorgenvollen Gesichter der Erwachsenen, oft mit Tränen überströmt. Sie trauerten um die vielen Menschen, die ihr Leben verloren hatten, von Granaten zerrissen, von Tieffliegern getroffen, oder bei lebendigem Leib verbrannt und verkohlt. Aufregend waren die Begegnungen mit den letzten deutschen Soldaten, blutjung und unerfahren, voller Angst. Sie versteckten sich in den Kellern und baten um Brot. Ein Bild ist unauslöschlich in meiner Erinnerung geblieben: Der rote Schein am Himmel, der vom untergehenden Würzburg, meiner Geburtsstadt, kam. Die Abwesenheit unseres Vaters legte sich mir auf die Seele. Im täglichen Abendgebet fehlte nie die Bitte um seine Rückkehr. Jede aus den noch rauchenden Trümmern ausgegrabene Tasse und jeder heil gebliebene Teller lösten Freude aus. Die Erinnerung an die plötzliche Umwertung aller Maßstäbe, an das Erscheinen amerikanischer Kolonnen auf der Dorfstraße und ihre freundliche Begrüßung durch die Bevölkerung (wir Kinder bekamen Schokolade) hängt bei mir an einer Ohrfeige, die ich bekam, weil ich einen amerikanischen Jeep mit (zum „Heil Hitler"-Gruß) erhobenem Arm begrüßt hatte. Nun war eine andere Welt angebrochen.Wir lebten befreit von dem ewigen Sich-verbergen-Müssen, von Alarm und Sirenen, von dem Aufschauen zu den Fliegergeschwadern am nächtlichen Himmel mit ihrer unheilvollen Fracht."

Martin hatte das ganze Kriegsgeschehen bewusster miterlebt als ich und auch viel mehr darunter gelitten. Ich dagegen hatte alles eher interessant und abenteuerlich als angsterregend empfunden, war doch unsere liebe Mutter bei uns gewesen und hatte uns Halt und Geborgenheit gegeben. Außerdem hatte sie uns gelehrt, in all dem schrecklichen Geschehen auf Gott, unseren himmlischen Vater, zu vertrauen und Ihm jeden Tag für Seine Hilfe zu danken.

Nachkriegszeit in Hellmitzheim

Unser Leben spielte sich nun, wenn wir nicht im Freien waren, in dem einen Zimmer ab, das uns der Bauer Kriener überlassen hatte. Am 5. Mai, also weniger als einen Monat nach dem Zusammenbruch unseres Dorfes, geschah etwas für uns Kinder sehr Sonderbares: Mutter war plötzlich aus unserem Wohnraum verschwunden. Sie lag in einem Bett unserer Zimmernachbarn, der Flüchtlingsfamilie Fischer. Wir durften nicht zu Mutter ins Nebenzimmer kommen, und die Fischers-Tochter legte sich an jenem Abend zu uns Kindern ins Bett. Es lag Spannung und etwas Geheimnisvolles in der Luft. Da, um halb neun Uhr, drangen plötzlich fremde Töne an unsere Ohren: Es waren die ersten Schreie unserer kleinen Schwester, die ohne Hilfe einer Hebamme wenige Minuten vorher problemlos das Licht der Welt erblickt hatte. Als uns dann gesagt wurde, wir hätten ein Schwesterlein bekommen, wollte es Martin nicht glauben und meinte herablassend: „Die ist ja doch nur aus Papier!“ Aber als wir dann das Neugeborene sehen durften, waren wir beide hoch erfreut über das kleine, lebendige Püppchen, das uns – wie Mutter uns versicherte – von Gott geschenkt worden war. Vater hatte sich eine Lore gewünscht. Getauft wurde unsere Schwester dann – ich weiß nicht mehr von wem – in unserem kleinen Wohn- und Schlafzimmer. Mutter erholte sich rasch und meinte später, Lores Geburt sei die leichteste von allen ihren Entbindungen gewesen.

Im Nachbarzimmer tauchten immer wieder amerikanische Soldaten auf, die etwas von den Bewohnern benötigten oder auch den dort stehenden Kachelofen benützen wollten. Oft erfreuten sie uns durch Süßigkeiten und gewannen dadurch unsere Kinderherzen. Einer von ihnen schenkte mir ein vier bis fünf Zentimeter langes Elfenbein-Kreuz mit Kruzifix, auf dessen Rückseite das Vaterunser in englischer Sprache eingraviert war. Viele Jahre lang hütete ich es sorgfältig als einen kostbaren Schatz. Nach „verborgenen Schätzen“ suchten wir, so wie es Martin später beschrieben hat, jeden Tag in den Trümmern unseres Pfarrhauses. Besonders lebendig erinnern kann ich mich an einen „guten“ Teller aus dünnem Porzellan, den wir zu Mutters Freude völlig unversehrt aus den Trümmern bargen. Ich war jedes Mal begeistert, Teile von meiner schönen Puppenküche wiederzufinden. So erlebte ich die Zeit nach dem Krieg mehr freudig als traurig. Viel später erzählte Mutter auch manchmal, wie überschwänglich ich mich damals oft freuen konnte: Über die wieder gefundenen Schätze aus den Trümmern, über die Tiere auf dem Bauernhof und im Dorf, oder über die „luxuriösen“ Geschenke, die ich aus einem Geburtstagspäckchen von meiner Patentante auspackte. Es waren ein neuer Waschlappen, ein kleines Schreibheft und ein Malbuch mit Buntstiften. Ein andermal erfreute mich eine wunderschöne blaukarierte Jacke, die Großmutter für mich gestrickt hatte. Für uns Nachkriegskinder bedeuteten das alles wahre Reichtümer.

Einmal nahm mich Mutter mit nach Würzburg, wo Martin und ich geboren waren. Diese Stadt war neben Dresden am schwersten von allen deutschen Städten zerstört worden. Deutlich ist mir das stellenweise noch rauchende Trümmermeer in Erinnerung geblieben, in dem damals viele Menschen hausten und ums Überleben kämpften. Wir besuchten unseren Großvater mütterlicherseits. Er hatte vor dem Krieg in der Würzburger Residenz als Staatsarchivdirektor gearbeitet. Er nahm mich an der Hand und führte mich zu einem Tisch mit seinen Gemälden, die ich bewundern durfte. Er brachte mir auch bei, selber mit Pinsel und Farbe umzugehen. Noch heute besitze ich ein Bild, das er von mir im Jahr 1946 in Öl gemalt hat.

Noch im Jahr 1945, nur wenige Monate nach Kriegsende, erlebten wir die Erhörung unserer Gebete um die Rückkehr des so lange entbehrten Vaters. Ich war gerade in die Schule gekommen. Auf Anweisung unseres Lehrers waren wir Kinder an jenem Tag damit beschäftigt, auf einem Feld in der Nähe des Dorfs Kartoffelkäfer zu sammeln und zu vernichten. Da rief mir jemand zu, mein Vater sei heimgekommen. Ich ließ alles liegen und stehen und rannte heim. Glückselig fiel ich dem Vater um den Hals.

Vater war und blieb seit seiner Rückkehr zutiefst enttäuscht darüber, dass sein Hab und Gut fast völlig durch den Brand vernichtet worden war. Wir konnten es später nie verstehen, dass er unserer Mutter damals so schwere Vorwürfe machte: Sie hätte nach seiner Meinung doch die wichtigsten Besitztümer aus dem Pfarrhaus retten sollen. Er konnte sich nicht vorstellen, was sich am elften April in Hellmitzheim zugetragen hatte. Wie hätte denn unsere Mutter in ihrem hochschwangeren Zustand das Pfarrhaus vor den Bomben schützen können? Sie durchlitt schreckliche innere Nöte und saß oft am Abend weinend am Tisch. Wir beiden „Großen" versuchten sie zu trösten und hingen mit umso größerer Liebe an ihr. Nur Mutters fester Glaube und die Sorge um uns Kinder konnten sie damals vor einem völligen Zusammenbruch bewahren. Ihre Kämpfe und Nöte brachte sie während jener Jahre immer wieder in ihren Gedichten zum Ausdruck. Es entwickelte sich eine zunehmende Entfremdung zwischen unseren Eltern, die uns nicht entging. Wenn es damals für ein Pfarrers-Ehepaar nicht verboten und undenkbar gewesen wäre, hätte es wohl zu einer Scheidung kommen können.

Im September des Unglücksjahres 1945 hatte die Schulzeit für mich begonnen. Martin war bereits in der dritten Klasse. In einem einzigen großen Raum unseres Schulhauses, das von den Flammen verschont geblieben war, wurden alle acht Klassen zunächst von der Frau des Lehrers unterrichtet. Nachdem ihr Mann später wohlbehalten aus dem Krieg zurückgekehrt war, übernahm er selber wieder seinen Dienst. Ganz stolz und im Sommer barfuß marschierten wir die Dorfstraße hinunter, mit der Schiefertafel unter dem Arm und groben Holzkästen, die uns als Schultaschen dienten. Sie stammten von der Ausrüstung der amerikanischen Soldaten und enthielten unsere Schreib-Utensilien. Einmal zog ich mir auf dem Schulweg eine tiefe Stichverletzung der Fußsohle zu. Als ich viele Jahre später nicht wenige schwere Wundstarrkrampf-Erkrankungen als Folge solcher Stichverletzungen behandeln musste, war ich nach so langer Zeit noch dankbar dafür, dass ich damals vor dieser schrecklichen und lebensgefährlichen Krankheit bewahrt worden bin. In der Schule hatte ich keine Schwierigkeiten, und das Lernen machte mir viel Freude. Nur das Fach „Handarbeit“ war mir zuwider. Ein ganzes Jahr lang strickte ich an einem Paar Strümpfe. Sehr gut gefielen mir dagegen die Schulausflüge. Besonders schön war eine Omnibusfahrt nach Rothenburg o.d.T., was in den damaligen Zeiten für uns Kinder einer „Weltreise“ gleichkam. Mit meinen Kameraden und Schulfreundinnen verstand ich mich sehr gut; mit manchen von ihnen stehe ich noch heute in Verbindung.

Wir Dorfbewohner mussten nach dem Krieg nie richtig hungern. Aber es gab natürlich manches nicht zu kaufen, was man gerne gehabt hätte. Gut erinnern kann ich mich an die Lebensmittel-Karten, die wir zugeteilt bekamen, und die im nahegelegenen Kaufladen gegen die benötigten Artikel eingetauscht werden konnten. Das gehörte öfter zu meinen Aufgaben. Manchmal durfte ich Mutter auf die abgeernteten Getreidefelder zum „Ährenlesen“ begleiten. Es war von den Feldbesitzern erlaubt worden, die bei der Ernte liegen gebliebenen Ähren einzusammeln. Mit gefüllten Schürzen und Körben kamen wir nach Hause. Dort wurden die nahrhaften Roggen-, Gersten- und Weizenkörner im Kachelofen geröstet.

Vater richtete sich sein „Amtszimmer“ im älteren der beiden Krieners-Häuser ein. Vor den gemeinsamen Mahlzeiten mussten wir, wenn er dort war, mit lauter Stimme über den Hof rufen: „Vater, Essen!“

Großes Vergnügen machte es uns, wenn im Erdgeschoss des Hauses Zuckerrüben in einem großen Waschkessel gekocht wurden. Dabei floss die süße Brühe oft über den Rand. Wir kratzten den festgebrannten Zucker ab und ließen ihn uns schmecken. Ein besonderer Genuss war für mich auch immer wieder ein zusätzliches Hühnerei, das ich mir für jeweils hundert von den Obstbäumen gesammelte Maikäfer„verdiente“ . Diese Schädlinge waren ein begehrtes Futter für unsere Hühner. Sie bewohnten die erhalten gebliebene frühere Sakristei neben der Kirchenruine. Wegen Unterernährung und Lungen-Tuberkulose, die bei einer Reihenuntersuchung in der Schule bei mir festgestellt wurden, bekam ich eine Zeit lang jeden Tag ein Ei und eine Tasse Milch als Zusatznahrung. Außer Hühnern und Tauben hielten wir auch Stallhasen, die zu unserem Leidwesen von Vater geschlachtet wurden, wenn sie groß genug waren. Als echte „Gänse-Liesel“ hatte ich vier Gänse zu hüten und am Abend wieder in ihren Stall zu bringen. Jedes Mal, wenn ich ein irgendwo im Dorf abgelegtes Gänse-Ei gefunden und nach Hause gebracht hatte, bekam ich als Belohnung einen Löffel Zucker. Über längere Zeit hielten wir eine Ziege. Mit größtem Vergnügen tobte ich mit meiner geliebten Geiß auf den Wiesen herum. Dann wurde der Bauch meiner Spielgefährtin immer dicker, und eines Tages sollte sie entbinden. Da es aber Komplikationen bei der Geburt gab, kam das erste Ziegenbaby trotz tierärztlicher Hilfe tot zur Welt. Das zweite lebte, war aber sehr schwach. Ich pflegte, fütterte und hütete es noch ein paar Tage lang zuhause, wo es in einer Kiste unter dem warmen Kamin lag. Dort starb es dann leider auch. Die Ziegen-Mutter wurde nach der schwierigen Entbindung zu meiner tiefsten Enttäuschung von den so herzlosen Menschen getötet und aufgegessen, was ich absolut nicht begreifen konnte. Ich brachte es nicht übers Herz, auch nur einen Bissen von dem Fleisch zu essen; denn der Kummer über den Verlust meiner vierbeinigen Freundin war einfach zu groß.

Zu unserem Wohlergehen in den ersten Nachkriegsjahren trugen die so genannten „Care“-Pakete aus Amerika bei. Sie wurden auf dem Hausboden gelagert. Es war die Aufgabe unserer Mutter als der „Frau Pfarrer“, den Inhalt dieser Hilfs-Sendungen gerecht unter die Bedürftigen zu verteilen. Wir halfen dabei oft mit; und es machte Freude, die vielen Kleidungsstücke, Nahrungsmittel und Gebrauchs-Gegenstände an die Dorfbewohner und Gemeindeglieder weiterzugeben. Wir entdeckten herrliche Schätze in diesen Paketen. In einer der gespendeten Jacken, die Vater für sich selber behielt, waren Name und Adresse von „Pastor Rose“ eingenäht. Mit ihm bahnte sich eine schöne, herzliche und anhaltende briefliche Verbindung an. Er und seine Frau schickten uns persönlich dann noch weitere Liebespakete aus Amerika. Unter den herrlichen Geschenken war eine wunderschöne Puppe für mich, die ich „Eleonore“ taufte nach dem Namen der Tochter des Ehepaars Rose. In einem anderen dieser Pakete fand sich ein in viele Einzelteile zerlegtes Fahrrad, auf dem Martin und ich das Fahren lernten. Pastor Rose und seine Frau besuchten mich viele Jahre später im Rahmen einer Deutschlandreise in Ahaus/ Westfalen, wo ich damals als Assistenzärztin arbeitete. Es war eine sehr schöne und bereichernde Begegnung.

Zu meinen Nachkriegs-Erinnerungen gehört auch Vaters „Äckerle“, ein großes Gartenstück, das er mit verschiedenen Gemüsesorten bepflanzt hatte. Dort züchtete Vater auch seine Tabakspflanzen. Die großen Blätter wurden zum Trocknen an Wäscheleinen aufgehängt; und dann drehte Vater selber seine Zigarillos, die er zeitlebens rauchte. Im „Äckerle“ besaß ich ein eigenes kleines Beet mit Blumen und Radieschen, dessen Versorgung mir viel Freude machte. Oft durften wir Obstbäume abernten, die versteigert worden waren. Viel Spaß machte es uns, wenn wir auf die Lindenbäume neben dem Schulhaus klettern konnten, um die duftenden Blüten für einen guten Tee zu sammeln.

So lange wir zuhause waren, wurden wir sehr streng durch Vater erzogen. Schon für kleinste „Vergehen“ gab es spürbare Strafen. An zwei Anlässe für Ohrfeigen kann ich mich besonders gut erinnern: Als wir eines Tages wie immer zum Abendläuten den Liedvers „Ein

Tag, der sagt`s dem andern..." miteinander sprechen und beten sollten, begannen Martin und ich aus irgendeinem Grund zu kichern. Da klatschte die väterliche Hand schmerzhaft auf die Wange. Und als Vater einmal während des Religionsunterrichts erfuhr, dass ich mein „Gottbüchlein" zuhause vergessen hatte, verabreichte er mir vor allen Mitschülern im voll besetzten Klassenzimmer eine so kräftige Ohrfeige, dass meine Nase zu bluten begann. Das tat mir nicht nur körperlich weh. Wenn uns Vater mit seiner knorrigen Rute auf das nackte Hinterteil geschlagen hatte und es Wunden gab, konnten wir immer zu unsrer Mutter flüchten, die uns dann mitleidsvoll tröstete und verpflasterte.

Wir beiden „Großen", Martin und ich, erhielten Geigen- und Blockflötenunterricht im „Amtszimmer" unseres Vaters. Nicht selten gab es dabei Tränen. Trotzdem machte das Musizieren meist Freude. Die Liebe zur Musik lernten wir von unserem Vater. In späteren Jahren spielten wir sogar an Weihnachten zusammen im Gottesdienst als Familien-Quartett mit Sopran-, Alt-, Tenor- und Bassflöten. Das waren dann jeweils „Sternstunden" in unserem Familienleben. Dagegen war es für mich sehr schmerzlich, als ich einmal mit meiner Dreiviertel-Geige zu wenig geübt hatte und deshalb Vaters Ansprüchen in seinem Violinunterricht nicht genügte. Er nahm mir die Geige weg, und ich sollte sie nie wieder sehen. In meinem Herzeleid heulte ich den ganzen Tag über, und niemand konnte mich trösten.

Allmählich begann auch in unserem zerstörten Dorf der Wiederaufbau. Großes Aufsehen erregte das erste Auto in Hellmitzheim, das sich ein Fabrikant zugelegt hatte. Im Lauf der Zeit wurden es dann immer mehr. Ich konnte die Autos damals allerdings nicht leiden, weil drei meiner Gänse von ihnen überfahren wurden.

Gerne denke ich zurück an meine Patentante Meta. Sie bereitete mir jedes Jahr große Freude durch ihre Geburtstagspäckchen. Ein paar Mal durfte ich sie zusammen mit Mutter in Nürnberg und später in Neuendettelsau, dem Zentrum der bayerischen Diakonie, besuchen. Beim Beobachten der Neuendettelsauer Diakonissen kam ich erstmals auf die Idee, später vielleicht auf ähnliche Weise Gott dienen zu können. Solche Gedanken ließen mich seitdem nicht mehr los. Ein unvergessliches Erlebnis war für das ganze Dorf die Heimkehr unserer alten Kirchenglocke aus dem Jahr 1440. Sie war während des Krieges auf dem Hamburger Glockenfriedhof sicher verwahrt worden. In feierlichem Zug wurde die gerettete Glocke zur Kirchenruine geleitet. Dort hängte man sie an einem behelfsmäßigen Balkengerüst auf, damit sie wieder zum Klingen gebracht werden konnte. Unsere Mutter verfasste zu diesem Anlass das „Hellmitzheimer Glockenlied". Ausführlich erzählt darin die alte Glocke in vierzeiligen Versen, was sie alles an guter und auch manchmal blutiger Welt-, Landes- und Dorf-Geschichte in ihrem über fünfhundert Jahre langen Leben gesehen und gehört hat.

Kurz nach Vaters Rückkehr aus dem Krieg wurden die Gottesdienste zunächst im Freien auf dem Sportplatz gefeiert. Ganz im Sinn des Sprichworts „Not lehrt beten", waren sie so gut besucht wie selten zuvor. Später diente das Schulhaus jahrelang als Gottesdienst-Stätte. Bei der feierlichen Grundsteinlegung für den Neubau des Hellmitzheimer Pfarrhauses im Jahr 1949 durfte ich die Urkunde in den Händen halten, bevor sie in die Erde gelegt wurde. Wir konnten dann im selben Jahr miterleben, wie die Grundmauern emporwuchsen, und sogar noch das Richtfest mitfeiern. Auch zu diesem Anlass verfasste Mutter ein Gedicht, das zu einer bekannten Melodie gemeinsam gesungen wurde. Bei der Fertigstellung des Neubaus half das ganze Dorf mit, und auch wir Kinder durften Handlangerdienste tun. Aber die Einweihung des neuen Pfarrhauses erlebten wir dort nicht mehr mit.

Schulzeit in Heilgersdorf und Bamberg

Im Jahr 1949 wurde Vater für ein Jahr nach Kronach „straf-versetzt", wie es hieß, aufgrund der beschriebenen Spannungen in der Ehe unserer Eltern. Er sollte eine „letzte Chance" bekommen, sich im Pfarramt zu bewähren und seine Ehe zu retten. Noch heute besitze ich eine Postkarte, die ich damals an Vater geschrieben habe. Das Papier ist sehr dünn, und neben der aufgedruckten Zehn-Pfennig-Marke findet sich zusätzlich eine aufgeklebte blaue „Notopfer-Steuermarke" aus Berlin im Wert von zwei Pfennigen. Mit Bleistift steht da in großer Schrift: „Mein lieber Vater! Heute Mittag habe ich Dein Körbchen von der Bahn geholt. Wir danken Dir alle herzlich für den Kuchen... Weil Mutter diese Woche außergewöhnlich viel zu waschen hatte und heute wieder viele Tomaten einmacht (mehr als einen halben Zentner), kommt sie leider vor Dienstag nicht zu Deiner Wäsche. Sie schickt sie Dir dann im Paket mit. Herzliche Grüße von Mutter, Lore und besonders von Deiner Liesel“.

Eines Tages erfuhren wir Kinder zu unserem Schrecken, dass wir Hellmitzheim verlassen müssten. Wir sollten in ein anderes, uns völlig unbekanntes Dorf umziehen. Das konnten wir beiden, Martin und ich, nur schwer begreifen, war doch Hellmitzheim unsere Heimat. Aber es musste geschehen, weil Vater auf eine neue Pfarrstelle versetzt werden sollte. Auch für Mutter war es sehr schwer. Sie hatte als die geliebte „Frau Pfarrer“ und als gelernte Krankenschwester und Kindergärtnerin den Dorfbewohnern viel Gutes getan. Immer wenn es erforderlich war, hatte sie ihnen seelsorgerlich und in Krankheitsnöten geholfen und wusste sich mit ihnen verbunden durch die gemeinsam durchlittenen Nöte in der Kriegs- und Nachkriegszeit.

Ein letztes Mal hielt Vater den Gottesdienst im Schulhaus, und anschließend wurde die Pfarrfamilie feierlich verabschiedet. Beim Packen durften wir beiden „Großen“ mithelfen. Am 4. Mai 1950, einen Tag vor Lores fünftem Geburtstag, wurde es ernst. In den frühen Morgenstunden, während das ganze Dorf noch schlief, verließen wir unser Hellmitzheim im voll beladenen Möbelwagen; waren wir doch inzwischen fast „reich“ geworden! Der Fahrer kannte die Strecke zu unserem Zielort nicht und machte deshalb einen Umweg. Dabei war er gezwungen, über eine höchst gefährliche hölzerne Brücke zu fahren, und wir alle zitterten vor Angst. Kurz nach der geglückten Überwindung dieses Hindernisses blieb das Auto auf einer steilen und schmierigen Straße hängen, so dass wir mit einer Stunde Verspätung ans Ziel kamen: Heilgersdorf in Unterfranken. Es liegt an der damaligen Bahnstrecke Bamberg-Dietersdorf, nicht weit von Coburg entfernt. Das Dorf hatte während des Krieges kaum Schaden erlitten. Die Gemeinde empfing uns mit Singen vor der großen Kirche.

„Liesel" als Schulmädchen in Heilgersdorf, Sommer 1950

Die Schulkinder halfen fleißig mit beim Auspacken und Einräumen unseres Hausrats. Wir zogen in den ersten Stock des großen Pfarrhauses ein. Dort gab es sechs geräumige Zimmer; welch ein Luxus! Im Erdgeschoss wohnten zwei Flüchtlingsfamilien. Frau Härtel, eine Witwe mit drei großen Kindern, wurde uns zu einer lieben Freundin und Helferin. Günter, einer ihrer Söhne, wurde Martins guter Freund. Unser Wasser holten wir von einem Brunnen vor dem Haus. Erst Jahre später wurde eine Wasserleitung eingebaut.

Mit dem Gemeindeleben von Heilgersdorf stand es nicht gut. Kein Pfarrer hatte es vorher dort lange ausgehalten. Die Dorfbewohner hatten wenig Interesse an der Kirche und ihrer Botschaft. Vater predigte am Sonntag vor fast leeren Kirchenbänken, was in der damaligen Zeit außergewöhnlich war. Es kam sogar vor, dass niemand da war außer dem Organisten und dem Pfarrer, so dass der Gottesdienst ausfallen musste. Nur an den hohen Festtagen kamen mehr Menschen zur Kirche. Vater nützte die Gelegenheit, das Evangelium zu verkündigen, besonders bei den Beerdigungen, wo auch „kirchenferne" Leute anwesend waren. Er gab sich alle Mühe, dieser gleichgültigen Gemeinde nach bestem Vermögen zu dienen. Er begann mit einer Jugendarbeit, gründete und leitete den Posaunenchor sowie einen Sing- und einen Flöten-Kreis. Er veranlasste die Anschaffung neuer Glocken und ließ die Orgel renovieren. Obwohl nur wenig Interesse bestand, hielt Vater während der Wintermonate regelmäßig Bibelstunden im Gemeinderaum des Pfarrhauses. Trotz aller Schwierigkeiten verrichtete er treu und gewissenhaft seine Dienste in Heilgersdorf und den fünf zu seiner Gemeinde gehörigen Ortschaften, einschließlich dem hübschen mittelalterlichen Städtchen Sesslach. Mit meinem eigenen Fahrrad, dem Geschenk einer alten Tante, durfte ich dort oft die Sonntagsblätter austragen oder etwas in der Apotheke besorgen. Seine Predigten bereitete Vater immer erst in der Nacht vom Samstag auf den Sonntag vor. Er verkündigte das Evangelium einfach, klar und verständlich. Besonders schön waren die Osterfeiern in früher Morgenstunde auf dem Dorf-Friedhof oberhalb der Kirche. Die Posaunen verkündeten jubelnd den Sieg über den Tod, und ihr Klang überstrahlte die Gräber und das noch schlafende Dorf.

Wie unser Vater es fertig brachte, in seiner Familie das Gegenteil von dem zu praktizieren, was er von der Kanzel predigte, konnten wir nie begreifen. Zeitlebens hatten wir ihm gegenüber ein meist von Angst geprägtes, gespanntes Verhältnis. Umso schöner war es, dass wir bei unserer Mutter immer ein offenes Ohr und Verständnis für unsere Probleme fanden. Sie liebte ihren Mann und uns Kinder gleichermaßen und begleitete unsere Wege fürbittend und helfend, wie es ihr nur möglich war.

Unsere Mutter kümmerte sich auch in Heilgersdorf um die Alten, Kranken, Einsamen und Gebrechlichen. In der Advents- und Weihnachtszeit erfreuten wir solche Gemeindeglieder mit ihr zusammen gern durch unsere gesungenen und geflöteten Lieder sowie kleine Geschenke.

Viel Freude machten uns die gemeinsamen Spaziergänge in der schönen Umgebung. Zusammen mit Mutter entdeckten wir schöne und seltene Blumen wie den Türkenbund, das Knabenkraut oder Trollblumen. Damals waren diese Pflanzen noch nicht geschützt und durften gepflückt werden. Mutter sammelte auch verschiedene Heilpflanzen und erklärte uns ihre Wirkungsweise. Meist bereitete sie daraus Tee für die Hausapotheke.

Eines Tages kaufte Vater eine Tischtennisplatte, und wir durften im Gemeinderaum miteinander spielen. Dazu kamen auch ein paar Jugendliche aus dem Dorf. Vater bewirtschaftete den Pfarrgarten, wobei wir manchmal mithelfen durften. Martin und ich besaßen jeweils ein eigenes Beet, auf dem wir Gemüse oder Blumen nach eigenem Geschmack anpflanzten. Neben der Musik, der Kaninchen- und der Hühnerzucht gehörte die Gartenarbeit zu Vaters Lieblingsbeschäftigungen. Große Freude hatten wir an unserer Igel-Familie im Garten und auch an unseren Schwalben, die ihr Nest in der Waschküche gebaut hatten. In Heilgersdorf ergatterte ich mein erstes Haustier, den rot-weißen Kater Peter. Ich durfte das Tier im Haus haben nur unter der Bedingung, für Futter und Sauberkeit zu sorgen. Das tat ich natürlich mit Freuden.

Wenn wir irgendwelche körperlichen Beschwerden hatten, durften wir nicht darüber klagen und wagten deshalb nicht, darüber zu sprechen. Man sollte sich „zusammennehmen“, wie es Vater ausdrückte. Ganz still und heimlich litten wir deshalb manchmal so lange, bis unsere Probleme nicht mehr zu verbergen waren. Unsere Kinderkrankheiten wie Mumps, Windpocken, Masern und Scharlach wurden von Mutter mit ihren bewährten traditionellen Hausmitteln behandelt. Nur selten holte sie einen Arzt. Eines Tages zog ich einen Topf mit kochend heißem Wasser aus dem Ofen. Der Topf rutschte mir aus den Händen und entleerte sich über meinen Beinen. Das Ergebnis der Verbrühung waren großflächige, nässende Wunden an den Unterschenkeln, nachdem die Blasen aufgeplatzt waren. Ich behandelte mich selber durch Auflegen von sauberen Tüchern. Dank der dicken langen Strümpfe, die wir damals trugen, fiel das niemandem auf. Ich fürchtete eine Strafe und wagte deshalb nicht, von meinem Missgeschick zu erzählen. Die Wunden heilten folgenlos ab, und damals hat keiner davon erfahren.

Einmal passierte es mir, dass ich mich beim Abspringen vom Fahrrad so verletzte, dass die Unterhose blutverschmiert war. Mutter entdeckte es dummerweise und machte sich große Sorgen. Ich war gerade zehn Jahre alt und noch zu jung für die Menstruation. Von solchen Dingen hatten wir keine Ahnung; denn sie waren tabu, und eine „Aufklärung“ gab es für Kinder in unserem Alter nicht. Als ob es etwas Verbotenes gewesen wäre, so vertraute mir Mutter daraufhin ganz „heimlich“ an, was im menschlichen Körper während der Pubertät normalerweise vor sich geht. Sie zeigte mir auch einen Büstenhalter, der von ihr „Leibchen“ genannt wurde. Bedeutung und Zweck dieses Kleidungsstücks verstand ich aber nicht. Nachdem sie mich neugierig gemacht hatte, studierte ich dann heimlich und unerlaubt ihre Krankenpflege-Bücher. Ich tat es gründlich und war fasziniert von dem, was ich da entdeckte über Bau und Funktionen des menschlichen Körpers und über die Unterschiede der Geschlechter. Während der Pubertät ärgerte ich mich allerdings über die Veränderungen meines Körpers und wehrte mich innerlich dagegen. Ja, ich wäre damals viel lieber ein Junge gewesen.

Im September 1950 begann für Martin und mich das Fahrschüler-Leben. Er hatte zum altsprachlichen Gymnasium nach Bamberg gewechselt, und ich kam dort in das Mädchen-Realgymnasium. Um Viertel nach sechs Uhr fuhr unsere „Bimmelbahn“ an der Heilgersdorfer Haltestelle ab in Richtung Bamberg. Wenn wir schnell genug liefen, waren wir in zwei bis drei Minuten am Zug. Netterweise wartete der Lokomotiv-Führer immer mit der Abfahrt, bis alle Schüler und Arbeiter da waren. Oft hörte man bereits das Pfeifen der Lokomotive, während wir zuhause in letzter Minute noch unbedingt unsere heiße Milch trinken mussten. Die dicke, ach so „nahrhafte“ Haut obendrauf durfte nicht zurückgelassen werden. Vielleicht ist diese, damals aufgezwungene Pflicht der Grund dafür, dass ich seitdem nie gerne reine Milch trinke. Die Fahrzeit bis Bamberg betrug achtzig Minuten. Der Zug hielt an jedem Ort. Auf der Hinfahrt mussten wir immer für den Unterricht lernen. Zuhause habe ich nur noch die schriftlichen Schularbeiten erledigt. Während der Rückfahrt vergnügten wir uns mit Gesellschafts- und anderen Spielen. In unserem Übermut turnten wir auch manchmal auf den Gepäcknetzen herum, bis der Schaffner kam und es uns verbot. Nachdem ich inzwischen die Freude am Handarbeiten entdeckt hatte, strickte, stickte und häkelte ich oft auf dem Heimweg im Zug. Es gelang mir sogar, eine ganze Strickjacke für Mutter zum Geburtstag fertigzustellen, ohne dass sie etwas davon gemerkt hätte.

Weniger vergnüglich war das Fahrschüler-Leben im Winter. Die tiefste Temperatur, bei der wir morgens in den noch nicht beheizten Zug einsteigen mussten, betrug -27° Celsius. Trotzdem hatten wir unseren Spaß daran, wenn bei extremer Kälte die Lokomotive streikte und der Zug mitten auf der Strecke stehen blieb. Dann gab es lustige Schneeballschlachten, und wir konnten ungestraft zu spät im Unterricht erscheinen. Weniger lustig war es, als wir uns einmal während eines Eisenbahn-Stopps aufgrund technischer Probleme in dem kleinen Fluss Itz beim Baden vergnügten. Ich konnte nicht schwimmen, wurde flussabwärts getrieben und verlor den Boden unter den Füßen. Durch Hochspringen konnte ich immer wieder den Kopf über das Wasser strecken und mich mit Armbewegungen bemerkbar machen. Ohne Hilfe wäre ich sicher nicht aus dem Wasser herausgekommen. Es war mein Bruder Martin, der mein Schreien hörte, mich sah und zum niedrigeren Wasser zog. Dieses lebensgefährliche Abenteuer blieb unser Geheimnis.

Oft musste ich in Bamberg Lebensmittel für unseren Heilgersdorfer Haushalt einkaufen. Schwere Taschen und Schachteln hatte ich dann nach Hause zu schleppen. Eines Tages vermachte mir Mutter einen „Einkaufs-Orden“, auf den ich sehr stolz war.

Die Klassen-Ausflüge und Wandertage führten uns in den ersten Jahren nur in die nähere Umgebung von Bamberg. Später besuchten wir dann auch entfernter gelegene Orte wie Schloss Banz und Vierzehnheiligen, ja sogar Würzburg und Veitshöchheim. Wir waren im Kloster Ebrach und in Münsterschwarzach mit seinem Heilkräutergarten und dem interessanten Missions-Museum. Gegen Ende des sechsten Schuljahrs unternahmen wir einen längeren Ausflug in die Fränkische Schweiz. Von der Pottensteiner Jugendherberge aus besuchten wir die große, beeindruckende „Teufelshöhle“ mit ihren bizarr geformten Tropfsteinen und dem Angst einflößenden riesigen Skelett des „Höhlenbärs“.

Das Lernen machte mir auch in der höheren Schule keine Schwierigkeiten, und ich hatte meist Freude daran. In unserem neusprachlichen Gymnasium erhielten wir neun Jahre lang Unterricht in Englisch und sechs in Französisch. Das „Kleine Latinum" wurde uns nach vier Jahren Lateinunterricht zuerkannt. Besonders gern mochte ich die naturwissenschaftlichen Fächer, vor allem Biologie mit Zoologie und Botanik. Als Schülerin vom Land brachte ich zur Freude unserer Biologielehrerin oft tierische oder pflanzliche Anschauungsstücke aus der Natur mit in die Klasse, darunter eine lebende Fledermaus, einen Igel und auch ein Wespennest, das ich auf dem Dachboden des Pfarrhauses gefunden hatte. Die Begeisterung für Gottes wunderbare Schöpfung in ihrer Vielfalt erfüllte mich schon in der Kindheit und hat bis heute angehalten.

Mit großem Eifer pflückte ich Schneeglöckchen im Garten und Maiglöckchen im Wald, um sie in einem Bamberger Blumengeschäft, das auf meinem Schulweg lag, zu verkaufen. Auf diese Weise konnte ich – wohlweislich mit väterlicher Genehmigung – erstmals durch eigene „Leistung" etwas Geld verdienen und war stolz auf die paar D-Mark, mit denen mein Taschengeld aufgebessert wurde.

Die Schulferien verbrachten wir gewöhnlich daheim. Dann mussten wir natürlich in Haus und Garten mithelfen. Besonders lebendig ist mir der riesige Waschkessel in Erinnerung geblieben. Mit einem großen und langen hölzernen Löffel musste ich die schwere, kochend heiße Wäsche heraushebeln und dann zum Trocknen aufhängen. Eine Waschmaschine mit Wäscheschleuder schafften die Eltern erst Jahre später an.

Sehr stark beschäftigte uns in der Schule der neu gegründete Staat Israel. Wir beteiligten uns auch an Hilfsaktionen für die Bewohner des jungen Staates. Mehr noch setzten wir uns bei der Unterstützung unserer Landsleute im getrennten östlichen Teil Deutschlands, der DDR, ein. An alle Schulklassen wurden im Jahr 1953 Adressen von bedürftigen Familien verteilt, denen wir durch Paketsendungen etwas helfen sollten in ihrer Notlage. Weil unserer Klasse eine Pfarrersfamilie zugeteilt wurde, sollte es meine Aufgabe als Pfarrerstochter sein, den Kontakt mit der siebenköpfigen Familie Hennig in Zwickau zu beginnen und aufrecht zu erhalten. Jede meiner Mitschülerinnen steuerte etwas bei zu den „Liebespaketen“, die ich im Namen unserer Klasse zu verschicken hatte. Es entwickelte sich eine schöne Brief-Freundschaft, die viele Jahre lang anhielt. Es kamen noch weitere Freunde und Paket-Empfänger in Leipzig und anderswo in der DDR dazu. Ja, ich durfte sogar Patin werden bei einer Enkelin meiner Leipziger Kontakt-Familie Stahlhut. Als „Tante“ konnte ich sie mehrmals im Abstand von jeweils etwa drei Jahren in Leipzig besuchen. Fast zwanzig Jahre lang schickte ich regelmäßig Pakete mit benötigten Lebensmitteln und Haushaltswaren an meine Freunde in der DDR. Noch heute staune ich dankbar darüber, wie es möglich war, dass ich als Schülerin, bald ohne Unterstützung meiner Klassenkameradinnen, und später als „arme“ Studentin immer die nötigen Mittel für meine „Ostzonen-Pakete“ aufzubringen vermochte.

Zurück zum Fahrschüler-Leben in den fünfziger Jahren: Selten war es uns erlaubt, bei unserer Großmutter in Bamberg zu übernachten und einen besonderen Film im Kino anzusehen. Gut erinnern kann ich mich an den beeindruckenden Natur-Film „Die Wüste lebt“ und an den Albert-Schweitzer-Film „Zwischen Wasser und Urwald“. Der berühmte Urwald-Doktor von Lambarene wurde mir damals zum großen Vorbild, dem ich nacheifern wollte. Allerdings hatte ich zu jener Zeit noch keinerlei Vorstellung davon, wie das geschehen könnte. Denn Vater hatte längst festgelegt, dass ich mit Abschluss der „Mittleren Reife“ im Alter von sechzehn Jahren die Schule beenden sollte. Er rechnete damit, dass seine Töchter heiraten würden, und hielt es deshalb für angebracht, sie nicht bis zum Abitur die Schule besuchen zu lassen. Er hatte inzwischen drei Söhne, die studieren sollten. Aber nachdem ich Klassenbeste war und Vater meine Freude am Weiterlernen erkannte, ließ er mich auf mein Bitten hin doch noch weiter zur Schule gehen bis zum Abitur.

Das Eheleben unserer Eltern hatte sich während der ersten Heilgersdorfer Jahre etwas gebessert. In der Bamberger Frauenklinik kam 1951 unser Bruder Friedrich und fünfzehn Monate später Walter, der Jüngste, zur Welt. Mutter war inzwischen vierundvierzig, bzw. fünfundvierzig Jahre alt. Da sie über Geburts-Komplikationen

Frieder's Tauftag in Heilgersdorf 1951
von links nach rechts: hinten: Martin, Frieders Pateneltern, „Liesel"
vorne: Lore, die Eltern mit Frieder

Bescheid wusste, zeigte sie mir jedes Mal vor ihrer Abreise nach Bamberg, wo schwarze Trauerkleider im Schrank hingen. Es hätte ja sein können, dass sie die Entbindungen in ihrem Alter nicht überleben würde.

Aber – Gott sei Dank – alles ist gut gegangen bei den Geburten unserer kleinen Brüder. Ich konnte Mutter von der Schule aus während der Freistunden besuchen. Ganz stolz hielt ich als erste von uns drei „großen" Geschwistern den neugeborenen Frieder auf den Armen. Im Zusammenhang mit den Geburten unserer „Buben" war es das einzige Mal, dass Vater mit uns zuhause nicht wie sonst ein vorgeformtes Gebet sprach, sonder selbst ein Dankgebet formulierte.

Die beiden Kleinen wurden von Vater selber getauft. Lore gehörte je nach Situation oder Notwendigkeit manchmal zu uns „Großen" und ein anderes Mal wieder zu den „Kleinen"; stand sie doch genau in der Mitte, mit jeweils sechs Jahren Abstand nach oben und nach unten. Die beiden „Buben" waren äußerlich und auch in ihrem Wesen sehr verschieden. Walter sah mir mit seinen blond gelockten Haaren nicht nur ähnlich, er hatte auch gleiche Interessen wie ich. Er sammelte und kannte viele Arten von Pflanzen und Blumen und hatte seine helle Freude an der Vielfalt in der Natur. Scherzhaft nannten wir ihn unseren „kleinen Botaniker". Mutter hatte damals viel Mühe und Arbeit mit der Betreuung der kleinen Geschwister und des großen Haushalts. Wir Großen konnten ihr nur an schulfreien Tagen helfen oder wenn wir Ferien hatten. Es war eine Entlastung für sie, als die Kleinen später jeden Tag mit dem Leiterwagen zum Kindergarten gebracht und dort mehrere Stunden lang betreut wurden. Im Rahmen des beginnenden deutschen Wirtschaftswunders gab es in den fünfziger Jahren manche Erleichterungen im Haushalt. Die Waschmaschine und ein elektrischer Kochherd bedeuteten damals einen traumhaften Fortschritt und wurden eine große Hilfe für unsere überlastete Mutter.

Manche schönen Erinnerungen sind mit dem Heilgersdorfer Pfarrhaus verbunden. Einmal organisierten Lore und ich ein fröhliches „Sommerfest" für unsere ganze Familie im Garten, mit bunten Lampions und lustigen Spielen. Dass sogar Vater dabei mitmachte, freute uns sehr. Zur Feier seines fünfzigsten Geburtstags hatte Mutter ein Theaterstück vorbereitet: Wir fünf Geschwister sollten unsere Berufswünsche darstellen. Martin war der Herr Professor, ich eine Missions-Schwester im Heimaturlaub, Lore trat als Kindergärtnerin auf, Frieder als würdiger Pfarrherr, und Walter war der gelehrte Botaniker. Dabei hatten wir alle unseren Spaß.

Martin und ich wurden in Heilgersdorf von Vater konfirmiert. Infolge unseres Fahrschüler-Lebens erhielten wir gesonderten Einzel-Unterricht durch unseren strengen Vater. Am Palmsonntag des Jahres 1953 war der große Tag meiner Einsegnung. Wir waren in unserer Gruppe vier Mädchen und fünfzehn Jungen. Am Samstag-Nachmittag erläuterte Vater alle neunzehn Konfirmations-Sprüche, die er individuell für uns ausgewählt hatte. Ich erhielt die wunderbare Zusage Gottes aus Jeremia 31, Vers 3: „Ich habe dich je und je geliebt; darum habe ich dich zu mir gezogen aus lauter Güte". Damals konnte ich allerdings noch nicht viel mit diesem Wort anfangen. Die ganze Konfirmation ließ ich als traditionelle Pflicht-Aktion über mich ergehen. Man feierte eben und erhielt Glückwünsche und Geschenke. Erst später wurde mir bewusst, an jenem Tag mein Ja zum Leben als getaufter Christ gegeben zu haben, nachdem Gott mich längst vorher „zu sich gezogen“ hatte. Noch heute besitze ich das eingerahmte bunte Bild vom „Guten Hirten“ mit einem Schäflein im Arm und meinem Konfirmations-Spruch, von Vater in seiner akkuraten feinen Handschrift darunter geschrieben, mit dem Datum der feierlichen Einsegnung. Die erstmalige Teilnahme am Heiligen Abendmahl bei unserer Konfirmation war eine aufregende und ernste Angelegenheit. Auch später bedeutete das Herrenmahl ein sehr heiliges und trauriges Geschehen für uns. Wie bei einer Beerdigung musste dabei schwarze Kleidung getragen werden.

Unser Konfirmanden-Ausflug führte uns zur Diakonen-Anstalt nach Rummelsberg und nach Altdorf bei Nürnberg mit den dortigen Pflege-Einrichtungen für körperlich und geistig Behinderte. Ich war erschüttert von dem Leid, das wir dort so konzentriert zu sehen bekamen, aber auch beeindruckt von dem hingebenden diakonischen Dienst an den Behinderten. Als Abschluss unserer „großen Fahrt“ besuchten wir noch die schöne gotische St. Lorenzkirche in Nürnberg. Auch ein Spaziergang auf der Burg stand noch auf unserem Programm.

Kindergottesdienst, Religionsunterricht, Konfirmation, christliche Freizeiten und Jugendtreffen sowie Predigten oder Vorträge ließen wir pflichtgemäß und auch gern über uns ergehen. Was wir da hörten und erlebten sowie die Gemeinschaft mit anderen Christen und besonders mit Gleichaltrigen machte uns viel Freude. Sehr tief drang das Gehörte jedoch nicht in uns ein. Wirksamer hat Mutter seit unserer frühesten Kindheit den guten Samen des Evangeliums gestreut und durch ihre Liebe die Frohe Botschaft von Gottes Barmherzigkeit für uns glaubhaft gemacht. Biblische Geschichten, einfache Gebete und viele Liedverse kannten wir von klein auf. Für diese geistliche Grundlage sind wir unser Leben lang dankbar.

Der wirkliche geistliche Durchbruch - manche nennen es „Bekehrung“ - geschah bei mir im Jahr 1956 auf der Burg Wernfels. Schon zwei Jahre vorher hatte ich am gleichen Ort an einer Bibelfreizeit teilgenommen. Jetzt war es ein großes Pfingst-Treffen des bayerischen evangelischen Mädchen-Werkes. Über dreihundert junge Mädchen kamen in verschiedenen Arbeitsgruppen zusammen zum Singen, Beten und zu Bibelarbeiten. Sogar aus fünf europäischen Ländern nahmen Vertreter der kirchlichen Jugendarbeit teil. Unser damaliger Landesbischof Dietzfelbinger hielt die Festpredigt im großen Burghof. Das Haupt-Thema des Treffens war die Mission. Am meisten beeindruckten mich die Bibelarbeiten des schwedischen Pfarrers Molander vom Weltrat der Kirchen in Genf. Er stellte uns die Botschaft des Evangeliums so klar vor Augen, dass sie bei mir einschlug wie nie zuvor. Ich hatte das ja alles oft genug gehört und auch gelernt: Dass Jesus Christus als der Sohn Gottes für uns Menschen gestorben und unser Heiland geworden ist, dass Er den Tod überwunden und uns mit Gott versöhnt hat. Aber nun traf mich diese Wahrheit ganz neu und persönlich. Ich begriff plötzlich, dass Jesus Christus nicht nur der „Heiland der Welt“, sondern auch mein persönlicher Retter geworden ist. Ohne dass ich besondere Gefühle der Reue oder Buße verspürt hätte, waren mir die Augen dafür aufgegangen, dass Er mich ansprechen und in Seine Nachfolge rufen wollte. Er, der lebendige Herr, sollte fortan mein Leben bestimmen. Eine unbeschreibliche Freude und Begeisterung erfüllte mich wie nie zuvor. Es war etwas vollkommen Neues geschehen, das ich selber nicht so richtig einordnen oder gar verstehen konnte. Aber das Eine wusste ich, dass ich Ihm mein Leben anvertrauen und Ihm dienen wollte. Plötzlich ging mir auch die Bedeutung meines Konfirmations-Spruches auf: Gottes große Liebe ist es, die mich „zu Ihm gezogen hat in Seiner Güte“. Alles ist Gnade!

Ich wollte fortan mein Leben nach den Anweisungen des Evangeliums ausrichten, weil ich neu erkannt hatte, dass Gottes Liebe uns Menschen erneuern und zum Guten verändern will. Deshalb konnte ich nicht länger zusehen, wie unser Vater mit seiner Frau und oft genug auch mit seinen Kindern umging. Erst jetzt wurde mir deutlich bewusst, dass da etwas nicht in Ordnung war; und ich fühlte mich beauftragt, etwas daran ändern zu müssen. Ich musste es ihm sagen! Ich dachte, unser Vater merke es vielleicht gar nicht, dass sein Leben nicht mit dem übereinstimmte, was er verkündigte, und wie lieblos und hartherzig er mit den Seinen umging. Ich erklärte ihm tatsächlich mit einem nie gekannten Mut, dass er sein Verhalten unserer Mutter gegenüber ändern müsse, zumal er ja selber die „Frohe Botschaft“ verkündigen würde. Verärgert, ablehnend und achselzuckend nahm er meine so ernst gemeinten Vorhaltungen hin. Aber leider änderte sich nichts bei ihm.

Unsere liebe Mutter wollte ich vom Evangelium her zu trösten versuchen. Allen wollte ich weitersagen, was mir aufgegangen war, und wie groß Gottes Liebe zu jedem Einzelnen von uns ist. Mit großem Eifer wollte ich alle Menschen in meinem Umfeld „bekehren“. Wenn ich an jene Tage zurück denke, muss ich selber lächeln über mein damaliges Sendungsbewusstsein.

Unvergesslich ist mir unsere große Radtour zum Frankfurter Kirchentag. Meinen bebilderten handschriftlichen Bericht darüber entdeckte ich nach vielen Jahren wieder. Martin, zwei Söhne unseres Nachbarpfarrers und deren Freundin waren mit dabei. Am ersten Tag unserer „großen Fahrt“ ließen wir uns bei einer kurzen Rast unter Zwetschgenbäumen nieder. Dort versuchte ich mich zum ersten und letzten Mal in meinem Leben im Rauchen, weil ich den anderen nicht nachstehen wollte. Ein paar Mal zog ich an einer glimmenden Zigarette. Die schmeckte aber so abscheulich, dass es mir übel wurde und ich sie wegwarf. Mit einem kleinen Kocher bereiteten wir unterwegs auf Holzfeuer unsere einfachen Mahlzeiten zu und übernachteten in Jugendherbergen. Wir fuhren nicht direkt nach Frankfurt, sondern zehn Tage entlang der Jagst, dem Neckar und dem Rhein. Wir besichtigten u.a. Heidelberg, Speyer und Worms und waren sogar in Bensheim an der Bergstraße. Damals ahnte ich noch nicht, welche Bedeutung dieser Ort als Geburtsstätte unserer Bruder- und Schwesternschaft einmal für mich erhalten sollte.

Schließlich erreichten wir Frankfurt und zogen mit vielen anderen Jugendlichen in die großen Kirchentags-Zelte ein. Riesige Menschen-Mengen waren zusammengekommen, um miteinander Gottes Wort zu hören und zu feiern. In den Straßenbahnen und wohin man auch kam, wurden Kirchentags-Lieder gesungen. Es war überwältigend, wie ganz Frankfurt dieses Fest der evangelischen Christen mitfeierte. Der Kirchentag stand unter dem Motto: „Lasset euch versöhnen mit Gott“. Niemöller und Thadden-Trieglaff predigten beim Eröffnungsgottesdienst auf dem Römerberg vor einer so großen Gemeinde, wie wir sie vorher noch nie erlebt hatten. Wir freuten uns an den Bibelarbeiten und am täglichen „Offenen Singen“. Wir erlebten Rudolf Alexander Schröder bei seiner Bibelarbeit zum Thema: „Gott sagt Ja zur Welt“. Beeindruckt war ich von einer Dichterlesung Manfred Hausmanns in der Frankfurter Paulskirche. Ein Orgelkonzert mit Werken von J. S. Bach in der Lutherkirche und der große Abendmahlsgottesdienst für die Jugend in unserem Zeltlager gehörten für mich zu den Höhepunkten dieses Kirchentags. Beim Abschluss-Gottesdienst spielte der überwältigend große Posaunenchor, und Bischof Lilje hielt die Predigt. In solcher Weise Gemeinde Jesu Christi zu erleben, war eine wunderbare Erfahrung für uns. Sie gab unserem Leben eine klare Richtung. Martin entschloss sich daraufhin, Theologie zu studieren und Pfarrer zu werden.

Voll Freude und erfüllt von allem Erlebten, radelten wir zu fünft am Main entlang nach Hause. Martin und ich machten noch einen Abstecher nach Hellmitzheim, unserer alten Heimat. Wir wurden dort überaus herzlich empfangen und liebevoll bewirtet. Wir besuchten Vaters Nachfolger und bewunderten die neu gebaute Kirche. In Bamberg überraschte uns Vater mit seiner neuen Errungenschaft, einem Personenwagen. Die Zeiten hatten sich geändert. Das deutsche „Wirtschaftswunder“ war in vollem Gange. Die Spuren des schrecklichen Krieges wurden immer weniger. Mutter empfing uns zuhause mit einem großen Blumenstrauß und einem frisch gebackenen Kuchen. Sie war sichtlich erleichtert und hoch erfreut über unsere glückliche Heimkehr.

In meiner frisch erweckten Begeisterung gründete ich mit Vaters Einverständnis einen Mädchen-Bibelkreis in unserer Heilgersdorfer Gemeinde. Anfangs kamen viele zusammen. Aber nach einiger Zeit nahm das Interesse ab. Die Jugendlichen kamen nur noch zum Tischtennis-Spielen im Gemeinderaum des Pfarrhauses zusammen. Inzwischen war ich auch ernüchtert und sah ein, dass es doch nicht so einfach ist, andere Menschen für den Glauben zu begeistern. Aber meine Freude konnte mir niemand nehmen.

Umzug nach Hetzelsdorf und letzte Schuljahre

Nach sechs Jahren bewarb sich Vater auf eine neue Pfarrstelle in Hetzelsdorf. Im Januar 1957 war der Umzug. Martin war wieder nicht mit dabei, weil er als Theologiestudent in Erlangen wohnte. Hetzelsdorf liegt in einer landschaftlich sehr schönen Gegend der Fränkischen Schweiz. Der nächste Bahnhof war in Pretzfeld, zwei Stunden Fußweg von Hetzelsdorf entfernt. Deshalb musste ich während der letzten Schuljahre in Bamberg wohnen. Wenn ich alle zwei Wochen nach Hause kam, genoss ich oft die Wanderung durch die herrliche Landschaft zu unserem Dorf auf dem Berg. Bei gutem Wetter brachte ich dann manchmal einen großen Wiesenblumenstrauß von unterwegs mit nach Hause.

Ich zog ins Mädchen-Wohnheim der Neuendettelsauer Diakonissen in der Bamberger „Eisgrube“ ein, nicht weit von unserer Schule entfernt. Leider herrschte eine freudlose und angespannte Atmosphäre in diesem Haus. Wir vierundzwanzig Mädchen waren strengen Gesetzen und ständiger Überwachung unterworfen, fast noch schlimmer, als ich es von daheim gewöhnt war. Ich teilte das Zimmer mit einem Flüchtlings-Mädchen aus der „Ostzone“. Wir verstanden uns ganz gut. Dankbar war ich für das Refugium, in das ich jederzeit flüchten konnte: Eine kleine Dachkammer in Vaters Elternhaus in der Kesslerstraße. Dort wohnte unsere inzwischen erblindete Großmutter, mit der ich über alles reden konnte, was mir auf dem Herzen lag. Sie brachte ihren Enkeln liebevolles Verständnis entgegen. Meine Klassenkameradinnen besuchten mich oft im Heim, oder ich wurde auch von ihnen nach Hause eingeladen. Gelegentlich kam sogar Vater vorbei, mit oder ohne die jüngeren Geschwister, und brachte meist frische Wäsche und leckere „Fressalien“ aus Hetzelsdorf mit. Ja, sogar Martin kam einige Male aus Erlangen, um mich zu besuchen.

Bei meinen Besuchen in Hetzelsdorf durfte ich manchmal meine Zimmergenossin Hella mitbringen. Aber meist musste ich meinen Koffer allein den Berg hinauf schleppen. Mutter gab mir immer noch große Einkaufslisten für Bamberg mit, und so war der Koffer gut ge-

Unsere Familie 1958 mit einem Onkel.

Martin fehlt.

Elisabeth hinten Mitte

füllt. Einmal kam ich am Pretzfelder Bahnhof an, als es in Strömen regnete. Vater konnte mich nicht mit dem Auto abholen, weil er eine Beerdigung zu halten hatte. Doch wer stand da überraschend am Bahnhof? Mein immer hilfsbereiter Bruder Martin war mit seinem Rad im Regen hergekommen, um seiner Schwester einen Schirm zu bringen! So konnte ich dank der brüderlichen Fürsorge den langen Weg nach Hetzelsdorf relativ trocken zurücklegen.

Wann immer es möglich war, mussten wir mithelfen bei der Obsternte im Pfarrgarten, beim Beerensuchen und Vorbereiten von Brennholz im Wald, bis wir Blasen an den Händen hatten. Dazu kam die große Wäsche und das Einmachen von Obst und Gemüse. Nur das Kochen lernte ich nie richtig. Mutter meinte, das sei nicht notwendig, weil ich ja doch studieren würde. In der Weihnachtszeit übernahm ich allerdings sehr gerne das Plätzchen-Backen.

Wenn Vater gerade gut gelaunt war, genossen wir unser Zusammensein im häuslichen Familienkreis, besonders in den Weihnachtsferien. Er spielte manchmal auf seiner Geige, wir flöteten oder sangen miteinander. Auch Gesellschaftsspiele trugen zur abendlichen Gemütlichkeit bei. Während Mutter und wir Mädchen mit Handarbeiten beschäftigt waren, liebte es Martin, unser „Bücherwurm", in-

Die drei kleinen Geschwister in Hetzelsdorf, Advent 1960

teressante Geschichten vorzulesen. Solche Abende waren jedes Mal „Sternstunden" besonders für unsere Mutter.

Obwohl wir „Großen" nur an Wochenenden und in den Ferien zuhause waren, belastete uns das lieblose Verhalten unseres Vaters seiner Frau gegenüber je länger je mehr. Nachdem er sie wieder einmal besonders schlimm mit verletzenden Worten gedemütigt hatte, konnte ich das nicht mehr stillschweigend hinnehmen. Ich wagte es, in seinem Amtszimmer mit ihm zu sprechen und versuchte, ihm begreiflich zu machen, dass er – zumal als Pfarrer – nicht in solcher Weise mit seiner Frau umgehen dürfe, wie er es getan hatte. Er antwortete nicht viel auf meine Vorhaltungen und versuchte auch nicht, sich zu rechtfertigen. Doch siehe da, am folgenden Morgen entschuldigte sich Vater tatsächlich bei Mutter, zu unser aller Verwunderung, Freude und Erleichterung. Wenigstens ein kleiner, wenn auch nur vorübergehender Lichtblick war in dem oft so tristen Leben im Hetzelsdorfer Pfarrhaus aufgeleuchtet. Trotz allem tat Mutter all die Jahre treu ihren Dienst für Vater, für ihre Kinder und für die Gemeinde. Irgendwelche Zeichen des Dankes oder der Anerkennung erfuhr sie nie von ihrem Mann. Sie wurde immer einsamer und litt still vor sich hin. Ihre vielen Gedichte aus jener schweren Zeit geben davon Zeugnis. Mutter sagte uns manchmal, dass sie ihren Mann noch immer lieben würde, ganz besonders wenn er in den Abendmahls-Gottesdiensten die schöne bayerische Liturgie zu singen hatte. Dabei schienen alle Lasten vorübergehend von ihr abzufallen. Schön war es immer, wenn unsere Bamberger Großmutter in den Ferienwochen bei uns in Hetzelsdorf war. Von ihr wurde Vater manchmal in seine Schranken gewiesen, wenn er seine Wutausbrüche über uns ergehen ließ.

Nachdem ich nun nicht mehr wie vorher drei Stunden täglich im Zug sitzen musste, hatte ich in Bamberg mehr Zeit für außerschulische Beschäftigungen. Ich nahm teil an den Treffen eines Mädchen-Bibelkreises, der mein Leben und meinen Glauben stark beeinflusst und bereichert hat. Miteinander sangen wir manchmal in Krankenhäusern, um die Patienten zu erfreuen. Außerdem sang ich in der Kantorei der St. Stephans-Gemeinde mit und nahm Klavier- und Orgelstunden in der Bamberger Musikschule. Zur Aufbesserung meines Taschengeldes gab ich Nachhilfestunden in Englisch und Mathematik. Als ich einmal mit einer meiner fünf Schülerinnen einen Termin vereinbaren wollte, versuchte ich mich zum allerersten Mal im Telefonieren. Ich weiß noch gut, wie aufregend es für mich war, den Hörer in die Hand zu nehmen, die Stimme meiner Nachhilfe-Schülerin zu hören, und dann auch noch selber in die Telefonmuschel zu sprechen, ohne meine Gesprächs-Partnerin zu sehen! Für mich als Dorfkind tat sich eine neue Welt auf. Nun konnte ich auch an kulturellen Veranstaltungen teilnehmen. So sahen wir uns Kinofilme an, besuchten Theateraufführungen oder hörten Vorträge. Besonders lebendig in Erinnerung geblieben ist mir der Vortrag des Afrika-Forschers Rolf Italiaander über seine Erlebnisse auf dem „schwarzen Kontinent“, ebenso ein Naturfilm über den „Tiergarten Südamerikas“. Weniger begeistert war ich von einem Tanzabend im Wohnheim während der Faschingszeit. Wir waren alle als Chinesen verkleidet. Ich hatte ja keine Tanzstunden gehabt und stellte mich wohl ziemlich ungeschickt an, als einer von den zwanzig geladenen jungen Herren vom Bamberger CVJM (Christlicher Verein Junger Menschen) mich zum Tanz aufforderte.

Die Atmosphäre im Wohnheim empfand ich immer bedrückender. Offensichtlich waren die Schwestern überfordert und wurden einfach nicht fertig mit so vielen jungen Mädchen. Langsam aber sicher verlor ich den Appetit, hatte auch kein Verlangen nach Essen und nahm an Körpergewicht ab. Ja, es war mir einfach zuwider, etwas Nahrhaftes zu mir zu nehmen. Meine schulischen Leistungen wurden dadurch aber nicht beeinträchtigt. Wie ich später erfuhr, handelte es sich um eine so genannte „Anorexia nervosa". Ich kann nicht sagen, ob das eine unbewusste Reaktion auf den Ess-Zwang war, dem wir zuhause von klein auf unterworfen waren, oder eine Folge der Zustände im Mädchen-Wohnheim. Vielleicht war es einfach meine „Antwort" auf die jeweiligen belastenden Verhältnisse.

Meine Essgewohnheiten normalisierten sich erst wieder, nachdem ich vom Wohnheim ins Haus der geliebten Großmutter umgezogen war. Ohne mich vorher darüber zu informieren, holte mich Vater gegen Ende des Schuljahrs 1957 eines Tages einfach ab. Ich durfte fortan die kleine Dachkammer in Vaters Elternhaus in der Stadtmitte bewohnen. Für diese Entscheidung war ich Vater sehr dankbar. Nun hatte ich mehr Freiheit und konnte mein Leben selbständig gestalten. Großmutter besuchte ich jeden Tag, plauderte mit ihr und las ihr auch oft etwas Schönes vor.

Einige meiner Klassenkameradinnen kamen gerne zu mir in meine Dachkammer, um sich bei den Hausaufgaben, besonders in Mathematik, helfen zu lassen. Es war dort im Sommer meist sehr heiß. Im Winter konnte ich den kleinen Ofen heizen. Vater brachte mir sogar Brennholz aus Hetzelsdorf mit.

Damals machte ich mir auch Gedanken über meinen künftigen Beruf. Ich wollte Gott dienen und mich Ihm zur Verfügung stellen. Im Religionsunterricht hatte unser Lehrer eine Frage- und Antwort-Stunde eingeführt. Unsere Fragen durften „anonym" in einen Kasten geworfen werden. Er beantwortete sie dann vor der ganzen Klasse. Meine Frage lautete: „In welchem Beruf kann ich am besten Gott dienen?" Unter verschiedenen Möglichkeiten nannte unser Lehrer auch den Dienst in der Äußeren Mission. Dazu empfahl er das Mitteilungsblatt der Neuendettelsauer Mission mit dem Titel „Ruf in die Welt". Ich abonnierte es umgehend und verschlang alle Artikel mit größtem Interesse. Bald stand mein Entschluss fest, als Missionarin Gott im Ausland dienen zu wollen. Mutter, die meine Zukunftspläne irgendwie mitbekam, freute sich darüber. Sie hatte selber Missions-Schwester werden wollen. Ihr Einsatz in Indien mit der Leipziger Mission als gelernte Krankenschwester und Kindergärtnerin war fest geplant gewesen; ja, sie hatte bereits eine Fahrkarte für die Schiffsreise erhalten. Doch kurz vor der Abreise war „er" dazwischengekommen, der junge, attraktive Vikar namens Eugen Bartholomäus. Und nachdem es zwischen den Beiden „gefunkt" hatte, war es vorbei mit den Missionsplänen der jungen Schwester Rosa Glück.

Ich wollte also ebenfalls Krankenpflege im Blick auf den späteren Missionsdienst erlernen. Als ich mit meinem Orgel-Lehrer über meine Berufspläne sprach, schlug er vor, dass ich doch auch Medizin studieren und Missionsärztin werden könnte. Daran hatte ich nicht gedacht, denn laut Beschluss unseres Vaters durften nur seine Söhne und nicht die Töchter studieren. Als wir gegen Ende der Schulzeit Vorträge über verschiedene Ausbildungs- und Berufsmöglichkeiten hörten, beeindruckten mich das Medizinstudium und der Arzt-Beruf am meisten. Von da an stand mein Berufsziel fest, nämlich Missionsärztin zu werden. Das wurde dann sogar in unsere Abiturzeitung geschrieben. Kurz vorher hatte mich Vater gefragt, was ich denn nun werden wolle. Ohne zu zögern, antwortete ich ihm nur mit dem einen Wort: „Missionsärztin". Ich sehe ihn noch heute, wie er damals in der Küche saß und dabei war, seine Schuhe zu schnüren. Fest entschlossen stand ich vor ihm. Es gab eine kurze Pause. Dann sagte er ebenso entschlossen, kurz und klar: „Ohne mich". Seitdem wusste ich, dass ich meinen Weg alleine gehen musste. Vater würde nichts für mein Studium bezahlen. Aber ich war mir sicher, dass ich mit Gottes Hilfe rechnen konnte; hatte Er mich doch in Seine Nachfolge gerufen und mir den Weg gezeigt, den ich gehen sollte. So würde Er auch dafür sorgen, dass ich das Studium bezahlen konnte, auf welche Weise auch immer.

Eine große Bereicherung war für mich die Verbindung mit der „Leipziger Mission", deren Zentrum ich in Erlangen kennengelernt hatte, als ich Martin besuchte. Pfarrer Kellermann, der Leiter der westdeutschen Zweigstelle dieser Missionsgesellschaft, lud mich auch zu den alljährlichen Missionsfesten ein. Dort konnte ich Missionare und Missionarinnen kennenlernen und vieles über deren Dienste im Ausland erfahren. Die Inderin Miss Saron Athisayam, die Leiterin der kirchlichen Frauenarbeit in ihrer Heimat, bekleidete mich sogar einmal mit einem bunten indischen Sari .

Gerne besuchte ich die Familie Kellermann in Erlangen. Auch wenn es noch lange bis zum Abschluss meiner Ausbildung dauerte, wurde mein Anliegen, Missionsärztin zu werden, durchaus ernst genommen, und ich sollte später dann auch mit der Leipziger Mission ausgesandt werden. Nach einiger Zeit übernahm Kirchenrat Jäschke die Leitung des Erlanger Missionszentrums. Vorher war er mit seiner Frau, einer Ärztin, als Missionar in Tansania und in Neuguinea tätig gewesen. Das Haus Jäschke stand immer für mich offen. Ich war oft und gern dort und erlebte das Familienleben so gelöst, fröhlich und herzlich, wie ich es von daheim nicht kannte. Deshalb wurden die Jäschkes für mich über Jahre hinweg zu einer Art Ersatz-Familie und zu einem zweiten Zuhause.

Im Frühjahr 1958 erlitt Großmutter einen leichten Schlaganfall. Sie lag zwei Wochen im Krankenhaus und starb dort an einem zweiten Hirnschlag. Ich erfuhr liebevolle Anteilnahme durch meine Lehrer und Mitschülerinnen. Großmutter war ja meine wichtigste Bezugsperson während der Bamberger Jahre gewesen. Nicht lange danach erlitt auch unsere Mutter einen Schlaganfall. Sie lag zwei Monate lang im Forchheimer Krankenhaus und schrieb dort fast alle Psalmen in Gedichtform nieder.

Weil Vater die Durchführung meiner Berufspläne unbedingt verhindern wollte, nahm er mich kurz vor dem Abitur mit nach Tübingen. Er wollte mich im dortigen „Tropengenesungsheim“, dem späteren Deutschen Institut für Ärztliche Mission, auf Tropentauglichkeit untersuchen lassen. Ich war ja von meiner Anorexie her noch untergewichtig. Nun sollte bewiesen werden, dass ein Aufenthalt in den Tropen für mich überhaupt nicht in Frage käme. Doch er hatte sich geirrt. Ich wurde für hundertprozentig tropentauglich erklärt. Durch ein Gespräch zwischen Vater und dem Institutsleiter, dem Missionsarzt und Theologen Herrn Dr. Scheel, wurde Vater klar, dass er mich nicht von meinen Plänen abbringen konnte.

Mitte Juni 1959 fanden die schriftlichen Abitur-Prüfungen statt. Kurz vorher blieb meine Armbanduhr stehen, und meine Brille brach entzwei. Aber diese Pannen konnten gerade noch rechtzeitig behoben werden. Am Sonntag vor dem ersten Prüfungstag besuchte unsere gesamte Klasse einen Abendmahls-Gottesdienst in der Stephanskirche. Die Tageslosung lautete: „Ich bin der Herr, dein Gott, der deine rechte Hand stärkt und zu dir spricht: Fürchte dich nicht, ich helfe dir!" (Jesaja 41,13). Wir waren allesamt Rechtshänder, nahmen diese Zusage ganz wörtlich für uns in Anspruch und gingen getrost ans Werk. Mutter schickte mir sogar noch einen selbst gebastelten „Abitur-Kalender" mit Gedichten und passender Dekoration für jeden Prüfungstag. Die Prüfungsergebnisse wurden in einem sehr feierlichen Rahmen mitgeteilt. Aufgrund der alphabetischen Reihenfolge war ich die Erste, die in die Aula gerufen wurde. In einem großen Kreis saß das Lehrerkollegium und in der Mitte ein Abgeordneter vom Kultusministerium, der die Noten in den fünf Prüfungsfächern zu verlesen hatte. Ich konnte es kaum fassen, dass ich mit einem Durchschnitt von 1,3 auch im Abitur Klassenbeste geblieben war. Ich kann nicht sagen, dass ich besonders stolz gewesen sei; aber gefreut habe ich mich doch. Mein Herz war voll Lob und Dank gegen meinen himmlischen Vater. Bei allen war die Freude groß darüber, dass keine der Kameradinnen durchgefallen war. Von Vater kam kein Wort des Lobes oder der Mitfreude. Doch schenkte er mir eine schöne Kollegmappe, für mich ein Zeichen der Versöhnung. Aber trotzdem blieb er bei seinem Beschluss, mein Studium nicht finanziell zu unterstützen. Durch Mutter und die drei jüngeren Geschwister, die sich ehrlich mit freuten, wurde ich zuhause fröhlich „gefeiert" und liebevoll beschenkt. Sie hatten ihr Taschengeld zusammengelegt und überreichten mir zwölf Mark für den Kauf meiner ersten Handtasche, und Mutter hatte natürlich wieder ein Gedicht verfasst. Für das Studium wurde mir eine staatliche Studienförderung zugesagt. Sechzig Deutsche Mark sollte ich monatlich bekommen; das war eine große Hilfe für mich.

Stationen auf dem Berufsweg

Von Bamberg nach Erlangen – Beginn des Medizinstudiums

Am 1. August 1959 begann mein Krankenpflege-Praktikum im Städtischen Krankenhaus Bamberg. Drei Monate lang war ich auf der chirurgischen Kinderstation eingesetzt und sammelte erste Erfahrungen. Die Station hatte zweiundvierzig Betten und war meist sehr gut belegt. Verantwortlich waren zwei Benediktinerinnen und ein paar freie Pflegekräfte. Mit den Schwestern, die breit ausladende weiße Hauben trugen und immer fröhlich waren, verstand ich mich sehr gut. Sie brachten mir bei, die kranken Säuglinge richtig zu wickeln, Kinderbetten zu richten und die Kleinen zu füttern. Auch die Körpertemperatur zu messen und den Puls zu zählen, gehörte zu meinen Aufgaben. Nach sechs Wochen durfte ich zum ersten Mal eine Spritze geben und Medikamente austeilen. Ich war begeistert und machte gern freiwillige Überstunden und Sonntagsdienste. Bereits an meinem dritten Tag auf der Station sagte ein kleines Mädchen ganz treuherzig zu mir: „Du bist die brävste Schwester bei uns!“ Ich war ganz gerührt ob solcher Anerkennung. Es war völlig neu für mich, als „Schwester“ angeredet zu werden. Die meisten unserer Kinder waren wegen Blinddarmentzündung operiert worden. Es gab auch traurige Erlebnisse, die mich ziemlich mitnahmen; so der Tod eines kleinen Mädchens, das an Sepsis (Blutvergiftung) starb, oder auch das Leiden einer kleinen Patientin nach schwerer Verbrühung.

Im letzten Monat wurde ich auch zum Nachtdienst eingeteilt. Wenn es ruhig war, hatten wir oft Zeit zum Plaudern. Während dieser nächtlichen Ruhepausen und auch in unserem Mädchen-Bibelkreis stickten wir bunte Lätzchen für unsere Kleinen. Mutter versorgte mich mit Bildern zum Sticken und Kinderversen zum Vorlesen. Mit den Kindern wurde täglich auf der Station morgens und abends gebetet.

Am Sonntag nach meinem zwanzigsten Geburtstag überraschte uns Vater zuhause mit seinen neuen technischen Errungenschaften und projizierte Fotos und Dias mit Bildern von seinen Vorfahren, von

Hetzelsdorf und von uns allen auf eine Leinwand. Es war ein ganz außergewöhnlich friedliches Familientreffen. Zu meinem großen Erstaunen schenkte mir Vater zum Geburtstag einen Weltatlas.

Der Abschied von Bamberg fiel mir nicht leicht. Mitsamt meinem kleinen Hausrat radelte ich von Bamberg an einem Sonntag im Oktober nach Erlangen, ausgerüstet mit dem Zeugnis des Krankenhaus-Direktors. Er hatte mir die „Eignung für den Arztberuf" bescheinigt. Das Medizinstudium sollte beginnen. Mutter hatte in Erlangen ein Haus in der Bayreuther Straße geerbt, in dem Martin und ich wohnen durften. Mein großer Bruder, gutherzig und fürsorglich wie er war, trat mir seine Dachkammer ab und hauste eine Zeit lang zusammen mit den Mäusen auf dem Dachboden. Später wurde ein Zimmer im Erdgeschoss für mich frei, so dass Martin in seine „Bude" zurückkehren konnte. Im Haus gab es einen Mieter, der Arzt war und mich gerne beriet im Blick auf den medizinischen Studiengang und die Pflichtvorlesungen, die ich zu belegen hatte. Es konnte also losgehen. Ich war voller Spannung und Vorfreude. Martin „organisierte" für mich kostenlose Mahlzeiten in der Mensa, weil ich ja neben dem staatlichen Stipendium kein Geld hatte. In finanzieller Hinsicht half uns beiden auch unsere alte Tante Meta Pfaff immer wieder weiter. Oft besuchte ich sie in ihrem Altenheim, um mit ihr zu plaudern und ihr etwas Schönes vorzulesen.

Nach dem Semester-Eröffnungs-Gottesdienst begannen die Vorlesungen. Von sieben Uhr morgens bis ein oder zwei Uhr mittags saßen wir in den Hörsälen. Wir waren nur wenige Studentinnen, da ein Medizinstudium damals noch weitgehend Männersache war. Wir mussten alles Gehörte mitschreiben. Die naturwissenschaftlichen Vorlesungen waren so überfüllt, dass sie geteilt und doppelt abgehalten wurden. An den Nachmittagen absolvierten wir praktische Kurse und Übungen in Botanik, Zoologie, Physik und Chemie. Am meisten Freude machte mir die Botanik, wo wir stundenlang mikroskopieren und zeichnen mussten. Ich konnte nicht genug staunen über die Wunder der Schöpfung, die es da zu entdecken gab. Im zoologischen Praktikum sollten wir Regen- und Spulwürmer mit dem Skalpell zerlegen sowie ihre Strukturen mikroskopisch untersuchen und beschreiben.

Schwieriger und auch anstrengender empfanden wir die praktischen Übungen in Physik und Chemie, wo wir komplizierte Analysen zu bewerkstelligen hatten. Faszinierend war die Histologie, wo wir vieles über die feingeweblichen Organstrukturen lernten und mikroskopische Untersuchungen durchführten. Spannend und hochinteressant fand ich auch die Vererbungslehre, und ganz besonders natürlich die Anatomie, die Lehre vom wunderbaren Bau unseres menschlichen Körpers. So gab es viel zu lernen, auch an freien Tagen und in den Semesterferien. Die verschiedenen Lehrbücher, die wir uns beschaffen sollten, konnte ich mir nicht immer leisten. Aber manchmal gab es Gelegenheiten, antiquarische Fachbücher von älteren Studenten billig zu erwerben. Kritisch wurde es mit meinen Finanzen allerdings bei Zahnarztrechnungen und Brillenreparaturen. Aber irgendwie reichte es doch immer; sogar noch zum Verschicken meiner „Ostzonen"-Pakete, zu denen auch Mutter manchmal heimlich beisteuerte. Mein Leben lang konnte ich die Erfahrung machen, dass Gott für die Seinen sorgt und es uns an nichts mangelt, besonders wenn wir an andere weitergeben von dem, was Er uns geschenkt hat.

Bald wurde ich Mitglied in der Erlanger Studentengemeinde und freute mich an der Gemeinschaft mit den vielen Kommilitonen bei den wöchentlichen Bibelstunden zusammen mit unserem verehrten Studentenpfarrer Viebig. Manchmal luden wir auch Theologen wie Professor Dr. Paul Althaus oder Professor Dr. Walther von Loewenich ein. Es gab regelmäßige Mittagsgebete und Wochenschlussandachten so wie andere gemeinsame Unternehmungen. Als „Kurrende" erfreuten wir oft die Kranken in den verschiedenen Kliniken mit unserem Singen. Auch im Akademischen Chor sang ich mit und vor allem im Chor der „Altstädter Kirche", nicht weit von unserem Wohnhaus gelegen. Ich gehörte zum studentischen Krankenbesuchskreis und betreute regelmäßig eine Frau mit Multipler Sklerose.

In Erlangen schloss ich manche neue Freundschaften und ließ alte von der Schulzeit her wieder aufleben. Auch Ausländer gehörten zu meinem Freundeskreis: Mit der Afrikanerin Christine Zephania aus Tanganjika pflegte ich später noch jahrelang eine bereichernde Brief-Freundschaft. Der indische Theologe John Tilak wurde später

Als Studentin im Jahr 1960

ein gesegneter Diener Gottes in seiner Heimat. Seine Tochter Preetha war mein Patenkind und schaffte es, in Indien Frauenärztin zu werden.

Gewöhnlich radelte ich alle zwei Wochen nach Hause. Zwei Stunden war ich jeweils unterwegs bis nach Hetzelsdorf, wo ich weiterhin die Orgel spielte, Kindergottesdienst hielt und im Haushalt mithelfen konnte. Auf unseren gemeinsamen Spaziergängen fanden wir vielerlei Blumen, Kräuter und Beeren. Mutter verarbeitete unsere „Ernte" zu Säften und Marmeladen, zu Löwenzahnwein, zu Holunderblüten-Sekt oder Likör. Wie früher in die Schule konnte ich manche zoologischen oder botanischen Besonderheiten als Anschauungsmaterial für unsere Kurse nach Erlangen mitnehmen. Darunter war eine komplett erhaltene Wirbelsäule von einem Reh, die ich im Wald gefunden hatte.

Einmal geschah etwas Außergewöhnliches. Vater kam überraschend mit Frieder und Walter nach Erlangen, um mich zu besuchen. Er war ganz anders als sonst und erzählte mir während eines Spaziergangs im Schlossgarten, was geschehen war: Wenige Tage vorher war ein Betrunkener plötzlich vom Straßenrand auf die Fahrbahn getorkelt und von Vaters Auto erfasst worden. Der Mann war über die Motorhaube auf das Dach des Wagens geschleudert worden und dort verblutet, weil die Schlagader in der Leiste offen verletzt war. Der sofort herbeigerufene Sanitäter hatte nicht mehr helfen können. Dieser Unfall hatte Vater offensichtlich so erschüttert, dass er, der sonst scheinbar so harte Mann, total aufgewühlt und verändert war. Er „musste“ es mir, der „ungehorsamen und eigenwilligen Tochter“, in allen Einzelheiten erzählen. So gelöst und mitteilsam hatte ich Vater zuvor noch nie erlebt.

Noch ein zweites Mal geschah eine ähnliche Wandlung in Vaters Wesen: Eines Tages war er wieder mit dem Auto unterwegs. Während eines heftigen Gewitters raste in Sekundenschnelle ein blendend heller Blitz vor seinen Augen über den Wagen. Einen kurzen Moment lang glaubte er, sein letztes Stündlein habe geschlagen. Es war gut, dass die Autofenster geschlossen waren. Auch dieses Erlebnis erschütterte ihn so stark, dass er daraufhin außergewöhnlich „weich“, freundlich, mitteilsam und umgänglich war. Aber leider hielt die Veränderung jeweils nur kurz an. Immerhin hatten wir gemerkt, dass unser gestrenger Vater doch in bestimmten Situationen auch anders sein konnte, als wir ihn bisher gekannt hatten.

Nachdem ich im Sommer 1960 das „Vorphysikum“, die naturwissenschaftliche Vorprüfung, bestanden hatte, nahm Vater Lore und mich mit zu einem zwei Wochen langen Fahrrad-Urlaub nach Tirol. Wir hatten eine außergewöhnlich ungetrübte Zeit miteinander und genossen die Schönheiten der Berge.

Im November des folgenden Jahres feierten wir alle zusammen die Silberne Hochzeit unserer Eltern mit Musik und harmonischem Zusammensein in Hetzelsdorf. Vater führte uns seine neueste Errungenschaft vor, ein Tonbandgerät und einen Plattenspieler. Er ließ Vogelstimmen erklingen und zeigte Dias mit den dazugehörigen Vögeln. Mutter war glücklich wie selten zuvor. Es war eines der friedlichsten und schönsten Wochenenden, die wir je als Familie miteinander erlebt haben.

Die ganze Familie bei der Silbernen Hochzeit der Eltern, 1961 (Elisabeth 2.v.r.)

In der Erlanger Studentengemeinde übernahm ich die Verantwortung für unsere „Arbeitsgemeinschaft für Mission". Ich hatte die Gestaltung der gemeinsamen Abende zu organisieren, Referenten einzuladen und auch selber Vorträge zu halten. Material dafür konnte ich genügend bekommen dank meiner Beziehungen zur Erlanger Zweigstelle der Leipziger Mission. Als Studenten unternahmen wir Tages- oder auch Mondschein-Wanderungen, verschiedene Ausflüge und manchmal spielten wir nächtelang Schach. In vollen Zügen genossen wir unsere gemeinsame Studienzeit. Wie schon zuvor in Bamberg sammelte ich auch in Erlangen Beiträge für das „Müttergenesungswerk" und kam dadurch in viele Häuser. Es machte mir immer Freude, viele Menschen kennenzulernen und neue Kontakte zu knüpfen. Zwischendurch besuchte ich auch Vorlesungen in der theologischen Fakultät, die mir Martin empfohlen hatte.

Aber auch das Lernen kam nicht zu kurz. Die Vorlesungen, besonders in Physiologie und in physiologischer Chemie, waren so überfüllt, dass Platzkarten ausgegeben wurden. Auf Fernseh-Schirmen konnte man außerhalb der Hörsäle den Vorlesungen folgen. Im „Modellierkurs" lernten und übten wir, menschliche Knochen nachzubilden, um uns ihr Aussehen besser einzuprägen. Es machte mir Freude, eine ganze Wirbelsäule aus Ton zu formen. Dadurch bekam ich das entsprechende „Testat“ in der Anatomie ohne weitere Fragen. Ähnlich erging es mir mit Hilfe meiner bunten anatomischen Bilder, die ich in den Nachtstunden malte und beschriftete. Unser Anatomie-Professor Bauer begutachtete diese Bilder genau, blickte mich anerkennend an und stellte keine einzige Frage, bevor er seine Unterschrift unter das bestandene Testat (Bescheinigung über eine bestandene Zwischenprüfung) setzte. Unter all den verschiedenen Fachgebieten faszinierten mich neben der Anatomie besonders die medizinische Psychologie, die Anthropologie und die Embryologie, die Lehre von der Entwicklung des menschlichen Körpers. Mit großer Begeisterung bewunderte ich den feingeweblichen Aufbau der verschiedenen Organe auf den histologischen Schnitten im Mikroskop. Doch auch dafür war die Zeit im Labor der medizinischen Fakultät begrenzt. Deshalb schätzte ich mich glücklich, als es mir möglich war, mir ein eigenes Studien-Mikroskop zuzulegen. Eine alte Tante hatte mir ein paar Schmuckstücke vermacht, die ich für 382 Mark verkaufen konnte. Für dieses Geld besorgte ich mir außerdem noch einen eigenen Augenspiegel sowie ein Blutdruck-Messgerät und einen Hämometer (Gerät zur Bestimmung des Hämoglobingehaltes des Blutes), und ich konnte mir sogar noch Lehrbücher anschaffen. Als das Physikum nahte, strengten wir uns alle an, konzentriert und fleißig zu lernen. Liebe Freunde ermutigten und unterstützen mich durch ihre Fürbitte. Eine Gemeindehelferin sagte zu mir: „Wer betet, braucht keine Angst zu haben“. Und das hat sich bewahrheitet: Gott schenkte Gelingen bei den theoretischen und praktischen Prüfungen, so dass ich das Physikum mit der Gesamtnote Eins bestand. Ich war selber erstaunt und dankte Ihm von Herzen für Seine Durchhilfe. Nun war der Weg frei zum Klinischen Studium, in dem es endlich um die Krankheiten und deren Behandlung gehen würde.

Mutter hatte mir ein Kissen bestickt mit histologischen Abbildungen verschiedener Körpergewebe, die sie heimlich aus meinem Lehrbuch abgemalt hatte. In einem kleinen „Nach-Physikum“ sollte ich die Bilder identifizieren. Auf das Kissen, das mich viele Jahre lang begleitet hat, war auch ein Zitat von Paracelsus gestickt, dem großen Lehrer und Vorbild aller Ärzte, der im Mittelalter gelebt und gewirkt hat: „Im Herzen wächst der Arzt. Aus Gott geht er; des natürlichen Lichts ist er. Der Arzneien beste ist die Liebe".

Eines Tages allerdings wich die Freude einem unerwarteten Erschrecken: Die Zahlungen für mein Studium durch das „Honeffer Modell" wurden eingestellt, weil Vater eine Gehaltserhöhung bekommen hatte. Aber er dachte auch jetzt nicht daran, mich finanziell zu unterstützen. Für kurze Zeit machte ich mir Sorgen und rechnete sogar damit, das Studium abbrechen zu müssen. Wie sollte ich die hohen Studien- und Praktikums-Gebühren und die erforderlichen Lehrbücher künftig bezahlen? Aber dann fand ich eines Abends in Hetzelsdorf einen von Mutter geschriebenen Zettel in meinem Bett mit nur drei Worten: „Vertrau auf Gott!" Ich schämte mich wegen meines mangelnden Vertrauens und erlebte fortan tatsächlich Gottes Hilfe in vielfältiger Weise. Ich wurde unterstützt durch Freunde, Verwandte und Bekannte, durch die Studentengemeinde und nicht zuletzt von meinen lieben Bruder Martin. Um meine ersten beiden klinischen Semester finanzieren zu können, arbeitete ich während der Ferien zwei Monate in der Erlanger Bahnhofswirtschaft. Zehn Stunden und manchmal auch länger stand ich jeden Tag an der Theke. Ich bestellte die von den Gästen gewünschten Mahlzeiten in der Küche und gab sie an die Kellner weiter. Außerdem lernte und übte ich, das Bier richtig auszuschenken und die verschiedensten Spirituosen in der richtigen Menge zu dosieren. Früh- und Spätdienste wechselten sich ab. Manchmal hatte ich auch Sonntagsdienst. Wenn es ruhig war, galt es, beschädigte Tischdecken zu flicken. Die Gaststätte war freundlich, sauber und hübsch eingerichtet und es herrschte eine gute, solide Atmosphäre mit anständigem Umgangston. Das Lokal wurde um elf Uhr abends geschlossen. Wenn einer der Gäste zu grölen oder zu randalieren begann, wurde er kurzerhand hinausgeschickt. Nachdem man mit meiner Arbeit zufrieden war, wurde mir sogar das Geld anvertraut, das tagsüber eingenommen wurde. Oft ging ich als Letzte aus dem Haus. Gerne hätte mich der Verantwortliche für das Lokal noch länger behalten. Aber das Studium sollte ja weitergehen.

Würzburg und Wien

Die „Klinischen“ Studiensemester wollte ich an der Julius-Maximilians-Universität in Würzburg absolvieren. Das Studium faszinierte mich so sehr, dass ich gleich zum Anfang zweiundvierzig Wochenstunden belegte. Ich konnte nicht genug hören, sehen und lernen über menschliche Krankheiten und ihre Behandlung. In den Vorlesungen wurden oft Patienten vorgestellt, und wir durften auch Visiten auf den Krankenstationen mitmachen. Unser hochverehrter Chirurgie-Professor Wachsmuth führte manchmal Operationen im voll besetzten Hörsaal durch. Im „Klopfkurs“ taten mir die Kranken leid, an denen wir das Perkutieren und Auskultieren (Perkutieren und Auskultieren: Abklopfen und Abhorchen) üben mussten, um pathologische Veränderungen von Herz und Lunge zu hören. Auch lernten wir das Ohren- und Augenspiegeln, und im Verbandskurs umwickelten wir uns gegenseitig von Kopf bis Fuß nach verschiedenen Techniken. Aufregend und wunderschön zugleich war es für mich, zum ersten Mal eine Geburt in der Frauenklinik mitzuerleben. Im Gegensatz dazu empfanden wir es als beängstigend und belastend, die Schwerkranken auf den Intensivstationen zu beobachten, wenn sie wegen Wundstarrkrampf oder Hirnschädigungen künstlich beatmet wurden und an den „Apparaten“ hängen mussten. Es war für uns Medizinstudenten Pflicht, während der Semesterferien mindestens drei Monate lang in Krankenhäusern zu „famulieren“, um dabei praktische Erfahrungen im Umgang mit den Kranken und in ihrer Behandlung zu sammeln. Weil mir das viel Freude machte und wir auch noch dafür bezahlt wurden, famulierte ich doppelt so lang wie vorgeschrieben.

Ich begann im Kreiskrankenhaus von Neustadt an der Aisch, zuerst auf der Frauenstation, dann in der chirurgischen Abteilung. Erstmals übte ich, Venen zu punktieren, um Blut abzunehmen und Injektionen zu geben. Ich hatte die Anamnesen, die Krankengeschichten, zu erheben und die Patientinnen selbständig zu untersuchen. Die Ergebnisse diktierte ich auf ein Tonband. Ich lernte, wie Flüssigkeitsansammlungen im Brust- oder Bauchraum abpunktiert und drainiert werden. Beim Legen von Magensonden merkte ich, dass dies für die Frauen oft recht unangenehm war. Um selber ausprobieren und spüren zu können, wie man sich dabei fühlt und worauf man zu achten hat, steckte ich mir einmal selber einen Schlauch in den Magen.

Manche Patienten-Schicksale und Erfahrungen im ärztlichen Alltag gaben mir viel zu denken und trieben mich oft innerlich um. Manchmal haderte ich mit Gott und fragte ihn auch, warum er so vielen Menschen solches Leid zumutet und wir oft so wenig dagegen tun können. Erschreckend war es für mich einmal, mit ansehen zu müssen, wie ein noch relativ junger Mann plötzlich einem Herzinfarkt erlag. Eine Selbstmord-Kandidatin, die sich durch Einnahme des Insektenmittels E 605 und dann auch noch durch Erhängen hatte umbringen wollen, konnte zu unsrer Erleichterung gerettet werden. Trotzdem war dieses Erlebnis für mich doch eine ziemliche Belastung. Im Zusammenhang mit Krebspatienten und anderen unheilbar Kranken beschäftigte ich mich auch mit der Frage über die „Wahrheit am Krankenbett“. Darüber konnte ich sogar mit Vater korrespondieren, und er versorgte mich mit entsprechender Literatur. Ich grübelte viel nach über theologische, philosophische, ethische und psychologische Fragen und bezweifelte manchmal sogar, ob der Arztberuf wirklich der richtige für mich sei. Dann tröstete mich das, was im 38. Kapitel des Buches Sirach unter der Überschrift „Lob des Arztes“ steht, nämlich dass Gott die Ärzte als Seine Werkzeuge gewollt und eingesetzt hat, um den Kranken zu helfen und Ihm die Ehre zu geben. Unter anderem heißt es da in den Apokryphen der Lutherbibel:

> *Der Herr hat den Arzt geschaffen, und die Heilung kommt von dem Höchsten.*
> *Der Herr lässt die Arznei aus der Erde wachsen, und ein Vernünftiger verachtet sie nicht.*
> *Er hat solche Kunst den Menschen gegeben, um sich herrlich zu erweisen durch seine wunderbaren Mittel.*
> *Damit heilt er und vertreibt die Schmerzen, und der Apotheker macht Arznei daraus,*
> *damit Gottes Werke kein Ende nehmen und es Heilung durch ihn auf Erden gibt.*
> *Wenn du krank bist, dann lass den Arzt zu dir; denn der Herr hat ihn geschaffen,*

und weise ihn nicht von dir, denn du brauchst auch ihn.
Es kann die Stunde kommen, in der dem Kranken allein durch die Hand der Ärzte geholfen wird;
denn auch sie werden den Herrn bitten, dass er`s ihnen gelingen lässt, damit es sich mit ihm bessert und er gesund wird und wieder für sich sorgen kann.

Auf dieser Grundlage lohnte es sich also, das angestrebte Ziel weiter zu verfolgen. Mit Gottes Hilfe sollte es gelingen!

Zurück in Würzburg, nützte ich den dritten Monat der Semesterferien zu einer weiteren Famulatur, diesmal in der chirurgischen Universitätsklinik auf der Frauenstation. Ich übte mich im Anlegen von Infusionen, im Fädenziehen an Wunden und in Verbandswechseln nach operativen Eingriffen. Die großen Visiten mit Professor Wachsmuth dauerten bis zu drei Stunden. Manchmal durfte ich im Operationssaal als zweite Assistentin die Haken halten. Ganz überraschend durfte ich eines Tages die erste Operation meines Lebens selbständig durchführen, und die werde ich nie vergessen: Fünf Tage

Meine geliebte Geburts- und Studienstadt Würzburg

Foto: Christian Horvat

vor dem Ende der Famulatur drückte mir der Urologie-Professor Lutzeyer plötzlich das Messer in die Hand mit der Aufforderung, den geplanten kleinen Eingriff zur Sterilisierung eines Patienten in örtlicher Betäubung unter seiner Aufsicht durchzuführen. Es gelang ohne Schwierigkeiten, und ich war glücklich und begeistert. Aber dass ich einmal ganz in der Chirurgie „landen“ würde, ahnte ich damals noch nicht. Dann sah ich mich nach einer Klinik um, in der ich ein Thema für meine Doktorarbeit bekommen könnte. Ich stieß auf Professor Klingmüller in der Hautklinik, der erst kurz vorher einen Diavortrag über „Hautkrankheiten in Afrika“ gehalten hatte. Er forschte über die Lepra und war bereit, mein „Doktorvater“ zu werden. Er machte einen vertrauenswürdigen Eindruck; außerdem spielte er Violine in unserem „Kollegium Musicum“, was ihn mir noch sympathischer machte. Ende Januar 1963 gab er mir das Thema für meine Dissertation: „Über die Bildung von Methämoglobin und Verdoglobin durch Sulfone“. Diamino-Diphenyl-Sulfon (DDS) war damals das einzige bekannte Medikament, das gegen die Erreger des Aussatzes, der Lepra, wirksam war. Aber es hatte Nebenwirkungen. Die Kranken, die damit behandelt wurden, litten an Blutarmut. Ich sollte nun anhand von experimentellen Arbeiten herausfinden, ob und wie das Hämoglobin, der menschliche Blutfarbstoff, durch das DDS verändert wird. Professor Klingmüller brauchte das Ergebnis für einen Lepra-Kongress, der noch im gleichen Jahr in Rio de Janeiro stattfinden sollte. Obwohl er mindestens eineinhalb Jahre für die Fertigstellung der Arbeit veranschlagt hatte, hoffte er und traute es mir auch zu, dass ich es bis zum Kongressbeginn schaffen würde, brauchbare Ergebnisse vorzulegen. Ich musste mich also beeilen und durchforschte zunächst die gesamte auffindbare Literatur zu dem gestellten Thema in den Bibliotheken der Universität und der Dermatologie.

Im März begannen meine chemischen Versuche im Labor der Hautklinik. Vierzehn Kaninchen wurden mir zur Verfügung gestellt. Ich musste ihnen an den großen Venen ihrer Ohrmuscheln Blut abnehmen und Medikamente einspritzen, chemische Lösungen herstellen, Eichkurven aufzeichnen, die Ergebnisse meiner pharmakologischen Versuche niederschreiben und vielerlei Berechnungen durchführen.

Es gab Fortschritte, aber auch Schwierigkeiten und Rückschläge. In den Semesterferien begann ich um sieben Uhr und während des Semesters um fünf Uhr morgens mit den Arbeiten im Labor. Oft verbrachte ich dort den ganzen Tag, gelegentlich auch einen Sonntag. Wochenlang dachte ich nur noch an meine Kaninchen und sah nichts als Lösungen, Kurven und Tabellen vor mir. Ich war richtiggehend von einem wissenschaftlichen Eifer gepackt. Ich hätte mir damals sogar vorstellen können, in der Forschung zu bleiben. Aber ich hatte ja ein anderes Ziel vor Augen. Mein Doktorvater lud mich manchmal zu sich nach Hause ein, wo wir den Fortgang der Arbeiten miteinander besprachen. Er war immer bereit, meine Fragen zu beantworten und mir Hilfestellung zu geben. Er erteilte mir gute Ratschläge und ermutigte mich zum Weitermachen, wenn es Schwierigkeiten gab. Meine Versuchskaninchen ertrugen die Prozeduren ganz gut und bekamen immer wieder besondere Leckerbissen als Belohnung für ihre geduldige Mitarbeit. Als ich sie Mitte Juni zum letzten Mal stechen musste, waren sie alle noch am Leben und hoppelten munter in ihren Ställen herum. Die Ergebnisse meiner Arbeit konnten bei dem Kongress in Rio veröffentlicht werden. Ich hatte nachweisen können, dass der Blutfarbstoff durch das DDS beschleunigt in seine Abbauprodukte Methämoglobin und Verdoglobin zerspalten wird, und dass es dadurch bei den behandelten Lepra-Patienten zu der beobachteten Blutarmut kommt.

Die ganze Arbeit musste sauber mit einer Schreibmaschine getippt werden, die ich mir ausleihen konnte. Oft kamen die Worte „Standardkurve“ und „Standardlösung“ darin vor. Weder meinem Doktorvater noch mir selber war es klar, ob bei dem Wort „Standard“ der letzte Buchstabe ein hartes T oder ein weiches D sei. Nach langen Recherchen und Diskussionen kamen wir zu dem Schluss, dass es ein „D“ sein müsse. Und weil in der Dissertationsarbeit nichts korrigiert werden durfte, musste ich alle achtzig Seiten ein zweites Mal fehlerfrei tippen. Die Arbeit wurde dann noch durch drei Professoren anderer Kliniken eingehend durchgesehen und genehmigt. Von diesen wurde ich später auch noch im Rahmen der Promotion mündlich geprüft. Meine Doktorarbeit wurde schließlich mit „Magna cum laude“ bewertet. Die Druck-Kosten übernahm dankenswerterweise das Deutsche Aussätzigen-Hilfswerk in Würzburg, weil auch dort Interesse an den gewonnenen Ergebnissen bestand. Sogar Vater in Hetzelsdorf las die ganze Arbeit durch; für mich war das ein Zeichen dafür, dass er sich offenbar doch für meinen Werdegang interessierte, obwohl er sich nie darüber äußerte.

Da ich es mir finanziell gerade leisten konnte, besuchte ich im Jahr 1963 die Fahrschule und erwarb den Führerschein. Daraufhin erlaubte Vater in den Pfingstferien zu unser aller Erstaunen und Freude, dass ich mit seinem Auto zusammen mit Mutter und Lore nach Würzburg fahren durfte. Dreizehn Stunden war ich vorher mit dem Rad nach Hetzelsdorf unterwegs gewesen. Zu dritt besuchten wir dann Freunde, Verwandte und Bekannte und genossen das schöne Würzburg. Nachdem ich die Beiden heil nach Hause gebracht hatte, radelte ich wieder zurück nach Würzburg. Dabei erlebte ich unterwegs gleich zwei Gewitter und dazu „nur“ eine Reifenpanne.

Im folgenden Winter verbrachte ich ein „Kultur-Semester“ in Wien. Als Medizinstudent konnte man dort einfacher und auch billiger als in Deutschland zu den begehrten „Scheinen“ kommen, den Nachweispapieren für abgeleistete Praktika. Außerdem wollte ich gern einfach noch etwas Neues erleben. Ein solches Auslands-Semester wurde auch in Deutschland anerkannt. Nachdem ich die große, kulturträchtige Stadt mit Hilfe meines Fahrrads ausgekundschaftet und mir besonders die vielen Kirchen angesehen hatte, ging es bald los mit den Vorlesungen und Praktika in den verschiedenen Kliniken. Ich begab mich auf die Spuren des großen Chirurgen Billroth, des berühmten Gynäkologen Semmelweis und vieler anderer medizinischer Pioniere, die in Wien gewirkt haben. Erstmals erlebte ich eine Frau als Professorin im Hörsaal; sie lehrte über die Geschichte der Medizin. Die Vorlesungen in der Psychiatrie waren zwar hochinteressant, aber auch bedrückend; denn es wurden dort Elektro-Schocks bei manisch-depressiven Kranken demonstriert. Das ließ uns erschauern.

Soweit es mit meinem Vorlesungsprogramm vereinbar war, servierte ich jeden Tag zwei Stunden lang das Mittagessen in der Studenten-Mensa. Dafür erhielt ich die Mahlzeiten gratis. Gern erinnere ich mich an den leckeren „Topfenstrudel“ (Topfen = Quark), eine meiner Lieblingsspeisen. In der Mittagspause genossen wir den hochkonzentrierten Mokka, der in zahlreichen Imbiss-Lokalen angeboten wurde und unsere Lebensgeister wach hielt. Die Abende und Wochenenden waren gefüllt mit Besuchen von Museen, Konzerten und Opernaufführungen. Für uns Studenten gab es verbilligte Eintrittskarten, und häufig bekamen wir Stehplätze.

Im November 1963 wurde die ganze Welt, und so auch die Stadt Wien, von der Nachricht über die Ermordung des 35. amerikanischen Präsidenten John F. Kennedy erschüttert. Er hatte ja erst kurz vorher Deutschland besucht und den Menschen in der geteilten Stadt zugerufen: „Ich bin ein Berliner!“

Am 1. Februar kehrte ich zurück nach Deutschland. Ich konnte „unterwegs“ noch am Erlanger Missionsfest teilnehmen und hatte dort gute Begegnungen. In Würzburg bezog ich meine neue „Bude“. Ich freute mich wieder auf die Chorproben und die Aufführung der Matthäuspassion. Doch dann kam alles ganz anders als geplant. Am 5. Januar 1964 schrieb ich in mein Tagebuch: „Alles ist Gnade, die Gesundheit besonders“. Ob es eine Vorahnung war auf das, was bald darauf geschehen sollte?

Nach dem Überfall

Schwerverletzt kam ich im Krankenhaus etwa sechs Wochen nach dem Überfall zu mir und erfuhr erst durch einen Zeitungsartikel von dem, was geschehen war.

Mutter lag Gott jeden Tag in den Ohren mit ihrem Flehen. Vater veränderte sich zeitweilig - das wurde mir später berichtet - so zum Positiven wie nach jenen beiden Geschehnissen, die ihn zuvor einmal zutiefst erschüttert hatten. Er sei umgänglich, offen, mitteilsam und liebenswürdig gewesen. Mein Bruder Martin schrieb damals: „Die Fragen nach Tod und Leben gewannen Farbe und Aktualität. Gleichzeitig lebten wir von den Verheißungen Gottes. Wir rechneten mit Seiner Gegenwart auch in schweren Stunden. Wir konnten es nur als ein Wunder vor unseren Augen verstehen – das Bewusstsein meiner Schwester kehrte wieder, ebenso die Sprache …"

Mutter hielt fest: „Sie hat mit uns gesprochen, viel sogar, und quält sich nun mit der Grausamkeit des Mordanschlags herum. Es geht mir ja selbst so, dass ich die Tatsache kaum fassen kann, und doch ist alles Wirklichkeit: Auch das unerhört große Wunder Gottes, dass er uns unsere geliebte Liesel bis zu dieser Stunde erhalten hat. Dank, Dank sei Ihm dafür! Durch ihren festen Lebenswillen gestärkt, macht Liesel schon Pläne und will ungeduldig werden. Gott schenke ihr viel Kraft zum Durchstehen allen Kreuzes!"

Am 17. März schrieb ich den ersten Eintrag eigenhändig mit unbeholfener und krakeliger Schrift in mein Tagebuch, das mir die Kriminalpolizei wieder zurückgegeben hatte. Meine rechte Hand wurde erst zwei Wochen später vom Gipsverband befreit. Da ist zu lesen: „Jeder Tag ist mir ein neues wundervolles Geschenk des gnädigen und barmherzigen Gottes. Er hat mich völlig neu zum Leben erweckt, und ich bin täglich von übergroßem Glück und Dankbarkeit erfüllt. Jeder Tag bringt lieben Besuch, die Zeit vergeht schnell. Täglich bin ich bei Frau Dr. Eßler zur Galvanisierung der linken Facialismuskulatur (Elektro-Stimulation der gelähmten Gesichtsmuskulatur), die gute Fortschritte macht".

Eines der schönsten Erlebnisse während meines Krankenhausaufenthalts war es, als plötzlich vor meiner Zimmertür die mir so vertraute Bach-Motette „Jesu meine Freude" erklang. Es kam mir vor, als ob die Engel im Himmel singen würden. Es war eine Abordnung unseres Bach-Chors mit Herrn Jena, unserem Chorleiter. In kleinen Gruppen kamen die Sänger und Sängerinnen dann ins Zimmer. Sie hinterließen eine selbst gebastelte, mit Ostereiern beladene Eisenbahn aus Karton. In der Lokomotive steckten tausend Mark als Geschenk des Chors. Ich war überwältigt von so viel liebevoller Zuwendung und Hilfe. Auch der Krankenhauspfarrer und unser Studentenpfarrer kümmerten sich um mich. Letzterer lieh mir sogar für einige Zeit sein Radiogerät aus.

Ich kann mich erinnern, dass ich in jener Zeit während der allmählichen Normalisierung meines Bewusstseins oft richtiggehend euphorisch war aus lauter Freude und Dankbarkeit dafür, dass Gott mir das Leben erhalten hatte. Viele Menschen hatten für mich gebetet, auch die Pfarrer in den Gottesdiensten der Johanniskirche. Damals wurde mir klar, dass Gott etwas Besonderes mit mir in Seinem Dienst vorhaben müsse. Ich spürte Seine Gegenwart und Seinen Frieden so deutlich wie nie zuvor. Also war es für mich keine Frage, ob ich das Studium weiterführen und mein Berufsziel wie vorher verfolgen solle. Schon damals und auch während der folgenden Zeit wurden mir einige Dinge neu klar:

- Gott erhört die Gebete der Seinen.
- Er tut auch heute noch Wunder, und nichts ist unmöglich für Ihn.
- Für den, der Kranke zu versorgen hat, ist es gut, selber einmal in der Rolle des Patienten zu sein und am eigenen Leib zu spüren, wie man sich fühlt, wenn man hilflos im Bett liegt und von anderen abhängig ist.

Manche Freunde und Verwandte meinten später, ich hätte mich nach all dem Geschehen in meinem Verhalten positiv verändert. Das kann ich selber nicht beurteilen. Gott allein weiß, warum und wozu das alles so geschehen musste. Jedenfalls danke ich Ihm für jeden Tag, an dem ich leben darf, und dafür, dass Er mir Gelegenheit schenkt, Seine Liebe an andere weiterzugeben. Man hatte mir damals von fachlicher Seite prophezeit, dass meine Lebenserwartung erheblich verkürzt sein würde auf Grund all der gefährlichen Folgen von meinen Verletzungen. Aber auch das hat Gott anders und besser geplant.

Gegen Ende des Aufenthalts in der Hals-Nasen-Ohren-Klinik entfernte Professor Kley, der mich operiert hatte, noch die Fäden aus der Wunde hinter meinem durch die Verletzung gehörlos gewordenen linken Ohr. Dabei fragte er mich nach den Namen der so genannten Hirn-Nerven. Der bei mir geschädigte Gesichtsnerv ist der siebte in der Reihe. Zur Freude des Professors und zu meinem eigenen Erstaunen konnte ich die Namen aller zwölf Nerven fehlerlos aufzählen. Als ich damit fertig war, verkündete er strahlend: „Examen mit Eins bestanden!“

Am 31. März wurde ich in die neurochirurgische Klinik zurückverlegt. Die unangenehmste der nun folgenden diagnostischen Maßnahmen war eine so genannte Luft-Encephalographie. Die Hirnkammern sollten durch Luftfüllung sichtbar gemacht werden, um eventuelle Formveränderungen festzustellen. Dazu wurde im Sitzen „Hirnwasser“ durch Punktion des Rückenmarkskanals abgezogen und Luft eingefüllt, welche unter (für den Patienten) hörbarem „Blubbern“ in die Hirnkammern nach oben stieg. Auf den Röntgenbildern waren dann die luftgefüllten Kammern zu sehen. Sie waren erweitert und infolge der Narben im Gehirngewebe deformiert. Das hatte aber keine weiteren Konsequenzen. Die Folge dieser unangenehmen Untersuchung waren „irrsinnige“ Kopfschmerzen, die drei Tage anhielten. Ich musste so lange flach liegen und durfte den Kopf nicht bewegen. Im Rahmen der spontanen Wieder-Auffüllung der Hirnkammern mit Flüssigkeit ließen die Schmerzen dann allmählich nach. Es war ein dankenswertes Geschenk der medizinischen Forschung, als wenige Jahre später diese Untersuchungsmethode durch die Entwicklung der Computer-Tomographie nicht mehr angewandt werden musste. Außergewöhnlich oft kam Professor Engelhardt, um sich nach meinem Ergehen zu erkundigen. Er selber erzählte mir später als Erster begeistert über die neue Errungenschaft zur Erleichterung der Diagnostik ohne Belastung der Patienten. Wenn ich in den folgenden Jahren in Würzburg war, besuchte ich ihn und seine Familie oft und fühlte mich dort wie zuhause. Er nannte mich dabei immer „die Bartholomäa“.

Eine abschließende psychiatrische Untersuchung ergab einen Intelligenzquotienten von einhundertvierzehn. Meine Denkfähigkeit war mir durch Gottes Gnade wiedergeschenkt worden. Die Erinnerung an das Geschehen vom 12. Februar 1964 und an die darauf folgenden sechs Wochen kam nie zurück; auch nicht, als mir jemand einmal die Stelle im Würzburger Ringpark zeigte, wo ich damals zusammengeschlagen worden war. Bei der Entlassung bestand ein handtellergroßer Knochendefekt der linken Schädeldecke, der später noch verschlossen werden sollte. So konnte ich sehr deutlich die Pulsation meines Gehirns spüren und tasten. Der Verlust des Gehörs auf dem linken Ohr beeinträchtigte mich nur wenig. Die Wunden an den beiden ehemals zersplitterten Fingern der rechten Hand waren verheilt. Weil die Fingergelenke nach Gipsabnahme versteift waren, übte ich intensiv, um sie wieder bewegen zu können. Die Hand wurde voll funktionsfähig. Geblieben sind während der folgenden Jahrzehnte häufige, mehr oder weniger starke Kopfschmerzen sowie eine Neigung zu epileptischen Anfällen aufgrund der narbigen Veränderungen im Hirngewebe. Wenn ich mir vorstelle, was an viel schlimmeren Verletzungsfolgen hätte bleiben können, bin ich vor allem dafür sehr dankbar, dass ich wieder denken kann, und dass die Erinnerungsfähigkeit zurückgekehrt ist.

Meine Würzburger Freundin Eva Schwinn hatte sich ohne mein Wissen darum bemüht, dass ich zur Rehabilitation ins „Tropengenesungsheim“ des Deutschen Instituts für Ärztliche Mission (DIFÄM) in Tübingen kommen sollte. Drei Monate waren ärztlicherseits für die dortige Nachbehandlung vorgesehen. Die Fahrt mit dem Krankenwagen im Mai 1964 ist mir in lebhafter Erinnerung geblieben. Ich saß neben dem Fahrer und war so von Freude erfüllt, dass ich während der Fahrt immerzu im Stillen singen musste: „Würzburg ade, Scheiden tut weh. Aber das Scheiden macht, dass mir das Herze lacht“. Ich konnte die schöne Welt draußen wieder neu entdecken. Meine Haare hatten wieder zu wachsen begonnen. Nun war ich den vorher obligatorischen „Pfarrerstöchter-Knoten“ endgültig los.

Im DIFÄM kam ich in ein Zimmer mit dem Namen „Albrecht Dürer“. Vor dem Fenster stand ein Magnolienbaum mit wunderschönen Blüten. Das Leben konnte neu beginnen. Unvergesslich bleibt mir mein erster selbständiger Ausgang in die Stadt, wo ich mir eine Armbanduhr kaufte. Ich war ganz stolz, dass ich es geschafft hatte, mich allein in der fremden Stadt zurechtzufinden und auf dem Rückweg die vielen Stufen zum DIFÄM wieder hochzusteigen. Es kam mir vor, als ob ich neu geboren wäre. Mehrfach war ich in der neurochirurgischen und in der Hals-Nasen-Ohren-Klinik der Universität zur Kontrolle und

Nachbehandlung. Aus der infizierten Schädeldecke mussten noch ein paar kleine Knochensplitter entfernt werden. Schwindelgefühl und Kopfschmerzen erinnerten mich immer wieder daran, aus welchem Grund ich in Tübingen war. Als Gasthörerin besuchte ich verschiedene Vorlesungen in den Tübinger Kliniken, um wieder in die Medizin hineinzufinden. Ich lernte die schöne Stadt kennen und durfte mich Mitarbeitern des Hauses anschließen zu Ausflügen, ja sogar zum Rudern oder Stocherkahn-Fahren auf dem Neckar. Ich sang im Mitarbeiter-Chor des Instituts und durfte sogar die Vertretung für die Dirigentin während ihres Urlaubs übernehmen. Ich erhielt die Erlaubnis, auf der Orgel zu üben und spielte auch manchmal im Gottesdienst. Ich half bei den Vorbereitungen für das alljährlich stattfindende Missionsfest, sorgte für den Blumenschmuck in allen Krankenzimmern und erledigte Besorgungen für andere Patienten. Eine Kranke, die eine Hirn-Embolie erlitten hatte, wurde mir zur Betreuung anbefohlen. Ich las ihr oft vor und konnte zuletzt sogar kleine Spaziergänge mit ihr machen. Manchmal vergaß ich fast, dass ich selber Patientin war. Während der gemeinsamen Mahlzeiten lernte ich viele Mitarbeiter von verschiedenen Missionsgesellschaften kennen. Ein Oberkirchenrat, der mir beim Mittagessen gegenübersaß, riet mir, „Ärztin und nicht nur Medizinerin“ zu werden. Ein Missionsarzt sagte zu mir: „Wenn der Arzt keine Opfer bringt, dann wird er ein Opfer seines Berufes“. Solche Ratschläge nahm ich mir zu Herzen.

Im Juli war die so reich erfüllte Zeit in Tübingen zu Ende. Ich hatte mich sehr wohl gefühlt im damaligen „Tropengenesungsheim“ und bin seither mit diesem Institut dankbar verbunden. Noch heute geht es dort wie schon damals im Wesentlichen um „Heil und Heilung“, und weiterhin strömt vom DIFÄM viel Segen in die ganze Welt aus.

Fast ein halbes Jahr lang befand ich mich in stationärer Behandlung. Das musste auch bezahlt werden. Ich war nirgends versichert, weil ich am Tag des Überfalls erst seit vier Tagen in Würzburg wohnte und noch nicht wieder immatrikuliert und als Studentin krankenversichert war. Zunächst bezahlte das Sozialamt der Stadt Würzburg die Krankenhausrechnungen. Auch Vater wurde genötigt, etwas beizutragen. Obwohl jener amerikanische Soldat nie offiziell für schuldig befunden und verurteilt worden war, gewährte die Behörde der US-Streitkräfte in Mannheim nach langwierigen Verhandlungen eine „ex gratia"-Zahlung von über sechzehntausend Mark. Für mich war das ein Zeichen dafür, dass die Schuld des verdächtigten Armee-Angehörigen eben doch grundsätzlich zugegeben worden war, auch wenn dieser dafür nicht bestraft wurde. Jedenfalls konnte ich gegen Ende des Jahres 1965 viereinhalb tausend Mark an die Stadt Würzburg und eintausend sechshundert Mark an Vater zurückzahlen.

Abschluss des Studiums und erste Berufserfahrungen

Groß war die Wiedersehensfreude, als ich gleich am ersten Abend nach meiner Rückkehr das Sommerkonzert unseres Bach-Chors in der Würzburger Residenz miterleben konnte. Bald gehörte ich selbst wieder zu den Mitsängerinnen. Auf dem nahen Schwanberg übten wir ein ganzes Wochenende lang für die Aufführung der H-Moll-Messe von Bach. Ich wagte es wieder, mit dem Rad zu fahren und machte viele Besuche. Das Sommersemester, das ich versäumt hatte, war fast zu Ende und dauerte nur noch zehn Tage. Trotzdem besuchte ich einige Vorlesungen. Nachdem mein „Doktorvater" Professor Klingmüller mich in seinem Kolleg entdeckt hatte, lud er mich gleich zu sich nach Hause zum Mittagessen ein und brachte mich anschließend in die Neurochirurgische Klinik. Dort freuten sich alle, die mich kannten, über mein gutes Befinden und sprachen auch wieder von dem „Wunder", das an mir geschehen sei.

Leider musste unsere Mutter im November sechs Wochen lang wegen einer schweren Depression in der Bamberger psychiatrischen Klinik „St. Getreu" stationär behandelt werden. Es war traurig, dass sie deshalb Martins feierliche Ordination zum Pfarrer in Kötzting /Oberpfalz nicht miterleben konnte. Unsere Schwester Lore hatte in jener Zeit eine persönliche Krise, die uns alle ebenfalls sehr belastete. Wir litten mit ihr und waren dankbar, als es ihr wieder besser ging.

Um wieder in die Medizin hineinzufinden, famulierte ich noch einmal während der Semesterferien in einer Medizinischen Poliklinik in Würzburg.

Im Oktober begann mein voraussichtlich letztes Studiensemester. Wieder belegte ich viele Vorlesungen, Kurse und Praktika. Besonders aus finanziellen Gründen nahm ich mir fest vor, nach diesem Semester das Staatsexamen zu machen. Allerdings war ich mir nicht sicher, ob ich das wirklich schaffen würde; denn die starken Kopfschmerzen hinderten mich oft am konzentrierten Lernen, und ich musste mich immer wieder dazu zwingen.

Im Juni des folgenden Jahres meldete ich mich zum Examen. Ohne das Vertrauen auf Gottes Durchhilfe hätte ich es nicht gewagt; denn ich war mir klar darüber, dass mein Wissen begrenzt und mein Durchhaltevermögen noch nicht stark genug waren. Ab August sollten alle Fächer des klinischen Studiums im Lauf von fünf Monaten schriftlich und mündlich geprüft werden. Wir waren in achtundzwanzig Gruppen aufgeteilt mit jeweils vier Prüfungskandidaten und -kandidatinnen.

Drei Tage vor Weihnachten – das Examen war fast zu Ende – hatte ich ein Erlebnis, das mich ziemlich aufwühlte: Unser Bach-Chor war bei einem Weihnachtsliederabend in der Johanniskirche aufgetreten. Natürlich hatten wir unsere gute Chor-Kleidung an, und ich konnte deshalb nicht mit dem Rad fahren. Ein Auto besaß ich noch nicht. Nach dem Ende der Aufführung fand ich niemanden, der mich mit dem Wagen hätte heimbringen können. Der Weg war nicht weit, nur etwa zwanzig Minuten zu Fuß. So ging ich los und kam gut durch die Grünanlagen, in denen ich überfallen worden war. Zwischen dem Friedhof und einer hell erleuchteten Druckerei kam mir auf dem sonst menschenleeren Gehsteig ein Mann entgegen, offensichtlich ein Angehöriger der amerikanischen Armee. Er ging an mir vorüber, drehte sich dann aber hinter mir um und kam zurück. Er äußerte irgendeine unverständliche Bemerkung in Englisch, packte mich kräftig am rechten Arm und versuchte, mich ins Gebüsch an der Friedhofsmauer zu zerren. Obwohl niemand sonst in der Umgebung zu sehen war, schrie ich aus aller meiner Kraft und versuchte, mich loszureißen. Da lockerte sich der Griff, und der Mann ließ mich los. Er setzte seinen Weg fort, als ob nichts gewesen wäre. Zitternd vor Schrecken und aufgewühlt von Angst, versuchte ich, mit weichen Knien weiterzugehen. Da kam ein Auto in meiner Richtung gefahren und hielt neben mir an. Es war ein Pfarrer von der Johanniskirche. Er war für mich in diesem Augenblick wie ein vom Himmel gesandter Engel. Noch verwirrt durch die ausgestandene Angst, berichtete ich von dem, was vorgefallen war. Natürlich brachte mich der Pfarrer nach Hause. Am nächsten Tag begleitete mich Herr Jena, unser Chorleiter, zur Kriminalpolizei. Dort sollte ich aus einer großen Menge von Fotos das Gesicht des Angreifers vom Abend vorher herausfinden. Es gelang mir aber nicht, und die Sache verlief im Sand. Nie habe ich jemandem außerhalb unseres Chores über dieses Erleben erzählt. Ich konnte es nur schwer fassen, dass mir etwas Ähnliches wie ein Jahr vorher zum zweiten Mal hätte geschehen können. Doch Gott hatte Seine bewahrende Hand über mich gehalten. Nie wieder ging ich seitdem bei Dunkelheit allein zu Fuß.

Nach der letzten mündlichen Prüfung am 23. Dezember 1975 im Haus unseres Psychiatrie-Professors war ich von Herzen dankbar dafür, dass ich es mit Gottes Hilfe geschafft hatte, die anstrengenden fünf Monate trotz meiner gesundheitlichen Einschränkungen durchzustehen. Und dann erhielten wir die gute Nachricht: Alle vier hatten wir das Examen geschafft. Welche Freude und Erleichterung! Mutter stand die ganze Zeit über treu im Gebet hinter mir und widmete mir ein schönes Gedicht zu dem freudigen Anlass.

Kurz danach operierte Professor Kley in der HNO-Klinik mein linkes Ohr in der Hoffnung, die verloren gegangene Hörfähigkeit wenigstens teilweise durch eine so genannte Tympanoplastik wieder herstellen zu können. Der Eingriff wurde in örtlicher Betäubung durchgeführt. Die beiden noch vorhandenen und in falscher Stellung verwachsenen Gehörknöchelchen im Mittelohr, der „Amboss“ und der „Steigbügel“, wurden gelöst und an die richtige Stelle platziert. Schon während der Operation bemerkte ich eine teilweise Wiederherstellung der Hörfähigkeit, als sich der Professor mit mir unterhielt. Er war mit dem Ergebnis dann recht zufrieden und ich selber auch.

In den folgenden Monaten galt es, die Promotion zur Vollendung zu bringen. Nach nochmaligem sauberem Schreiben der Dissertationsarbeit und drei mündlichen Prüfungen wurde mir der Titel „Dr.med.“

erteilt. Die kunstvoll in Latein geschriebene und doppelt versiegelte Urkunde enthielt nur wenige deutsche Wörter, nämlich das Thema meiner experimentellen Arbeit. Wenn ich das Dokument lese, muss ich noch heute lächeln über seine hochtrabende Ausdrucksweise: „In Universitate Litterarum Julio-Maximilianae Herbipolensi Rectore Magnifico Illustrissimo et Doctissimo ... Feminae Clarissimae Elisabeth Meta Anna Bartholomäus e Würzburg oriundae... ´Über die Wirkung von Diamino-Diphenylsulfon auf den Blutfarbstoff im Tierversuch´ et Examinibus Legitimis Superatis Scientiam Suam Magna Cum Laude comprobavit Doctoris Medicinae Gradum Iura Privilegia Die V. Mensis Julii A. D. MCMLXVI Rite Contulit...“. Viele weitere lateinische Wörter und Daten stehen auf dem so hart erkämpften Dokument; aber erstaunlicherweise nicht mein Geburtsdatum. – So war auch diese Hürde geschafft im „Jahr des Herrn“ 1966, wie es auf der Urkunde heißt.

Nachdem ich mir einen hellgrünen gebrauchten VW-Käfer vom amerikanischen Schmerzensgeld zugelegt hatte, schrieb ich seinen Namen „Hannibal“ gut sichtbar auf seine Rückseite. Er war fortan für fünf Jahre mein treuer Gefährte. Viel Schönes konnte ich mit ihm unternehmen, u.a. auch eine Urlaubsfahrt in den Schwarzwald mit Mutter und Walter.

In diesen ersten Wochen der „Freiheit“ brachte ich mir das Querflöte-Spielen bei und lernte auch Kisuaheli, die Sprache von Tanzania, weil ich durch die Leipziger Mission dorthin geschickt werden sollte. Ich ahnte nicht, dass der Verantwortliche in Erlangen bereits beschlossen hatte, mich doch nicht auszusenden aufgrund meiner erlittenen Schädelverletzung. Das Risiko wäre ihm zu groß gewesen, wie er mir nach Jahrzehnten einmal gestanden hat. Ich hoffte, so bald wie möglich nach Ableistung der Medizinalassistentenzeit „in die Mission“, also nach Afrika oder vielleicht auch nach Indien, zu gehen. Aber Gott hatte es anders geplant.

Um die Approbation (Anerkennung als Allgemeinarzt) zu bekommen, waren damals zwei Jahre praktischer Arbeit in Kliniken vorgeschrieben. Sechs Monate in der Inneren Medizin waren Pflicht, dazu jeweils vier in der Chirurgie und in der Gynäkologie bzw. Geburtshilfe. Zunächst arbeitete ich fünf Monate in der Würzburger Hautklinik. Erstmals hatte ich ganz selbständig Patienten zu untersuchen, Befunde und Verläufe zu beschreiben sowie Therapien festzulegen. Natürlich hatte das unter Aufsicht durch den Stationsarzt zu geschehen.

Die drei „großen" Fächer Innere Medizin, Chirurgie und Gynäkologie absolvierte ich als Medizinalassistentin im Diakoniekrankenhaus Neuendettelsau. Ich bewohnte wie die meisten ledigen Mitarbeiter ein Zimmer im Hochhaus hinter dem Hospitalgebäude. Wegen sehr starker Rückenschmerzen behandelte ich mich selber auf ganz einfache, aber äußerst wirksame Weise: Zwei Wochen lang legte ich mich zum Schlafen auf den harten Zimmerboden flach auf den Rücken. Das war zwar nicht gerade angenehm; aber die Schmerzen waren daraufhin verschwunden.

Eine andere persönliche Episode aus jener Zeit amüsiert mich noch heute, wenn ich daran denke: Ich war richtiggehend „verknallt" in einen jungen Kollegen, der wie ich als Medizinalassistent im Krankenhaus angestellt war. Er war der Sohn eines Brasilienpfarrers der Neuendettelsauer Mission und immer sehr nett zu mir. Aber niemand von uns Beiden sagte jemals etwas über unsere gegenseitige Zuneigung. Immerhin duzten wir uns, was damals noch nicht so üblich war wie heutzutage. Später hörten wir dann nichts mehr voneinander.

Während ich in Neuendettelsau arbeitete, war die Welt erfüllt von Gerüchten und Angst vor einem dritten Weltkrieg aufgrund der so genannten Kuba-Krise. Es wurden Vorbereitungen getroffen für den Ernstfall und Sicherheitsmaßnahmen angeordnet. Gott sei Dank dafür, dass die Welt vor einer erneuten Katastrophe verschont blieb.

Bevor ich wieder eine neue Stelle antrat, ließ ich mich in Würzburg erneut operieren. Der große störende Knochendefekt am Schädel sollte gedeckt werden. Professor Zehm an der HNO-Klinik hatte sich auf solche plastischen Operationen spezialisiert. Ende Oktober 1967 wurde der Eingriff durchgeführt. Vorher hatte mir der Professor das gut handtellergroße dünne, aber stabile Metallplättchen aus Tantal zur Ansicht in die Hand gegeben. Es war der Schädelform angepasst und durchlöchert worden, damit das Bindegewebe durchwachsen konnte. Die Operation und die Einheilung dieses Fremdkörpers verliefen im Wesentlichen komplikationslos. So war das Gehirn wieder geschützt. Meine Haare waren nur auf der zu operierenden Seite entfernt worden, so dass ich mich bald wieder in der Öffentlichkeit zeigen konnte.

Kurz danach begann ich meine Arbeit im Marienhospital von Ahaus in Westfalen, westlich von Münster gelegen. Dort leistete ich die letzten fünf Monate meiner Medizinalassistentenzeit in der Chirurgie ab. Die Zusammenarbeit mit den Franziskaner-Schwestern war ausgesprochen positiv. Mit manchen von ihnen verstand ich mich auch glaubensmäßig recht gut. Unser Chef arbeitete sehr sorgfältig und gewissenhaft. Kleinere Eingriffe durften wir Anfänger selbständig ausführen, größere nur mit Assistenz durch erfahrene Chirurgen als Verantwortliche. Es herrschte eine gute, ungezwungene Atmosphäre. Der Zusammenhalt unter den Kollegen war offen und unkompliziert.

An einem Abend saßen wir nach getaner Arbeit gemütlich mit unserem Chef in seinem Zimmer zusammen. Er bot uns einen leckeren Likör an, und auch ich trank ein Gläschen davon. Wir hatten noch nicht gegessen. Als wir dann - ohne den Chef - zum Essen im Ärztekasino zusammensaßen, bekam ich erstmalig einen großen epileptischen Anfall. Ich hatte das Gefühl, als ob alles Blut aus meinem Kopf entweichen und ich im Leeren schweben würde. Ich konnte die Arme nicht bewegen, schaffte es aber noch, mich rasch auf den Fußboden zu legen. Nach anfänglicher Starre kam es dann zu unkontrollierten Zuckungen der linken Körperseite. Ich war voll bei Bewusstsein. Die Kollegen riefen sofort nach unserem Chef, der mir eine krampflösende Spritze verabreichte. Er war über meine Vorgeschichte informiert. Nachdem ich mich einigermaßen erholt hatte, brachte er mich sogar noch in seinem eigenen Wagen nach Hause. Am nächsten Morgen trat ich, wenn auch etwas erschöpft, wieder zur Arbeit an. Verwunderlich war, dass die Krämpfe linksseitig aufgetreten waren. Laut medizinischer Erkenntnis hätten sie rechts sein müssen, nachdem das Hirn auf der linken Seite geschädigt war und sich die Nervenbahnen kreuzen. Erst Jahrzehnte später konnte dieser Sachverhalt geklärt werden. Jedenfalls trank ich fortan keinen Alkohol mehr auf nüchternen Magen.

Allmählich machte ich mir Gedanken über meine Zukunft. Ich wusste zwar, dass ich Missionsärztin werden wollte; aber ich hatte nicht vor, das alleine zu tun. Zusammen mit einem gleich gesinnten Partner wäre das doch viel schöner, dachte ich. Allerdings kannte ich noch keinen, den ich mir als Ehemann hätte vorstellen können. Deshalb studierte ich Heiratsannoncen in einer Zeitschrift. Dabei stieß ich auf einen Arzt, der sich als bewusster Christ ausgab und plante, Gott in der Mission zu dienen. Ich schrieb an ihn und hatte etwas Herzklopfen, als ich den Brief in den Postkasten warf. Mein Schreiben hätte ja vielleicht wesentliche Konsequenzen für mein Leben haben können! Ich erhielt auch eine Antwort und traf den Kollegen an einer vereinbarten Stelle des Frankfurter Flughafens. Beim Mittagessen und während einer anschließenden Rundfahrt in seinem Auto lernten wir uns ein wenig kennen. Er hatte eine außergewöhnlich starke Bindung an seine Mutter. Für einige Zeit standen wir in brieflicher Verbindung. Eines Tages erklärte er mir in einem seiner Schreiben, dass er sein Vorhaben, Missionsarzt zu werden, geändert habe und statt dessen in Deutschland bleiben wolle. Und weil mir ein künftiger Missionsdienst wichtiger war als Heiratspläne, brachen wir unsere Verbindung ab. Ich machte mir keine großen Sorgen und hatte noch immer die Gewissheit, dass mich Gott weiterführen und zu Seiner Zeit ans Ziel bringen würde.

Als sich meine Pflichtzeit in Ahaus dem Ende zu neigte, wurde mir klar, dass ich zwar in verschiedene Fachbereiche der Medizin „hineingeschnuppert" hatte, aber auf keinem Gebiet gründliche Kenntnisse oder Fähigkeiten aufweisen konnte. So entschloss ich mich zu einer Fachausbildung. Ich schwankte zwischen Geburtshilfe mit Gynäkologie, Chirurgie und Augenheilkunde. Schließlich entschied ich mich für die Allgemeinchirurgie. Wenn ich diese beherrschen würde, so dachte ich, dann wäre es vermutlich weniger schwierig, operative Eingriffe auch in den anderen Fachbereichen auszuführen, so wie es bei Einsätzen in unterentwickelten Ländern nötig sein würde. Nur war ich mir nicht sicher, ob ich überhaupt für die Chirurgie geeignet sei. Deshalb bat ich unseren Chefarzt um seine Meinung. Er antwortete, dass er mir die chirurgische Arbeit sehr wohl zutraue, aber er habe gewisse gesundheitliche Bedenken wegen meiner ihm bekannten Vorgeschichte. Natürlich betete ich auch darüber und bat Gott um Klarheit über den Weg, den ich einschlagen sollte. Weil im Ahauser Marienhospital ein Jahr in der Chirurgie für die Fachausbildung anerkannt wurde, blieb ich dort bis zum Frühjahr 1969. Ich durfte kleinere Eingriffe und dann auch immer mehr Blinddarm- und Leistenbruchoperationen selbständig durchführen. In diesen Monaten erwachte meine Begeisterung für die Chirurgie. Gott hatte mich auf den richtigen Weg geführt. Um mich mit der in den meisten Ländern üblichen englischen Nomenklatur in der Medizin vertraut zu machen, plante ich, ein Praktikum in einer englisch-sprachigen Klinik abzuleisten. Von einem christlichen Krankenhaus in New York bekam ich dafür die Zusage. Aber vorher musste ich das amerikanische medizinische Staatsexamen in Kurzform ablegen. Ich holte entsprechende Informationen ein und bereitete mich auf die Prüfung vor. Am 12. Februar 1969, auf den Tag genau fünf Jahre nach dem Überfall in Würzburg, legte ich in Bad Godesberg das ECFMG („Educational Council for Foreign Medical Graduates“) - Examen ab. Ich glaube, dass ich an keinem anderen Tag meines Lebens so konzentriert, schnell und viel geistig gearbeitet habe. Weil das außerdem noch am Jahrestag meiner Hirnverletzung geschah, hatte ich den Eindruck, als ob mir Gott damit zeigen wollte, dass meine Denkfunktionen wieder ganz in Ordnung waren. Das Zeugnis, kunstvoll in großen goldenen Buchstaben geschrieben, berechtigt mich zeitlebens, in den USA als Assistentin in einer Klinik mitzuarbeiten. Aber es kam dann doch nicht dazu.

Ich war auf der Suche nach einer neuen Assistenten-Stelle, wo ich die vier noch erforderlichen Jahre der Facharztausbildung ableisten konnte. Eine Bekannte erzählte mir vom Diakoniekrankenhaus in Schwäbisch Hall, wo es eine gute chirurgische Abteilung gab. Deshalb wollte ich mich dort bewerben, obwohl keine Stelle an dieser Klinik ausgeschrieben war. Ich fuhr ins Schwabenland und erhielt einen Termin beim Chefarzt der Chirurgie, Herrn Dr. Jäger. Er hörte mich freundlich an und erfuhr auch von meinem Plan, Missionsärztin zu werden. In drei Monaten könne ich auf seiner Abteilung mit der Arbeit beginnen, sagte er nach kurzer Überlegung.

Chirurgie in Schwäbisch Hall

Im April 1969 trat ich meine neue Stelle an. Es herrschte eine gute Atmosphäre und ein schönes Miteinander in der großen „Diak"-Familie. Das geistliche Zentrum war die neu gebaute Auferstehungskirche. Wieder einmal hatte mich Gott wunderbar geführt und mir ein neues Zuhause geschenkt. Mit Dank und Freude im Herzen ging es an die Arbeit.

Die Chirurgie füllte meine Tage und oft auch die Nächte. In der Anfangszeit assistierte ich häufig im ersten Operations-Saal bei Chefarzt Dr. Jäger. Klein von Gestalt, musste er sich beim Operieren auf einen Schemel stellen. Er war sehr streng zu seinen Mitarbeitern und stellte hohe Anforderungen an sie. Bei den Patienten war er äußerst beliebt. Anfangs hatte ich Mühe, sein Schwäbisch richtig zu verstehen. Schnell lernte ich, dass „Heben" dem deutschen „Halten", und „Lupfen" dem deutschen „Heben" entspricht. Der „gute Geist" im Saal war die Instrumentier-Schwester, seine „rechte Hand". Diakonisse Schwester Luise kannte seine Eigenarten und wusste ihn zu verstehen und zu nehmen, so wie er war. Sie konnte ihm auch manchmal etwas Kritisches sagen, was wir uns nie getraut hätten. Sie besaß die Gabe, auszugleichen und Ruhe und Frieden zu verbreiten. Sie hatte auch Verständnis für uns Junge und konnte uns bei Schwierigkeiten weiterhelfen.

Am Anfang meiner Ausbildungszeit in Schwäbisch Hall durfte ich nur unter Aufsicht durch Oberärzte operieren. Trotzdem war es aufregend, als ich meine erste Gallenoperation durchführen sollte. Obwohl alles ohne Schwierigkeiten nach Plan verlaufen war, hatte ich hinterher eine schlaflose Nacht. Ich stellte mir vor, welche verschiedenen Komplikationen auftreten konnten, und war erst beruhigt, als die Patientin sich nach dem Eingriff gut erholt hatte. Noch aufregender war es, als eine Nachblutung bei einem Mann auftrat, den ich am Magen operiert hatte. Der Oberarzt, der mir assistiert hatte, übernahm es, mit meiner Assistenz die Bauchhöhle noch einmal zu öffnen und die Blutung zum Stillstand zu bringen. Er machte mir keine Vorwürfe.

Bei Notfällen während des Bereitschaftsdienstes mussten wir immer den „Oberdienst", also den Chef oder einen der Oberärzte rufen. Eines Abends meldete ich telefonisch dem Chefarzt, dass ein Patient mit akuter Blinddarmentzündung eingeliefert worden sei. Normalerweise wäre er selbst gekommen. Stattdessen antwortete er klar und deutlich: „So operieren Sie ihn doch!" Das war meine erste in Schwäbisch Hall ausgeführte Operation ohne Oberaufsicht. Der instrumentierende Pfleger und eine assistierende Schwester halfen mir dabei, und es ging alles gut. Fortan durfte ich immer häufiger in einem unserer vier Operationssäle selbständig operieren.

Mir wurde zunächst die Verantwortung für die chirurgische Frauenstation übertragen. Da wir zu wenige Ärzte waren, kamen bald auch noch die Wachstation und die chirurgische Kinderstation dazu. Die Zusammenarbeit mit den Schwestern und Pflegern war durchwegs gut und schön.

Auch mit unserem so gestrengen Chef kam ich meist gut aus. Nur einmal war mir Dr. Jäger bitterböse. Ich hatte Nachtdienst und bereits einige Notfälle und Neuzugänge versorgt. Der Chefarzt hatte „Oberdienst" und war sehr spät und überarbeitet nach Hause gefahren. Da brachte eine Frau ihre etwa zehnjährige Tochter mit einer schmerzhaften und geröteten Schwellung der Ellenbeuge, nachdem sie sich dort kurz vorher verletzt hatte. Die Inzision bzw. Eröffnung des vermeintlichen Abszesses wurde vorbereitet und durchgeführt. Aber - oh Schreck - es entleerte sich kein Eiter, sondern arterielles Blut schoss pulsierend aus der Wunde. Es handelte sich um ein so genanntes Aneurysma der Arterie, also eine verletzungs-bedingte Schädigung des Gefäßes, das den Unterarm mit Blut versorgt. Sofort wurde der Arm abgebunden, so dass ich die Arterie in Ruhe freilegen und den Schaden durch eine feine Naht der Gefäßwand in Ordnung bringen konnte. Nach dem Verschluss der Wunde war der Arm zu unserer Erleichterung gut durchblutet. Aber die „Strafe" folgte am nächsten Morgen bei der Röntgenbesprechung. Ich berichtete wie gewohnt über die nächtlichen Vorfälle. Nachdem ich über den Eingriff am Arm des kleinen Mädchens erzählt hatte, sah mich der Chef mit einem vernichtenden Blick an und hüllte sich in eisiges Schweigen. Ich konnte diese Reaktion nicht verstehen oder einordnen. Ein Kollege klärte mich auf. Er war für die täglichen Operationsprogramme zuständig und wusste, dass der Chefarzt persönlich den Eingriff bei jenem Kind an diesem Tag durchführen wollte. Es war seine Privatpatientin. Das konnte ich nicht wissen, und die Mutter hatte in der Nacht auch nichts darüber verlauten lassen. Nun verstand ich Dr. Jägers Reaktion. Er bestellte die kleine Patientin demonstrativ in seinen Operationssaal, um den Puls zu prüfen und sich darüber zu vergewissern, dass der Arm gut durchblutet war. Den ganzen Tag über sprach er kein Wort mehr mit mir. Als er am Abend zur Visite bei seinen Privatpatientinnen auf meine Station kam, nahm ich mir ein Herz und bat ihn um Verzeihung. Nach kurzem Schweigen antwortete er: „Na ja, Sie hätten ja nicht dauernd den Daumen drauf halten können". Damit war die Sache erledigt, und es wurde nie wieder darüber gesprochen. Dr. Jäger trug niemandem etwas nach, wenn ein Fehler in Ordnung gebracht worden war.

Abschied von Mutter

An freien Wochenenden war ich oft unterwegs mit meinem „Hannibal", um zu Freunden zu fahren oder auch um das „Schwabenländle" besser kennenzulernen. Manchmal besuchten mich liebe Menschen, denen ich dann das schöne Städtchen und unsere große Klinik zeigen konnte.

Ganz besonders erfrischend und wohltuend war der Besuch meiner lieben Mutter Anfang Februar 1970 für uns beide. Später habe ich mir dieses schöne Zusammensein mit ihr in Schwäbisch Hall immer wieder in die Erinnerung zurückgerufen, denn es war meine letzte Begegnung mit Mutter. Völlig entspannt erlebten wir frohe und ungetrübte Stunden miteinander. Unterhalb vom Diak lagen reife Quitten auf dem Weg. Wir sammelten sie ein, damit Mutter zuhause ihr köstliches Gelee daraus machen konnte.

Kurz darauf kam ein Anruf aus Hetzelsdorf: Mutter habe eine Überdosis von Schlafmitteln eingenommen und liege bewusstlos im Krankenhaus. Ihr Zustand sei höchst besorgniserregend, und es bestehe nur wenig Hoffnung auf Genesung. Es war ein furchtbarer Schlag für uns Geschwister. Natürlich hatten wir von ihren Nöten gewusst und es auch immer wieder erlebt, wie schwer sie an ihrer Situation litt.

Eines ihrer Gedichte aus jener Zeit lässt ahnen, was sie durchgestanden hatte. Als Grundlage zu diesem Text wählte sie den 9. Vers des 111. Psalms: „Er sendet eine Erlösung seinem Volk; er verheißt, dass sein Bund ewig bleiben soll. Heilig und hehr ist sein Name“. Das Gedicht steht unter dem Titel „Nachtgebet“:

Kein Schlaf berührt die Augen. Willst du mich wachen lehren
und meine Kraft verzehren?
Wozu soll ich noch taugen?
Der Feind will mich dir stehlen. Herr, hörst du nicht sein Werben: Süß lockt er ins Verderben.
Wie lang willst du noch quälen?
Du weißt doch alle Wege; warum zeigst du mir keinen? Wie lang noch währt das Weinen,
Dass dieser Sturm sich lege? ...
Du selber lehrst uns wachen. Wann wirst du uns erscheinen? –
Dann endigst du das Weinen
Und füllst den Mund mit Lachen.
Wir preisen deinen Namen schon heute, und wir singen: Lass uns dein Licht erringen.
Ach, komm, Herr Jesu!
Amen.

Nur schwer konnte ich fassen, was geschehen war. War doch unsere Mutter immer der Halt, der Mittelpunkt und die Seele unserer Familie gewesen! Dass es jemals so weit kommen könnte, hätte niemand von uns für möglich gehalten; denn Mutters Glaube hatte ihr immer wieder aufgeholfen in ihren Depressionen, dem vielen Alleinsein und dem Nicht-Angenommen-Werden durch ihren Mann. Tägliche Telefonate mit der Klinik machten es mir immer klarer, dass keine

Hoffnung auf Rettung bestand. Für mich war die Welt aus den Fugen geraten. Ich war völlig durcheinander, psychisch und physisch krank. Ich konnte nicht mehr schlafen, und mein Herz schmerzte wie nie zuvor. Sogar unserem gestrengen Chefarzt fiel es auf, dass mit mir etwas nicht in Ordnung war, und er fragte mich danach. Sofort gab er mir für ein paar Tage frei.

Elisabeth Heine, eine sehr nette Krankenschwester, sah es mir auch an, dass etwas nicht stimmte, und lud mich kurzerhand zum Abendessen in ihr Zimmer ein. Genau zu der Zeit, als wir zusammensaßen, kam ein Anruf von der Erlanger Klinik mit der Nachricht, dass Mutter gestorben sei. Es war der 17. Februar 1970. Ich war sehr dankbar dafür, dass ich beim Entgegennehmen dieser schmerzlichen Nachricht nicht allein war. Nun war die quälende Spannung vorüber. Mutter war fast dreiundsechzig Jahre alt, als sie uns für immer verließ.

An ihrem Todestag stand im Losungsheft die tröstliche Wahrheit aus Jakobus 5,11: „Der Herr ist barmherzig und ein Erbarmer“. Wir halten daran fest und vertrauen, dass sie nun schauen darf, was sie geglaubt hat. Gottes Erbarmen kennt keine Grenzen, gerade auch nicht für Menschen, die an ihrem unerträglichen Leben verzweifeln.

Das Leben musste ohne unsere Mutter weitergehen. Ihre Gebete, Liebe und Fürsorge hatten uns als ihre fünf Kinder treu begleitet. Zeitlebens sind wir ihr dafür dankbar.

So sehr sie uns fehlte, waren wir im folgenden Jahr doch froh darum, dass sie den tragischen Tod unseres jüngsten Bruders nicht mehr miterleben musste. Walter war an der Frage nach dem Sinn des Lebens gescheitert. In der Philosophie fand er nicht die gesuchte Antwort, und dem christlichen Glauben konnte und wollte er sich aufgrund seiner negativen Erfahrungen in der Familie nicht zuwenden. Es war für uns vier Geschwister und vielleicht auch für unseren Vater ein harter Schlag, als Walter in grimmiger Entschlossenheit seinem Leben ein Ende setzte. Der Beerdigungstext lautete: „Herr, wir liegen vor dir mit unserem Gebet; wir vertrauen nicht auf unsere Gerechtigkeit, sondern auf deine große Barmherzigkeit“ (Daniel 9, 18). Daran hielten wir uns fest.

Indien

Von meiner Arbeit in Neuendettelsau her kannte ich den Missionsarzt Dr. Püschel. Er hatte mich eingeladen, ihn und seine Familie in Indien zu besuchen. Dadurch bekam ich die Gelegenheit, missionsärztliche Arbeit vor Ort zu erleben. Eine Krankenschwester und meine Freundin Elisabeth Heine lud ich zu der großen Reise mit ein. Ende Oktober saßen wir zum ersten Mal in unserem Leben im Flugzeug. Das Missions-Krankenhaus in Ambur/Südindien hatte eine Kapazität von hundertachzig Betten. Die Einrichtung war einfach; aber vielen Kranken wurde tagtäglich geholfen. Wir sahen Patienten mit typisch tropischen Leiden, darunter auch die Lepra. Es gab verschleppte Krankheitsbilder jeglicher Art, viele Patienten mit Tuberkulose und alle nur denkbaren geburtshilflichen Komplikationen. Zum ersten Mal erlebte ich die Geburtenkontrolle mit Hilfe von Spiralen. Im Operationssaal assistierte ich mehrfach dem Chirurgen Dr. Püschel. Wir fuhren mit zu ambulanten Einsätzen in die Dörfer, wo viele Kranke behandelt und auch Impfungen durchgeführt wurden. Auch lernten wir eine christliche Taubstummen-Schule in Ambur kennen.

Frau Püschel nahm sich die Zeit, um mit uns Ausflüge zu machen. In der nahe gelegenen Stadt Vellore besuchten wir die große christliche Klinik, in der wir die nach einem Unfall querschnittsgelähmte Ärztin Dr. Mary Verghese trafen. Sie war in der Plastischen Chirurgie tätig und operierte im Rollstuhl sitzend vorwiegend Menschen, die infolge der Lepra an Händen und Füßen behindert waren. Sie beeindruckte uns tief. Erst kurz vorher hatte ich den spannenden Bericht über ihr Leben von Dorothy C. Wilson gelesen mit dem Titel: „Um Füße bat ich, und er gab mir Flügel“. Wir bewunderten die große orthopädische Werkstatt der Klinik. Dort hörten wir auch einen beeindruckenden Vortrag von dem Engländer Dr. Paul Brand. Er hatte neue Methoden der Wiederherstellungs-Chirurgie entwickelt speziell für Hände, die durch Aussatz verstümmelt waren. Seine hochbetagte „Mutter Brand“ war an jenem Abend ebenfalls anwesend. Sie sei noch immer auf ihrem Pferd als Missionarin in den indischen Bergen unterwegs, wurde erzählt.

Beeindruckt hat uns in Indien mit seinem heißen Klima auch der chaotische Verkehr auf den schmutzigen Straßen. Überfüllte Omnibusse, alte, klapprige Autos, Mopeds, Rikschas und Fahrräder, Fußgänger, fahrende Straßenhändler, spielende Kinder, aufdringliche Bettler und dazu noch Affen-, Enten-, Schweine- und Ziegenherden bildeten ein großes Durcheinander. Dazwischen spazierten die „heiligen" Kühe, deren Hinterlassenschaften eingesammelt und als Brennmaterial verwendet wurden. Und niemand regte sich dabei auf. Von Verkehrsregeln schien man noch nie etwas gehört zu haben. Nicht zu übersehen war das Elend der ungezählten armen Menschen auf den Bahnhöfen und in den großen Städten. Natürlich freuten wir uns auch an der herrlich grünen tropischen Landschaft mit ihren Palmengärten, wo wir die hängenden Nester der Webervögel bewundern konnten.

Nach unserem Abschied von Ambur waren wir noch einige Zeit „selbständig" in Südindien unterwegs. Wir fuhren mit einer alten, primitiven Eisenbahn zwölf Stunden lang durch Gebiete, die nach dem Monsunregen überschwemmt waren, und kamen in die Städte Madurai, Bangalore und Madras. Wir besuchten deutsche und amerikanische Missionsstationen und sahen ein großes Lepra- und Tuberkulose-Zentrum der Kirche in Karigiri. Zu den schönsten Erlebnissen gehörte der Besuch bei Pfarrer John Tilak, den ich von Erlangen her kannte, und dessen Tochter mein Patenkind war. Er arbeitete als Dozent am dortigen theologischen College, und wir erlebten ihn auch als Prediger. Seine Mutter bewirtete uns liebevoll mit Reis, auf Bananenblättern serviert. Er wurde je nach Geschmack mit Gewürzen aus kleinen Schälchen versehen und mit den Fingern zum Mund geführt. Wir spürten in diesem Haus die befreiende Gegenwart unseres Herrn Jesus Christus fast körperlich, nachdem wir vorher den Hinduismus bei den Tempelbesichtigungen so „hautnah" erlebt hatten. Nie zuvor war mir so deutlich geworden, wie das Licht unseres Erlösers das Leben zum Guten verändert.

Erfüllt von allem Erlebten im „Land der Götter und Tempel", machten wir uns nach gut drei Wochen wieder auf die Heimreise. In Schwäbisch Hall ging es weiter mit der chirurgischen Arbeit. Die Indienreise hatte meinen Entschluss, Gott in der Mission dienen zu wollen, noch stärker gefestigt.

Von Gott geführt

Anfrage der Christusträger-Schwestern

Eines Tages bekam ich einen überraschenden Anruf von der „Christusträger" - Gemeinschaft. Diesen Namen hatte ich noch nie vorher gehört. Sie seien eine Gruppe von jungen Frauen, die sich als Kommunität in dem Dorf Starkholzbach bei Schwäbisch Hall angesiedelt hatten, und sie wollten gerne mit mir sprechen. Ich war erstaunt und auch sehr gespannt. Bald danach besuchten mich die Schwestern Astrid, Lydia und Gerda in meinem großen Zimmer im Diak. Die jungen Frauen trugen keine Tracht. Sie erzählten mir zunächst Folgendes: Vor kurzem waren sie auf meiner Frauenstation gewesen, um dort einer kranken Bekannten ein Lied zu singen. Ich erinnerte mich daran, dass ich damals im Arztzimmer den Gesang der Gruppe gehört hatte. Spontan hatte ich mich dazugestellt und gefragt, ob ich mitsingen dürfte. „Sie können gern ein wenig mitbrummen", hatte eine der Schwestern geantwortet. Anschließend hatten die „Christusträgerinnen" bei der Stationsschwester nachgefragt, wer denn diese Ärztin sei. Nachdem sie erfahren hatten, dass ich in die Mission gehen wolle, sei ihnen eine Idee gekommen: Sie wollten mich fragen, ob ich bereit wäre, eine Auslands-Vertretung für die Dauer von sechs Monaten zu übernehmen. Eine ihrer Schwestern, eine Allgemeinärztin, die in Indonesien eingesetzt sei, bräuchte krankheitshalber ein halbes Jahr Ruhezeit in Deutschland. Die medizinische Arbeit unter den vielen Kranken auf der Insel Java sei aber sehr nötig, und sie seien deshalb auf der Suche nach einer Vertretung.

Ich war überrascht, verstand auch sehr wohl das Anliegen meiner Besucherinnen, doch konnte ich ihnen keine Hoffnung machen. Es sollte ja noch mehr als zwei Jahre dauern bis zum Abschluss meiner chirurgischen Facharztausbildung, und diese konnte ich nicht einfach mittendrin unterbrechen. Pro forma sagte ich den Schwestern, dass wir ja vielleicht zwei Jahre später einmal wieder darüber reden könnten. Aber in meiner derzeitigen Situation sei es mir nicht möglich, ihrer Bitte um einen baldigen Vertretungsdienst nachzukommen. Über die Gemeinschaft der Christusträger sprachen wir nicht viel. Das interessierte mich auch nicht sonderlich. Ich zeigte den drei Schwestern noch die etwa zweihundert Dias von meiner Indienreise. Das sei zwar ganz interessant, aber sehr zeitraubend für sie gewesen, erzählten sie mir später. Aber um mich nicht zu enttäuschen, sahen sie die vielen Bilder geduldig an.

Die Angelegenheit schien für mich erledigt zu sein. Aber ich musste immer wieder dran denken, wie notwendig im wahrsten Sinn des Wortes eine baldige Vertretung im fernen Indonesien war. Die deutsche Kollegin dort brauchte dringend ihren Genesungsurlaub in der Heimat. Ich fand keinen Schlaf in jener Nacht. Weil mich die Problematik so stark beschäftigte, begann ich darüber zu beten. Ich bat Gott, der mich bisher immer so wunderbar geleitet hatte, mir doch irgendwie zu zeigen, ob ich nicht vielleicht doch die Vertretung auf der Insel Java übernehmen sollte. Nachdem ich die Sache meinem Vater im Himmel übergeben hatte, konnte ich dann noch ein wenig schlafen.

So rasch hatte ich die Antwort dann allerdings nicht erwartet: Sie kam bereits am folgenden Sonntag. Ich besuchte den Gottesdienst in der Auferstehungskirche des Diakoniewerks. Pfarrerin Schwarz predigte über die Berufung der Apostel durch Jesus am See Genezareth. „Folgt mir nach!“ ruft der Herr dort den Fischern zu. Und sie lassen alles liegen und stehen, um mit Jesus zu gehen. Diese Geschichte und ihre Auslegung waren mir eine klare Antwort auf meine Frage. Ich hatte nicht den leisesten Zweifel an dem, was mir Gott aufgetragen hatte. Ohne irgend jemanden zu fragen, sagte ich den Schwestern in Starkholzbach noch am gleichen Tag mit wenigen Worten auf einer Postkarte zu, die Vertretung zu übernehmen. Natürlich freuten sie sich darüber. Es war auch für sie eine Gebetserhörung.

Meinen Chef informierte ich am nächsten Morgen. Ich fragte ihn auch, ob es vielleicht möglich wäre, mir die Stelle auf seiner Abteilung freizuhalten. Er versprach es und hatte nichts gegen meinen Plan. „Da können Sie viel lernen“, meinte er nur. Und Gott tat noch mehr, um das Vorhaben gelingen zu lassen. Es ist kein Märchen; nein, es war wirklich so: Eine Ärztin fragte in unserem Krankenhaus an, ob sie nur für ein halbes Jahr eine Arbeitsstelle bekommen könnte. Es war genau die gleiche Zeit, in der ich in Indonesien sein würde. Dankbar staunte ich über diese göttliche Planung, die in meinen Augen kein „Zufall" sein konnte.

Ein paar Mal war ich in Starkholzbach zu Besuch, um die Schwestern kennenzulernen. Sie waren alle jünger als ich und berichteten begeistert über ihre evangelistischen Einsätze in Gemeinden und Jugendgruppen. Sie hatten eine Musik-Band, um besonders junge Menschen ansprechen zu können. Ich lernte auch kurz den Mitbegründer der Christusträger-Gemeinschaft in Starkholzbach kennen, Bruder Erwin Klinge. Dieser hatte sich zehn Jahre vorher mit einem Methodistenpastor zusammengetan und die Christusträger-Kommunität in Bensheim-Auerbach an der Bergstraße gegründet. Junge Menschen hatten sich neu vom Evangelium begeistern lassen und wollten sich gemeinsam für die Verbreitung der Frohen Botschaft in Wort und Tat einsetzen im In- und Ausland. In den Elendsvierteln der Stadt Karachi im Süden Pakistans hatte ihre Missionsarbeit begonnen. Inzwischen hatten sie auch in anderen Ländern Asiens und Südamerikas Stationen gegründet, um Kranken zu helfen, Waisenkinder zu betreuen und Entwicklungsarbeit zu leisten. Wesentlich war den Brüdern und Schwestern der Christusträger vor allem ihr gemeinsames Leben als Grundlage für ihre missionarischen und diakonischen Dienste.

Ich hörte die Berichte, sah Bilder von der Schwestern- und Bruderschaft und ihrer Arbeit im Ausland und war beeindruckt von dem, was da geleistet wurde. Zunächst aber interessierte mich viel mehr die Station auf der Insel Java in Indonesien, wo ich den Vertretungsdienst leisten sollte. Etwas ganz „Weltliches" blieb mir von meinen Besuchen in Starkholzbach am eindrücklichsten in Erinnerung. Es war der außergewöhnlich leckere Früchte-Quark, der mir dort angeboten wurde. Seitdem erinnert mich eine solche Nachspeise immer wieder an meine ersten Begegnungen mit den Schwestern.

Vertretungsdienst in Kudus

Ich muss gestehen, dass ich noch gar nicht gewusst hatte, wo Java überhaupt liegt, als ich die Vertretung zusagte. Geographie war nie meine Stärke gewesen. So sammelte ich erst einmal Informationen über das Land Indonesien. Java ist die kleinste der vier großen Sunda-Inseln dieses riesigen Vielvölkerstaates zwischen Australien und dem asiatischen Festland. Es ist die am dichtesten besiedelte Insel und die am weitesten fortgeschrittene, wie auch die geschichtsträchtigste im Vergleich zu den vielen anderen. Ihr Boden gilt als der fruchtbarste der Welt dank der Lava-Erde, einer Folge der Aktivität zahlreicher Vulkane. Verglichen mit anderen islamischen Ländern, ist Indonesien der Muslim-reichste Staat der Welt. Aber der Islam ist nicht vorgeschriebene Staatsreligion. Obwohl grundsätzlich Religionsfreiheit gewährt ist, kommt es immer wieder zur Verfolgung von Christen in verschiedenen Regionen des Landes. Es gibt viele lebendige Gemeinden aller nur denkbaren Denominationen. Außer der katholischen sind sie alle zusammengefasst unter einer zentralen Kirchenleitung in der Landeshauptstadt Jakarta.

Von diesem Gremium waren die Christusträger-Schwestern zwei Jahre vorher gebeten worden, beim Aufbau des christlichen „Mardi Rahayu“- Krankenhauses in Kudus mitzuhelfen. Diese javanische Bezeichnung bedeutet „Weg des Heils“. Man wollte den Patienten nicht nur körperlich helfen, sondern sie sollten auch vom Heiland der Welt und Seiner Liebe zu den Menschen erfahren. Dank des Einsatzes der Schwestern und der zusätzlichen Unterstützung durch die Hilfsorganisation „Brot für die Welt“ war die kleine Klinik gewachsen. Es gab eine Frauen- und eine Kinderstation mit insgesamt fünfundzwanzig Betten. Dazu kam eine sehr große Poliklinik, in der täglich bis zu hundert Patienten, manchmal auch noch mehr, behandelt wurden. An vier weiteren Orten in der Stadt und auch außerhalb gab es Krankenstationen der Kirche mit ambulanten Behandlungsmöglichkeiten. Sie wurden regelmäßig von einem Team des Mardi Rahayu-Hospitals besucht und werden heute von eigenen Ärzten und Mitarbeitern versorgt. Krankenhaus und auswärtige Polikliniken gehören zur „Christlichen Gesundheitsgesellschaft“ der evangelischen

Mennonitenkirche von Kudus. Bis heute sind die meisten Patienten, die zur Behandlung ins christliche Mardi Rahayu kommen, Moslems, obwohl es inzwischen neben dem staatlichen auch ein islamisches Krankenhaus gibt.

Kudus ist eine Industriestadt, an der Nordküste von Zentral-Java gelegen. Einschließlich der Außenbezirke zählt die Stadt heute etwa siebenhunderttausend Einwohner. Sie wird auch „Zigarettenstadt“ genannt, weil nicht weniger als etwa sechzigtausend Menschen in insgesamt vierzig Zigarettenfabriken arbeiten. Der Tabak wird in der Nähe angebaut. Den Glimmstengeln, die im ganzen Land geraucht werden, sind Gewürznelken beigemischt, was ihnen den spezifischen Geschmack verleiht. Die ganze Stadt duftet deswegen nach Nelken. In Kudus, einer Hochburg des Islams, stehen etwa fünfhundert Moscheen. Dazu gibt es immerhin dreißig christliche Kirchen.

Als ich im Sommer 1971 nach einem etwa zwölf Stunden dauernden Flug in Jakarta ankam und aus dem Flugzeug stieg, erdrückte mich nahezu die feuchtheiße Tropenluft, die das Atmen zu erschweren schien. Die vielen Menschen, das rege Getriebe, der ungewohnte Lärm und fremde, exotische Gerüche erhöhten die gespannte Erwartung dessen, was in diesem fremden Land auf mich zukommen sollte. Zunächst fand ich Unterkunft bei Bekannten der Schwestern im Zentrum der Riesen-Metropole Jakarta, bevor die Reise mit dem Flugzeug am folgenden Tag weiter ging nach Semarang und von dort mit dem Auto nach Kudus.

Während „dokter Wanda“, die Ärztin, die ich vertreten sollte, sich in Deutschland erholte, wohnte ich in ihrem Zimmer. In Indonesien wird jeder Arzt und jede Ärztin mit „dokter“ (klein geschrieben) und dem Vornamen angeredet. Der Titel „dokter“ bezeichnet dabei den Beruf und nicht einen akademischen Doktorgrad wie in Deutschland. So war ich also fortan die „dokter Elisabeth“. Zu den Christusträgerinnen in Kudus gehörten außer dokter Wanda die Schwestern Margrit und Waltraut, die vorher in Pakistan gewesen waren, und die Schwestern Gerda und Lydia, die mich damals in Schwäbisch Hall mit besucht hatten. Die beiden waren noch nicht lange in Kudus. Drei von den vier Schwestern, mit denen ich nun zusammenlebte, arbeiteten als Krankenschwestern und eine als Laborantin im Mardi Rahayu-Hospital. Sr. Margrit begleitete mich als Übersetzerin auf den Stationen und in der Poliklinik. Die medizinischen Eintragungen auf den Krankenblättern und den Patientenkarten schrieb ich in Englisch, weil ich die indonesische Sprache nicht beherrschte. Ich lernte tropische Krankheiten wie Typhus, Malaria und Lepra kennen und behandeln; vor allem aber auch die Tuberkulose in ihren verschiedenen Ausprägungsformen. An jedem Morgen versammelten wir uns zusammen mit etwa zehn Krankenschwestern des Hospitals zu einer kurzen Andacht mit gemeinsamem Singen und Beten. Männliche Pflegekräfte gab es damals noch nicht. Neben dem Krankenhaus-Direktor und dokter Wanda, die ich vertrat, gab es noch drei Ärzte im Hospital. Es war ein gutes Miteinander trotz der Sprach-Barriere. Die Indonesier sind im Allgemeinen sehr freundliche, unkomplizierte, hilfsbereite und kontaktfreudige Menschen.

Regelmäßig fuhren wir in Teams vom Hospital zu den auswärtigen Polikliniken, wo meist viele Kranke auf Behandlung warteten. Solche, die eine stationäre Aufnahme benötigten, nahmen wir gleich mit nach Kudus. Die Fahrten durch die schöne javanische Landschaft mit ihren leuchtend grünen Reisfeldern, den Bananen- und Palmengärten und den dicht besiedelten Dörfern waren jedes Mal ein besonderes Erlebnis für mich.

In Kudus war ich neben der Arbeit damit beschäftigt, die vielen neuen Eindrücke zu verarbeiten, etwas Indonesisch zu lernen und die Behandlungsmethoden der verschiedenen Krankheiten unserer Patienten zu studieren. Das erschien mir am Anfang wichtiger, als von den Schwestern Näheres über ihre Gemeinschaft zu erfahren. Ich sollte ja nur vorübergehend in ihrer Mitte sein, um den Vertretungsdienst abzuleisten. Das änderte sich schlagartig, als der Mitbegründer der „Christusträger" und Leiter der Schwesternschaft, Bruder Erwin Klinge, mit seiner Frau für einige Tage bei uns zu Gast war. Er berichtete so packend und lebendig über seine Erfahrungen mit Gott und die Anfänge der Lebensgemeinschaft, dass mein Interesse für diese Organisation zunehmend wuchs. Mehr noch beeindruckten mich die Bibelarbeiten, die Bruder Klinge für uns hielt. Er konnte seine Zuhörer mitreißen in die Freude am Dienst für Gott. Jesus Christus habe alles, ja sich selber, für uns hingegeben. Der Dienst am Nächsten und der Einsatz des ganzen Lebens in Seiner Nachfolge sei die konsequente Antwort auf Seine rettende Liebe. So lautete seine Botschaft.

Bruder Klinges Ausführungen schlugen bei mir ein und drückten genau das aus, was mir schon vorher klar geworden war. Ich wollte ja meinem Herrn dienen mit den Gaben, die Er mir anvertraut hatte. Mein Lebensziel war also identisch mit den Grundsätzen der Christusträger-Gemeinschaft. Außerdem hatte ich ja nicht vor, als Einzelperson in den missionsärztlichen Dienst zu gehen. So kam ich sehr rasch zu dem Entschluss, dazugehören zu wollen. Gott hatte mich geradewegs in diese Schwesternschaft geführt. Es gab nur noch ein Problem: Ich hatte das festgelegte maximale Eintrittsalter von dreißig Jahren schon überschritten. Trotzdem bat ich Bruder Klinge um ein Gespräch. Nachdem ich ihm mein Anliegen vorgetragen hatte, meinte er nur, er habe es schon vorher gewusst, dass ich CT-Schwester (CT: Christusträger) werden würde. Er war sofort einverstanden. In seinen Erinnerungen schrieb Bruder Klinge später: „Als ich gerade zusammen mit meiner Frau unsere Schwestern auf Java besuchte, kam eine Chirurgin, Frau Dr. Elisabeth Bartholomäus aus Schwäbisch Hall, zu einem medizinischen Vertretungsdienst nach Kudus. Jesus zeigte mir deutlich, dass diese Ärztin unsere Schwester werden würde. Bereits zu diesem vorübergehenden Einsatz war es durch eine klare Führung Gottes gekommen. Ihr Ja zu einer ganzen Hingabe im missionsärztlichen Dienst wurde zu einem Segensstrom für unzählige Menschen." So gehörte ich also dazu und wurde auch in den folgenden Wochen und Monaten immer mehr in die Gemeinschaft mit hineingenommen. Die Frage nach einer Heirat war endgültig für mich beantwortet. Wieder einmal staunte ich dankbar darüber, wie wunderbar mich Gott geführt hatte.

Ich erfuhr vieles aus der Entstehungsgeschichte und der weltweiten Arbeit der Christusträger-Brüder und -Schwestern. Begeistert meinte ich, in eine Gemeinschaft von fehlerlosen Christen eingetreten zu sein, wo immer nur eitel Sonnenschein herrschen würde. Diese Illusion wurde mir glücklicherweise bald genommen, als ich im alltäglichen Miteinander erkannte, dass auch die CT-Schwestern keine Engel, sondern Menschen waren mit ihren Stärken und Schwächen, so wie sie zu uns allen gehören. Gemeinsames Bibelstudium mit Gebet und Singen schaffte immer wieder Frieden und ließ gegenseitige Unstimmigkeiten in den Hintergrund treten. Täglich neue Bereitschaft zur Vergebung in großen und kleinen Dingen war und ist Voraussetzung für ein gelingendes Miteinander. Schwester Waltraut, die Laborantin, führte mich geduldig und liebevoll in die Grundlagen und Geheimnisse des gemeinsamen Lebens ein. Sie ist eine der beiden ersten Schwestern, die in die Gemeinschaft eingetreten sind und im Jahr 1963 nach Pakistan ausgesandt wurden, um Leprakranke zu pflegen und Armen zu helfen.

Die Zugehörigkeit zu unserer CT-Schwesternschaft beinhaltet Treue auf Lebenszeit. Wir leben verbindlich zusammen wie Familien und widmen uns diakonischen und missionarischen Aufgaben im In- und Ausland. Unser Miteinander und die gemeinsamen Dienste für Gott und die Mitmenschen sollen den Leitgedanken unseres Lebens zum Ausdruck bringen: „Von Christus getragen – Christus tragen“. Dieser Lebensstil beinhaltet Ehelosigkeit, Gütergemeinschaft und „mündigen“ Gehorsam. Vier Grundregeln, wie sie schon die frühe Kirche in ihren klösterlichen Gemeinschaften praktiziert hat, suchen auch wir als CT-Kommunität zu verwirklichen, nämlich Koinonia – Gemeinschaft, Liturgia – Gotteslob, Martyria – Zeugnis und Verkündigung, so wie Diakonia – Dienst an Bedürftigen und Leidenden. Den Tagesablauf gestaltet jede unserer Schwestern- und Brüdergruppen entsprechend ihrer Aufgaben und Lebensumstände. Unser Christusträger-Symbol, wie auf dem Umschlag dieses Buches abgebildet, ist der Fisch, das Erkennungszeichen der ersten Christenheit, mit einem großen T, in dem man auch ein Kreuz sehen kann, und der Kreis als Zeichen für die weltumspannende Ausstrahlung des christlichen Glaubens.

Die CT-Schwestern wurden während meines Aufenthalts in Kudus von einem Pfarrer in Ost-Java gebeten, auch in seiner Gemeinde mit einer medizinischen Arbeit zu beginnen. Um die dortige Situation kennenzulernen, fuhren wir mit dem Auto dorthin. Ich hatte als einzige von uns Dreien einen Führerschein und saß deshalb am Steuer. Die Fahrt sollte etwa fünf Stunden dauern. Nachdem wir bereits einige Zeit in der sengenden Gluthitze der tropischen Trockenzeit unterwegs waren, wurde mir plötzlich übel. Ich fuhr an den Straßenrand und brachte den Wagen zum Stehen. Dann verlor ich das Bewusstsein fast völlig. Wie es weiterging, berichtete unsere Schwester Margrit, die damals dabei gewesen ist, später anlässlich eines Treffens unserer Schwesternschaft, als ein von ihr erlebtes Wunder:

„Sr. Elisabeth war kreidebleich, und dann kollabierte sie. Sr. Lydia und ich zogen sie schnell aus dem Auto und legten sie auf die Erde. ‚Jetzt gehe ich heim, jetzt gehe ich heim', sagte Sr. Elisabeth, der es sterbenselend war. Ihr Puls war nicht mehr zu fühlen. Sr. Lydia und ich knieten neben ihr nieder und schrien zu Gott um Hilfe. Er möge doch Erbarmen haben, zumal da wir und auch viele Indonesier unsere Schwester so dringend brauchen würden. Wir hatten keine Medizin dabei und befanden uns eine Viertelstunde Fußweg vom nächsten Dorf entfernt. Endlich kam ein Mann auf dem Fahrrad zu uns. Wir baten ihn, schnell Kaffee zu bringen. Einen anderen schickten wir nach einem Wagen, um Elisabeth ins Dorf transportieren zu können. Der Radfahrer kam bald zurück und brachte in Papier eingewickeltes Kaffeepulver statt der erbetenen Tasse Kaffee zum Trinken. Wir hatten uns nicht richtig ausgedrückt. Der zweite Mann brachte einen zweirädrigen Karren mit einer Deichsel und einem Holzbrett darauf. Dorthin legten wir unsere Schwester, und der Mann zog den Karren bis zur nächsten Poliklinik. Es war ein Wunder, dass der zuständige Krankenpfleger anwesend war, und dass er auch noch die richtige Medizin spritzen konnte. Wir benachrichtigten unser Krankenhaus in Kudus, und nach zwei Stunden traf die Ambulanz mit einem Arzt ein. Sr. Elisabeth kam dann erst auf der Heimfahrt wieder zum Bewusstsein. Wir dankten unserem Gott, der uns in dieser großen Not geholfen hatte."

So weit Schwester Margrits Bericht. Der Krankenhausdirektor stellte damals eine Hirnschwellung bei mir fest. Vermutlich handelte es sich um einen Hitzschlag. Ob dieses Geschehen mit den Folgen meiner zurückliegenden Schädelverletzung zu tun hatte, bleibt dahingestellt. Nach einiger Zeit ging es mir wieder gut, Gott sei Dank!

Als wir ein anderes Mal in Semarang, der benachbarten Millionenstadt, mit dem Auto unterwegs waren und ich wiederum am Steuer saß, wollten wir nach Hause fahren und wussten nicht sicher, in welche Richtung wir einbiegen mussten. Natürlich waren die Autofenster geöffnet. Wir fragten einen Passanten nach dem Weg. Als wir weiterfahren wollten, sah ich plötzlich vor mir alles nur noch verschwommen. Ich fasste nach meiner Brille; aber sie war weg. Ich dachte, sie sei wohl auf den Boden gefallen und suchte nach ihr. Dann stieg ich aus, um auch den Boden neben dem Auto nach der Brille abzusuchen. Da riet uns ein vorübergehender Mann, so schnell wie möglich weiterzufahren. „Sonst klauen sie euch noch mehr", meinte er. Ein „professioneller" Dieb hatte durch das offene Fenster gelangt und mir die Brille so schnell von der Nase genommen, dass ich es gar nicht gespürt und es auch niemand bemerkt hatte. Während der Heimfahrt hatte ich das Gefühl, es sei nur ein Märchen. Aber es war Wirklichkeit: So wie das ganze Jahr über, wurde es um sechs Uhr abends dunkel. Die Lichter erschienen mir infolge meiner Kurzsichtigkeit alle riesengroß. Ich hatte Mühe, den Straßenrand und die anderen Fahrzeuge richtig zu erkennen. Immer noch hatte keine der mitfahrenden Schwestern den Führerschein. So mussten sie mich beim Fahren auf jedes Hindernis aufmerksam machen. Nur sehr langsam kamen wir voran. Aber schließlich schafften wir die gut fünfzig Kilometer und kamen wohlbehalten ans Ziel. Als ich am nächsten Tag eine neue Brille bestellte, verriet mir der Optiker, dass solche Diebstähle an der Tagesordnung seien. Wir waren um eine wichtige, wenn auch unangenehme Erfahrung reicher geworden.

Auf der Rückreise nach Deutschland besuchte ich die Stationen der CT-Schwestern in Pakistan. Ich lernte ihre Arbeit im Lepra-Krankenhaus von Manghopir in der Wüste bei Karachi kennen und auch die dort durchgeführten plastischen Operationen. Eine einheimische Chirurgin sorgte durch entsprechende Eingriffe dafür, dass die Folgen jener entstellenden Krankheit weniger sichtbar und die vom Aussatz Gezeichneten wieder gesellschaftsfähig wurden. In Karachi lernte ich auch die Arbeit des Christusträger-Waisendienstes kennen in drei Heimen für Kinder aus den Slum-Gebieten der Millionenstadt. Unvergesslich sind mir die Kamel-Karawanen, die nachts gemächlich durch die Wüste an der Klinik und unserem Haus vorbeizogen, mit ihren klingenden Schellen. Im Norden des Landes besuchte ich die CT-Schwestern in ihrem großen Lepra-Hospital und lernte die Arbeit in der Außenstation Balakot am Fuße des Himalaya kennen. Das alles war sehr beeindruckend für mich als Neuling bei den Christusträgern. Am schönsten war es, die Schwestern selbst kennenzulernen in ihren jeweiligen Aufgabenbereichen. Sie gehörten ja alle zu meiner „neuen Familie". In Rawalpindi erkrankte ich an Malaria, die ich offensichtlich aus Indonesien mitgebracht hatte. Da die gängige Therapie keinen Erfolg zeitigte, wurde ich für ein paar Tage im katholischen „Holy Family"-Hospital der Stadt aufgenommen und dort erfolgreich mit Chinin-Infusionen behandelt.

So kam ich als „Schwester Elisabeth" nach Deutschland zurück und zog ins Starkholzbacher Schwesternhaus der Christusträger um.

Die Christusträger-Schwestern in Starkholzbach
rechts oben „Sr. Elisabeth"

Starkholzbach

Ich fühlte mich wohl im Kreis der Mitschwestern und fuhr jeden Tag mit meinem „Hannibal“ zur Arbeit ins Krankenhaus. Einen Monat später wurde ich zusammen mit Schwester Angela offiziell in die Lebensgemeinschaft aufgenommen. Während einer schönen Feierstunde in unserer Hauskapelle segnete uns Bruder Klinge als Christusträger-Schwestern ein und gab jeder von uns einen persönlichen Leitvers mit. Meiner steht im dritten Kapitel der Offenbarung des Johannes, Vers 12, und lautet: „Wer überwindet, den will ich zum Pfeiler im Tempel meines Gottes machen“.

Da wir in den verschiedenen Häusern unserer Schwestern- und Bruderschaft im In- und Ausland Gütergemeinschaft leben, ging nun auch mein Gehalt auf unser Starkholzbacher CT-Konto. Es war zwar eine Umstellung; aber es fiel mir nicht schwer anzunehmen, dass ich fortan nicht mehr selbständig über mein Geld verfügen konnte.

Allmählich lernte ich auch die Schwestern von den Auslands-Stationen kennen, wenn sie zum Heimaturlaub nach Deutschland kamen. Ich machte bald einen Besuch in Bensheim-Auerbach, wo die Kommunität zehn Jahre zuvor gegründet worden war. Aus verschiedenen Gegenden Deutschlands und der Schweiz, aus ganz unterschiedlichen Berufen, Kirchen und Konfessionen hatte Gott uns zusammengeführt, um Ihm gemeinsam zu dienen mit den Fähigkeiten und Gaben, die Er uns anvertraut hat. Es war die Zeit, als auch andere Lebensgemeinschaften und Kommunitäten gegründet wurden und gewachsen sind mit dem Ziel, sich im Dienst für Gott einzusetzen und Seine Botschaft der Liebe zu verbreiten in Wort und Tat. Einige unserer Schwestern wollten das in Deutschland tun; mehrere dagegen waren bereit, ins Ausland zu gehen und dort zu helfen, wo es am nötigsten war.

Noch hatte ich zweieinhalb Jahre meiner Facharztausbildung vor mir. Die Fahrten ins Krankenhaus am frühen Morgen waren besonders im Winter auf der kleinen verschneiten Straße aus unserem Dorf manchmal nicht ganz einfach. Wenn ich am späten Abend nach Hause fuhr, hatte ich es oft eilig. Einmal fuhr ein anderer PKW auf dem

Heimweg hinter mir her. Da ich dachte, auch er habe es eilig, erhöhte ich die Geschwindigkeit. Der Wagen, der mich in der Dunkelheit „verfolgt“ hatte, hielt dann hinter mir vor unserem Schwesternhaus an. Verwundert öffnete ich das Fenster und sah einen Polizisten neben mir stehen. Auch er war plötzlich erstaunt und sagte: „Ach, Sie sind‘s, Frau Doktor! Wenn ich das gewusst hätte! Aber, fahren Sie doch bitte das nächste Mal nicht so schnell durch die Ortschaften!“ Ich versprach es, und er verabschiedete sich freundlich, ohne eine Strafgebühr zu verlangen. Ich war ihm von der Notfallaufnahmestation im Diak bekannt, wo er oft alkoholisierte Verletzte abgeliefert hatte.

Für einige Zeit unterhielten wir CT-Schwestern eine „Teestube“ im Zentrum von Schwäbisch Hall. Wir luden Jugendliche ein, um mit ihnen ins Gespräch zu kommen über unseren Glauben und sie mit dem Evangelium vertraut zu machen. Wenn es mir zeitlich möglich war, nahm ich an den gemeinsamen Abenden teil. Einmal sprach mich dort eine junge angehende Kinderkrankenschwester an, eine meiner Schülerinnen vom Diak. Ganz vorsichtig fragte sie mich, ob und wie es denn möglich wäre, in unsere Schwesternschaft einzutreten. Sr. Helene erzählte mir noch nach Jahren, wie ich sie später vor lauter Freude darüber, dass sie unsere Schwester geworden war, in Starkholzbach die Treppe hoch getragen habe. Während unserer gemeinsamen Zeit im Diakonie-Krankenhaus fuhren wir oft miteinander zur Arbeit. Auch während der Dienstzeit konnten wir uns zu unsrer Freude manchmal treffen und gemeinsam Andacht halten. Schwester Helene leitete dann später fast dreißig Jahre lang eine Krankenstation im Gran Chaco von Argentinien.

An freien Sonntagen begleitete ich meine Schwestern manchmal zu ihren Einsätzen mit der Musik-Band in Gemeinden und Jugendgruppen. Die Verbindungen mit den verschiedenen landeskirchlichen und anderen Gemeinden wuchsen, und die Einladungen wurden immer zahlreicher. In mühevoller Arbeit mussten jedesmal die Instrumente aus unserem Kleinbus ausgeladen, aufgebaut und vor der Heimfahrt wieder eingeladen werden. Besonders schön und zu Herzen gehend empfand ich, auch noch später während meiner Heimaturlaube, die vierstimmigen liturgischen Gesänge meiner Schwestern.

In der Chirurgie konnte ich mich immer mehr „freischwimmen“ und wurde zunehmend selbständiger, auch bei der Durchführung großer und schwieriger Eingriffe. Nach vier Jahren arbeitsintensiver und gestrenger Schulung hatte ich die Zahl der vorgeschriebenen selbständig ausgeführten Operationen erreicht. Mit dem Nachweis darüber und einem Zeugnis von Chefarzt Dr. Jäger beantragte ich die Anerkennung als Fachärztin für Chirurgie bei der Landesärztekammer Baden-Württemberg in Stuttgart. Sie wurde mir ohne Schwierigkeiten zuerkannt. Für mich war dieser „Erfolg“ besonders deshalb ein Geschenk des Himmels, weil ich die ganzen Jahre über von häufigen und starken Kopfschmerzen geplagt war und auch von wiederholten, meist nächtlichen kleineren Krampfanfällen. Ich kannte ja die Ursache und musste viele Medikamente einnehmen. Umso dankbarer war ich, dass Gott mir immer die nötige Durchhaltekraft und Gelingen geschenkt hatte, um das erhoffte Ziel zu erreichen. Ich vertraute darauf, dass Er es auch weiter tun würde.

Vor der Ausreise

Um jene Zeit kam aus Indonesien die Bitte um chirurgische Hilfe, und zwar aus Palangka Raya, der Hauptstadt von Zentral-Kalimantan. In dieser Provinz, die mit 150.000 qkm so groß wie Süddeutschland ist, sollte ich als erste und einzige Chirurgin zusammen mit einem Schwesternteam medizinische Hilfe leisten.

Zur Vorbereitung dazu konnte ich noch eine Zeit lang in der Gynäkologie und Geburtshilfe mitarbeiten und durfte dort auch meinen ersten Kaiserschnitt durchführen. Auch in die Kiefer-Chirurgie wurde ich eingeführt, und in der Augen- und in der Hals-Nasen-Ohren-Abteilung war ich für einige Zeit als Gastärztin tätig. Ich besorgte mir ausreichend Literatur für alle diese und weitere Fachrichtungen und packte Kisten mit vielen Büchern und anderen Dingen, die für unseren Einsatz gebraucht würden. Meinen treuen VW-Käfer „Hannibal“, der inzwischen an Altersschwäche litt, konnte ich für immerhin noch fünfhundert D-Mark verkaufen.

Verglichen mit anderen Missions-Kandidaten, erhielten wir unsere Visa für Indonesien erstaunlich rasch. Am 29. Juni 1974 war meine Ausreise geplant. Sechs Tage vorher fuhr ich noch einmal nach Hetzelsdorf. Vater hatte mich zum Dekanats-Missionsfest eingeladen. Über die vorangegangenen Zwistigkeiten wurde nicht mehr gesprochen. Er hatte sogar erreicht, dass Pfarrer Jahn von der Erlanger Zweigstelle der Leipziger Mission mich in der Hetzelsdorfer Kirche „aussenden" sollte, obwohl ich ja gar nicht im Dienst dieser Gesellschaft stand. Der Abschied von Vater war gut und friedlich. Alles Belastende aus der Vergangenheit war offensichtlich von beiden Seiten vergeben. Für dieses Geschenk Gottes bin ich zeitlebens dankbar; denn das Wiedersehen mit Vater bei diesem Missionsfest sollte das letzte sein.

Ankunft in Indonesien

Während des Flugs zum künftigen Einsatzort erfüllte mich große Dankbarkeit und eine unbeschreibliche Freude. Es kam mir vor wie ein Traum; aber es war Wirklichkeit, dass ich tatsächlich zum missionsärztlichen Einsatz unterwegs war. In Pakistan legte ich einen Zwischen-Aufenthalt ein. Zwei Wochen lang wohnte ich bei unseren Schwestern in Rawalpindi. Die extreme Hitze, die dort gerade herrschte, machte mir anfangs so zu schaffen, dass ich an meiner Tropentauglichkeit zweifelte. Aber nachdem ich mich an das Klima mit einer Temperatur von bis zu vierzig Grad gewöhnt hatte, schämte ich mich wegen solcher Gedanken. Ich war jeden Tag im Missions-Krankenhaus von Taxila nicht weit von Rawalpindi, um mich mit den einfachen Operationen des grauen Stars vertraut zu machen. Sie wurden dort täglich in großer Zahl durchgeführt.

Sowohl aus Rawalpindi als auch aus Karachi kam jeweils eine deutsche Christusträger-Schwester mit nach Indonesien; die Beiden sollten zu unserem ersten chirurgischen Team gehören. Es waren die Krankenschwester Heiderose und die Operations-Schwester Isolde. Dazu kam dann auch noch Schwester Waltraut als Laborantin aus der CT-Gruppe von Kudus auf Java. Von Jakarta aus reisten wir zu-

Am großen Fluss Kahayan in Kalimantan
mit Bootshaus und Anlege-Floß

nächst an unseren künftigen Einsatzort Palangka Raya, um uns dort vorzustellen und uns ein Bild von der Situation zu machen. Wir sahen uns kurz das staatliche Hospital an, in dem wir eingesetzt werden sollten. Es fehlte fast an allem, was für eine chirurgische Arbeit nötig war. So gab es viele Dinge, die wir auf Java einkaufen oder auch in Deutschland bestellen mussten. Unser künftiges Wohnhaus war gerade noch im Bau, und wir planten auch die nötigen Einkäufe für unseren Haushalt. Mit einem Motorboot kehrten wir auf dem großen Kahayan-Fluss zurück in die Hafenstadt Banjarmasin und mit dem Flugzeug auf die Insel Java. Dort wollten wir zunächst die indonesische Sprache erlernen. Sie kommt aus dem Malayischen und ist seit dem Jahr 1928 offizielle Landessprache. Sie enthält auch noch Komponenten aus dem Holländischen - von der Kolonialzeit her - sowie Wörter aus dem Sanskrit, dem Portugiesischen und aus dem Arabischen. Natürlich hat später auch das Englische Eingang in die indonesische Sprache gefunden. Jede der etwa dreihundert Volksgruppen auf den neunhundert bewohnten Inseln des Landes hat ihre eigene Sprache. So müssen die Kinder in der Schule Indonesisch als Fremdsprache lernen. Sie ist aber leicht mit wenig Grammatik und lateinischen Buchstaben. Wir lernten nach der Anleitung des kleinen

„Teach yourself" - Büchleins. Wohnen konnten wir in dem Bergdorf Colo nahe der Stadt Kudus. Auf der Höhe war das Klima kühler und angenehmer als in der heißen Industriestadt. Die Wochenenden verbrachten wir gemeinsam mit den dort wohnenden Schwestern. Neben dem Büffeln von Vokabeln fanden wir auch Zeit zur Erholung, etwa bei Spaziergängen auf schmalen Waldwegen zu einem großen Wasserfall. Vor Einbruch der Dunkelheit, die das ganze Jahr über um sechs Uhr abends einsetzt, begleitete uns dabei das lautstarke Zirpen der „Baumfrösche", großer Zikaden mit kunstvoll geäderten Flügeln. Ich war begeistert von den Schönheiten der tropischen Natur und so erfüllt von Vorfreude und Spannung auf unsere neue Aufgabe, dass ich zu dichten begann. Gemeinsam sangen wir dann manchmal meine „Colo-Lieder" zu bekannten Melodien.

Im „ Land der Flüsse"

Nach drei Monaten Sprachstudium flogen wir übers Meer nach Kalimantan, dem indonesischen Teil der Insel Borneo, zur Hafenstadt Banjarmasin. Dort deckten wir uns ein mit allem, was wir für unseren künftigen Haushalt brauchen würden. „Kalimantan" bedeutet „Land der Flüsse". Mehrere sehr breite und lange Flussläufe durchziehen die riesige Urwaldinsel vom bergigen Norden bis zur Südküste, wo sie in die Java-See münden. Seit Urzeiten spielt sich das Leben der Dajaks, der Insel-Bewohner, an den Flüssen ab. Diese dienen als Verkehrswege, als Nahrungsquelle dank ihres Fischreichtums und als Wasser-Reservoir. Die Dörfer sind langgestreckt an den Flussufern angelegt. Die Häuser sind größtenteils aus Holz gebaut und stehen auf starken Eisenholz-Pfählen. Eingekerbte Baumstämme dienen als Leitern an den steilen Ufern und den Hauseingängen. Schwimmende „Clo-Häuschen" gehören zu jedem Dorf. Es sind winzige Hütten auf einem am Ufer befestigten Floß mit einem Loch in der Mitte des Bodens. Dort nehmen die Bewohner auch zweimal täglich ihr Bad, putzen ihre Zähne und waschen die Wäsche. Das Trinkwasser kommt selbstverständlich ebenso aus dem Fluss. Da es oft nicht abgekocht wird, sind Magen-Darm-Infektionen an der Tagesordnung. Auch die Malaria ist sehr verbreitet unter den Dajaks, ebenso wie die

Volks-Seuche Tuberkulose. Noch vor hundertfünfzig Jahren waren die Kalimantan-Leute Kopfjäger. Viele der Einheimischen hängen bis heute ihrer animistischen Kaharingan-Religion an, einem Glauben an Natur- und Toten-Geister, vor denen sie Angst haben und denen sie Opfer bringen müssen. Früher war die Rheinische und später die Basler Mission unter den Dajaks tätig. In jedem Dorf gibt es christliche Gemeinden mit ihren aus Holz gebauten Kirchen, die während einer Flussreise vom Boot aus zu sehen sind. Die Menschen leben vom Handel mit Holz, Rattan (Peddigrohr), Kautschuk und Gold, das sie im Boden und am Grund der Flüsse finden. Der Reis-Anbau auf dem unfruchtbaren Land geschieht nach Brandrodung des Urwaldes. Das kann zu schwer beherrschbaren Bränden der Wälder und des Torfbodens führen und zu oft monatelang anhaltendem Rauch-Nebel in der feucht-heißen Tropenluft. In solchen Zeiten dringen die Sonnenstrahlen nicht bis zur Erde durch, und es kommt zum Massensterben von Pflanzen und Tieren des Waldes.

Palangka Raya wurde erst im Jahr 1957 auf dem sandigen Urwaldboden als „künstliche" Stadt gegründet. Man habe auf der Landkarte einfach die Mitte der großen Provinz Zentral-Kalimantan mit ihren damals gut einer Million Einwohnern gesucht und dort den Bau der Hauptstadt geplant, so wird berichtet. Als wir einzogen, hatte die Stadt etwa dreißigtausend Einwohner. Inzwischen sind es mehr als hunderttausend geworden. Zum großen Teil sind die Bewohner Beamte im Staatsdienst, Lehrer oder auch Dozenten an der Universität. Die meisten Christen gehören der selbständigen Evangelischen Kalimantankirche an. Es gibt auch eine große katholische Gemeinde und mehrere Freikirchen. Inzwischen hat der Anteil der moslemischen Bevölkerung erheblich zugenommen.

Wir wurden als ausländisches Team für die Chirurgie im staatlichen Hospital der Stadt eingesetzt. Mit Hilfe von Pfarrer Dugau, der uns nach Palangka Raya gerufen hatte, konnten alle bürokratischen Hürden überwunden werden. Von der Bevölkerung wurden wir wohlwollend angenommen. Auf Staatskosten war ein neues Haus für uns gebaut worden, nicht weit vom Krankenhaus entfernt. Sogar ein Auto stellte man uns zur Verfügung, mit dem wir zur Arbeit fahren konnten. Sonntägliche Ausflüge waren nur in einer Richtung möglich, weil es nur eine einzige Straße gab bis zum Dorf Tangkiling am Fluss Rongan. Diese gute Straße war noch von den Russen gebaut worden, bevor die Kommunisten des Landes bei einem blutigen Aufstand im Jahr 1965 niedergeschlagen wurden. In Tangkiling gab es ein christliches Kinderheim, das wir unterstützten.

Palangka Raya ist eine sehr heiße Stadt, weit von der Südküste entfernt. Nur selten weht ein erfrischender Wind. Unser Haus war von einem Garten umgeben. Wir pflanzten schnell wachsende und Schatten gebende Jambu-Mete-Bäume um das Haus. Sie trugen auch bald ihre Früchte, glockenförmig, leuchtend rot glänzend und saftig, aber bitter und pelzig schmeckend. An jeder dieser Früchte hängt eine Mete- (Cashew-)Nuss mit ihrer dicken, klebrigen Schale. Am Gartenzaun entlang wuchsen Ananas-Stauden. Ihre Früchte wurden oft gestohlen, bevor wir in ihren Genuss hätten kommen können. Da es in der Stadt anfangs nur unregelmäßig und erst ab sechs Uhr abends allgemeinen Strom gab, besorgten wir uns einen Generator, für den eine Hütte im Garten gebaut wurde.

Während unseres ganzen Aufenthalts in Indonesien hatten wir zwei meist junge Frauen, die das Einkaufen und Kochen so wie das Putzen und Waschen übernahmen. Bei dem ständig feucht-heißen Klima des Landes schwitzt man so stark, dass die Kleidung jeden Tag gewechselt und gewaschen werden muss. Auch besonders bei den Einheimischen, die im Allgemeinen sehr auf ihr Äußeres achten, ist das so üblich. Für Einkäufe und bürokratische Angelegenheiten in der größeren Stadt Banjarmasin fuhren wir mit dem „Wasserbus“ oder auf kleineren Motorbooten einen ganzen Tag lang nach Süden. Heute gibt es Flugverbindungen und sogar Straßen durch den Urwald in viele Richtungen. Damals waren wir trotz Schutzmaßnahmen nach einer solchen Flussreise am ganzen Körper mit Moskitostichen übersät. Natürlich kam es auf dem Fluss auch zu Verkehrsunfällen. Als einmal ein Boot gekentert war und die Passagiere um ihr Leben kämpften, geschah es, dass ein Mann in seiner Panik den Arm eines ertrinkenden Kindes packte in der Meinung, es sei sein eigenes. Welch ein Schock, als er feststellen musste, dass er das falsche

Kind erwischt hatte und sein kleiner Sohn ertrunken war. Eines Tages rutschte die Enkeltochter unseres Pfarrers Dugau durch das Loch am Boden eines „Clo-Häuschens“ ins Wasser. Es war das einzige Kind seiner Eltern. Ein Mann tauchte vergeblich nach der Kleinen. Nachdem die Eltern ein Stoßgebet zum Himmel geschrien hatten, wurde das Kind im kräftig strömenden Fluss entdeckt und konnte gerettet werden.

Die medizinische Versorgung der Bevölkerung war denkbar schlecht. Es gab nur fünf Allgemeinärzte in der schnell wachsenden Stadt, zwei Zahnärzte und keinen einzigen Facharzt. Wenn die Kranken und ihre Familien es sich leisten konnten, reisten sie zur Behandlung nach Banjarmasin oder sogar nach Java. Aber den meisten war das nicht möglich; und so blieben viele Patienten unbehandelt und manche starben. Es gab Hebammen, die „traditionell“, das heißt nicht schulmäßig, ausgebildet waren, und zahlreiche „Dukuns“, wie die vielerorts praktizierenden Medizinmänner und –frauen genannt wurden. Bei ihrer Arbeit benutzten sie meist auch magische bzw. okkulte Kräfte. An diese waren die Behandelten dann anschließend oft gebunden. Nicht selten erfuhren wir erschreckende Dinge über die finsteren Machenschaften solcher Therapeuten. Viele Menschen vertrauten ihnen dennoch trotz der schlimmen körperlichen und seelischen Folgen und mussten ihre Dienste auch noch teuer bezahlen. Der Glaube an gute oder böse Geister und die Angst vor ihnen beherrschte das Denken der Menschen, die der Natur-Religion ihrer Vorfahren anhingen. Eine von vielen mysteriösen Geschichten in diesem Zusammenhang ist die folgende: Einer meiner Patienten war nach einer Messerstecherei gestorben. Eine Frau bat mich um einen Fingerknochen des Verstorbenen. Damit müsse sie eine von bösen Geistern belastete Verwandte am Kinn ritzen, bis die Wunde blute. Erst dann könne die Besessene von den finsteren Mächten, die sie gefangen hielten, befreit werden. Wir konnten solchen Menschen eine stärkere Macht anbieten durch das Zeugnis unseres Glaubens an den, der das Licht der Welt ist und die Finsternis besiegt hat.

Aller Anfang ist schwer

Wir waren gerade in Palangka Raya angekommen, als ich schon zu einem Notfall ins Krankenhaus gerufen wurde. Eine Apothekerin, Mitarbeiterin des Hospitals, sollte ihr erstes Kind zur Welt bringen. Dabei hatte es Komplikationen gegeben. Der leitende Arzt des staatlichen Gesundheitsdienstes, Dr. Soesilo, wartete bereits auf mich. Offensichtlich wollte er sich über meine Fähigkeiten informieren. Als ich in den Kreißsaal kam, bot sich mir folgendes Bild: Die Gebärende war bewusstlos infolge einer schweren Schwangerschaftsvergiftung. Das tote Baby konnte nicht geboren werden, weil das Becken der Mutter zu eng war. Außerdem lag eine Fruchtwasser- und Gebärmutter-Infektion vor. Der Geburtsvorgang hatte sich bereits lange hingezogen. Es blieb mir nichts anderes übrig, als den kindlichen Schädel gewaltsam zu verkleinern, damit das tote Baby mit Hilfe einer Geburtszange ans Tageslicht gezogen werden konnte. Zu allem Übel musste auch noch die festgewachsene Nachgeburt mit der Hand aus der Gebärmutter gelöst werden. So viele geburtshilfliche Komplikationen auf einmal waren eine große Herausforderung für eine frischgebackene Chirurgin ohne entsprechende Erfahrung. Deshalb war dieses Erlebnis äußerst aufregend für mich, besonders da es sich um meine allererste Patientin in Palangka Raya handelte, die dazu auch noch Mitarbeiterin des Krankenhauses war. Aber – Gott sei`s gedankt – die Frau konnte gerettet werden. Die Achtundzwanzigjährige wurde fünf Tage später entlassen, und nach wenigen Jahren wurden ihr noch zwei Kinder durch Kaiserschnitt geschenkt.

Schon einen Tag später, während wir noch mit dem Einzug in unser neues Haus beschäftigt waren, wurde ich zum nächsten Notfall gerufen: Ein Zwanzigjähriger war schon zwei Tage vorher bei Waldarbeiten in sitzender Stellung vom Baum gefallen. Dabei war ein kräftiger Ast durch den Mastdarm in die Bauchhöhle eingedrungen. Es fanden sich die Zeichen einer Bauchfellentzündung. Der junge Mann musste operiert und ein vorübergehender künstlicher Darmausgang angelegt werden. Außerdem waren die schlimmen Wunden zu versorgen. Nie vorher hatte ich eine solche Pfählungsverletzung gesehen. Dr. Soesilo war auch hier wieder dabei, „um zu lernen“, wie er sagte.

Aber in Wirklichkeit wollte er natürlich kontrollieren, wie ich arbeiten würde. Er half mir dann sogar beim Schreiben des Operationsberichts in Indonesisch. Später kam er nur noch selten ins Krankenhaus. Auch unser zweiter Patient konnte nach sechs Wochen geheilt nach Hause entlassen werden.

Noch ein dritter Notfall, wie ich ihn nie zuvor erlebt hatte, musste in den ersten Tagen versorgt werden: Einer Schwangeren war zuhause wegen Schwierigkeiten bei der Entbindung so gewaltsam der Leib „massiert" worden, dass die Gebärmutter zerrissen war. Schwere innere Blutungen waren die Folge. Es musste so schnell wie möglich operiert werden. Das voll ausgetragene Kind war tot und lag außerhalb des Uterus in der freien Bauchhöhle. Üblicherweise muss in einer solchen Situation die Gebärmutter entfernt werden. Aber das wagte ich nicht, da die Frau noch keine lebenden Kinder hatte. So rasch wie nur möglich, versorgte ich den Riss im Uterus, säuberte die Bauchhöhle und verschloss die Wunde. Der Zustand der Patientin war äußerst bedrohlich. Dank Gottes Hilfe überlebte sie und konnte später noch Kinder durch Kaiserschnitt gebären.

Solche aufregenden Anfangs-Erfahrungen ließen uns ahnen, was uns weiterhin in Palangka Raya erwarten würde. Es war an der Zeit, sich das Krankenhaus näher anzusehen. Dieses war nach der in Indonesien üblichen Weise gebaut mit einzelnen Häusern, die durch überdachte Gänge miteinander verbunden sind. Die Klinik hatte hundert Betten mit jeweils einer Station für Männer, Frauen und Kinder. Die pflegerische Betreuung der Kranken war miserabel. Sie mussten durch ihre Angehörigen mit dem Nötigsten versorgt werden. Das Pflegepersonal war nur für die Austeilung von Medikamenten und Spritzen sowie der Mahlzeiten zuständig. Sauberkeit war ein unbekanntes Fremdwort. Die Mitarbeitenden hatten häufig „Dienst-Besprechungen"; aber was „Arbeit" wirklich bedeutet, das wussten sie nicht. Sie hatten es nie gelernt und auch keine Lust dazu. Deshalb war es sehr schwierig, Mitarbeiter für die Versorgung von Notfall-Patienten außerhalb der Dienstzeit zum Kommen und Helfen zu bewegen. Die Gehälter sind bis heute in den staatlichen Institutionen sehr niedrig, und deshalb fehlt auch die nötige Motivation. Wir mussten uns mit solchen Verhältnissen arrangieren und versuchen, das Beste daraus zu machen. Unsere Schwester Heiderose setzte sich nach Kräften dafür ein, dass die aufgenommenen Kranken besser gepflegt und mit dem Nötigsten versorgt wurden.

Es gab eine Röntgenabteilung mit einfachem, aber immerhin funktionierendem Apparat, ein Laboratorium und eine Krankenhaus-Apotheke. Fließendes Wasser kam aus einem großen hauseigenen Tank, sofern er gefüllt war. In Ermangelung regelmäßiger Stromversorgung gab es einen Generator, der aber oft seinen Dienst versagte. In dem kleinen Operationsraum, der nur durch eine normale Tür von dem vorbeiführenden Durchgangsweg getrennt war, stand eine Lampe mit Akkumulator, der aber oft nicht aufgeladen war. So musste ich nicht selten bei Taschenlampenbeleuchtung operieren. Viele Eingriffe, besonders die Kaiserschnitte, wurden dadurch erschwert, dass der elektrische Saugapparat bei Stromausfall nicht funktionierte. Auch der Ventilator versagte häufig seinen Dienst. Mit unseren Kappen und Masken sowie den langärmeligen sterilen Kitteln und Gummihandschuhen, wie sie zum Operieren erforderlich waren, schwitzten wir bei der drückenden und schwülen tropischen Hitze so stark, dass man die Schweiß-Lachen vom Boden aufwischen musste.

Zunächst galt es, den Operationsraum einigermaßen auszustatten und das benötigte Instrumentarium zu beschaffen, um effektiv arbeiten zu können. Da im staatlichen Hospital jeder und jede der Mitarbeitenden - angefangen vom Direktor bis zu den Putzkräften - möglichst in die eigene Tasche zu wirtschaften bemüht war, konnten wir kaum Hilfe erwarten, obwohl das staatliche Gesundheitsamt theoretisch die nötige Ausrüstung hätte anschaffen sollen. Deshalb waren wir froh und dankbar, dass wir vieles über unsere Schwesternschaft bestellen konnten. Treue Spender in Deutschland machten es möglich, die Dinge dort einzukaufen und nach Indonesien zu schicken. Herr Dr. Jäger organisierte für uns sogar den Transport des gebrauchten „Bildwandlers“ (ein fahrbares Röntgen-Durchleuchtungsgerät) vom Schwäbisch Haller Diakonie-Krankenhaus, der dort nicht mehr benutzt wurde. Er war äußerst hilfreich beim Auffinden und Entfernen von metallischen Fremdkörpern, besonders von Kugeln aus Luftgewehren, die beim Jagen benutzt wurden. Bald stellten wir fest, dass im Hospital nichts vor Diebstahl sicher war. Alles, was zum Arbeiten benötigt wurde, musste eingeschlossen werden. Die Schlüssel zu den entsprechenden Schränken behielt ich auch während des Operierens in der Tasche. Auf den Krankenstationen verschwanden sogar die Trinkgläser unserer Patienten. Schwester Heiderose war oft damit beschäftigt, sie immer wieder zu ersetzen. Es gab Pfleger, die gute Matratzen von den Krankenbetten auf der Schulter nach Hause trugen, weil sie dort eben gebraucht wurden. Obwohl wir oft genug durch unsere Mitarbeiter betrogen oder bestohlen wurden, konnten wir ihnen nicht böse sein. Wie bereits beschrieben, sind die Indonesier größtenteils fröhliche, freundliche und hilfsbereite Menschen, die man einfach gern haben muss.

Zum großen Kahayan-Fluss führte in Palangka Raya ein langer und breiter Holz-Steg. An seinen beiden Seiten standen Verkaufs-Buden mit allen nur erdenklichen Gebrauchs-Artikeln. Mir fielen die vielen zum Verkauf angebotenen Kunststoff-Fäden auf. Die glatten und farblosen wurden zum Angeln, die weißen und gezwirbelten zum Knüpfen von Fischernetzen verwendet. Da kam mir die Idee, ob wir nicht solche Fäden sterilisieren und zum Operieren benutzen könnten. Wir versuchten es und wurden nicht enttäuscht. Jahrzehntelang arbeiteten wir mit diesem billigen, stabilen und gut verträglichen Nahtmaterial, das man in ganz Indonesien in verschiedenen Stärken kiloweise kaufen kann. Wir nannten diese Fäden „Prolen dalam negeri“ („Prolen“ ist ein teures ausländisches chirurgisches Nahtmaterial, „dalam negeri“ bedeutet „Inland“).

Gleich zu Beginn erhielt ich die Aufgabe, in der Krankenpflegeschule Unterricht in Chirurgie zu erteilen. Das war aufgrund meiner noch unvollkommenen Sprachkenntnisse nicht einfach. Aber allmählich fiel mir das Unterrichten immer leichter und machte auch Freude. Das Erstellen eines umfassenden Unterrichts-Konzepts in Indonesisch war eine gute Möglichkeit, immer mehr mit der fremden Sprache vertraut zu werden.

Wie bereits geschildert, sah ich viele Krankheitsbilder zum ersten Mal und musste mich mit den verschiedenen Behandlungs- und Operationsmethoden vertraut machen. Da war es eine große Freude und Erleichterung, als endlich die Kisten aus Deutschland eintrafen und ich meine Fach-Bücher zur Rate ziehen konnte; hatte ich doch nicht nur die Eingriffe aus der Allgemein-Chirurgie durchzuführen, wie ich sie gelernt hatte. Außer der Gynäkologie und Geburtshilfe gehörten zu meinem Aufgabenbereich auch die Kinder-, die Kiefer- und die plastische Chirurgie, die Orthopädie sowie die gesamte Urologie. Bei Notfällen musste ich auch Operationen im Hals-Nasen-Ohren-Bereich und an den Augen durchführen. Wann immer es ging, schickte ich Kranke, die Behandlungen durch Spezialisten benötigten, nach Banjarmasin oder nach Java. Sehr dankbar war ich dafür, dass ich bei Schwierigkeiten in der Indikationsstellung (Festlegung der Notwendigkeit eines operativen Eingriffs) oder der Operations- und Behandlungsmethoden jederzeit meinen früheren Lehrmeister Dr. Jäger in Schwäbisch Hall um seinen Rat bitten durfte. Ich diktierte meine Berichte, Fragen und Probleme auf ein Tonband, das ich ihm zuschickte, und erhielt dann jeweils nach frühestens einem Monat einen handgeschriebenen Antwortbrief. Aus dem einst so gestrengen Chef war ein guter, hilfsbereiter Freund geworden, der an meiner Arbeit sehr interessiert war.

Unvergesslich bleibt mir unser erstes Christfest in Palangka Raya. Ich wurde am ersten Feiertag frühmorgens ins Krankenhaus gerufen. Eine junge Frau mit schwerer innerer Blutung infolge einer Schwangerschaft im geplatzten Eileiter war eingeliefert worden und ein vierzehn Monate alter Säugling mit Darmverschluss. Ich gab zunächst die nötigen Anweisungen für die Vorbereitung der beiden Operationen. Nie zuvor hatte ich eine Eileiterschwangerschaft gesehen. Aber schwieriger als die Notfalloperation während unserer ersten Tage in Palangka Raya konnte es ja nicht werden, dachte ich mir. So war es dann auch, und die operierte Frau erholte sich rasch. Der kleine Junge mit seinem Darmverschluss war viel schlimmer dran, weil ein großes Stück des abgeschnürten Dünndarms entfernt werden musste. Das war zu viel für das kleine Baby. Es überlebte zwar die Operation, starb aber dann nicht lange danach. Die Freude an diesem unserem ersten Weihnachtsfest in Indonesien war deshalb reichlich getrübt.

Zu den Anfangs-Schwierigkeiten gehörten auch die Probleme der Anästhesie. Ich hatte die Narkosen neben der operativen Tätigkeit selber zu überwachen, weil es kein dafür ausgebildetes Personal gab. Wann immer möglich, führte ich die Eingriffe in örtlicher Betäubung durch. Das hatte Vor- und auch Nachteile. Bei den Allgemein-Narkosen half mir oft Dr. Arnold, der Krankenhaus-Direktor. Er überwachte die Äther-Tropf-Narkosen und hielt den Patienten die Masken vors Gesicht. Das war zwar eine altmodische, aber für unsere Verhältnisse die ungefährlichste Methode. Allerdings durfte wegen des explosiven Äthers kein Elektro-Kauter für die Blutstillung verwendet werden. Deshalb dauerten die Operationen etwas länger als normal. Oft verabreichten wir auch intravenöse Narkosemittel in Infusionslösungen. Dabei konnten wir sogar notfalls auf Sauerstoffgaben verzichten, wenn sie gerade nicht möglich waren wegen leerer Gasflaschen. Diese mussten manchmal in Mechaniker-Werkstätten der Stadt wieder aufgefüllt werden. Der Gütertransport war ja immer vom Schiffsverkehr und dem Wasserstand des Flusses abhängig, so dass es oft zu Nachschub-Problemen kam.

Etwas befremdend, aber auch recht amüsant war es für uns, dass alles, was bei unseren Patienten „herausoperiert“ wurde, ob Fremdkörper, Steine, Geschwülste, kranke Organe oder abgestorbene Gewebeteile, den Angehörigen vorgezeigt und möglichst auch übergeben werden musste. Die Plazenta oder der „Mutterkuchen“ von der Nachgeburt sowie auch amputierte Gliedmaßen wurden von ihnen mitgenommen und unter einem besonderen Zeremoniell nach ihrer heidnischen Tradition „begraben“. Manchmal war es schwierig, Proben für die feingewebliche Untersuchung in Surabaya, einer großen Stadt in Ost-Java, zur Sicherung der Diagnose zurückzubehalten. Das bedurfte einiger Überredungskunst.

Viel schwerer zu akzeptieren war es für mich und auch für meine Mitschwestern, wenn dringend notwendige Operationen von Patienten oder deren Angehörigen abgelehnt wurden. Das war mir manchmal eine echte Not. Einmal geschah es in unserer Anfangszeit, dass eine junge Frau mit schwerer innerer Blutung infolge einer Eileiterschwangerschaft bereits auf dem Operationstisch lag und für den lebensrettenden Notfall-Eingriff vorbereitet wurde. Die Einverständniserklärung war unterschrieben. Da kamen unsere Mitarbeiter aufgeregt in den Raum und meldeten, dass der Ehemann einen unserer Pfleger tätlich angegriffen habe, weil seine Frau operiert werden sollte. Er würde das kategorisch ablehnen und streng verbieten, nachdem er es sich anders überlegt habe. Es blieb uns nichts anderes übrig, als die Frau auf Wunsch des Ehemanns nach Hause bringen zu lassen, wo sie kurz darauf starb. So dramatisch erlebten wir es glücklicherweise nur selten. Aber im Laufe der Jahre lernten wir zu begreifen, dass man niemanden dazu zwingen konnte, sich helfen zu lassen.

Ein weiterer Grund, weshalb operative Eingriffe abgelehnt wurden, war außer Angst oder Aberglaube auch immer wieder die Frage der Finanzierung. Da die meisten unserer Patienten nicht krankenversichert waren, mussten sie die Behandlung aus eigener Tasche bezahlen. Üblicherweise hilft in Indonesien die Großfamilie zusammen, damit ein Kranker angemessen behandelt werden kann. Zu diesem Zweck müssen oft Felder, Häuser, Vieh oder Fahrzeuge verkauft werden. Familien, die nichts zu veräußern haben, können ihre Kranken nicht behandeln lassen oder müssen Schulden machen. Leider waren uns die Hände gebunden und wir konnten dieses System im Krankenhaus als Schwestern der Christusträger nicht ändern.

Ein anderes Problem waren die verschiedenen entkräftenden Krankheiten, unter denen unsere chirurgischen Patienten zusätzlich litten. Häufig war es die Malaria, die manchmal auch durch Bluttransfusionen übertragen wurde. Einmal verloren wir ein elfjähriges Mädchen durch Gehirn-Malaria, nachdem das Kind die große Operation wegen seiner riesigen Eierstocksgeschwulst glücklich überstanden hatte und in Kürze entlassen werden sollte. Chronische Wurminfektionen des Darms konnten zu schwerster Blutarmut führen. Oft litten unsere Kranken unter der Amöben-Ruhr, die zu lebensgefährlichen Komplikationen führen kann. Am häufigsten diagnostizierten wir als Zusatz-Erkrankung die Lungen-Tuberkulose. Sie ist noch heute die am weitesten verbreitete Volkskrankheit in Indonesien. Da diese chronische und destruierende (gewebezerstörende) Krankheit außer den

Lungen auch alle anderen Organe des Körpers befallen kann, besonders Lymphknoten, Knochen, Gelenke, Nieren und Bauchhöhle, müssen die durch Tuberkulose verursachten Veränderungen nicht selten auch chirurgisch behandelt werden.

Um Transfusionsblut zu bekommen, mussten Angehörige der Patienten herbeigerufen und untersucht werden. Wenn ihr Gesundheitszustand es erlaubte, sie einverstanden und mit dem potentiellen Empfänger blutgruppengleich waren, trat der staatliche Rot-Kreuz-Dienst in Aktion. Den Spendern wird in Indonesien üblicherweise immer nur ein Viertel Liter Blut abgenommen, nicht ein halber, wie es in Deutschland üblich ist. Vorrätige Blutkonserven gab es in Palangka Raya selten oder nie. Wir kamen oft in große Schwierigkeiten, wenn keine Spender gefunden werden konnten. Manchmal stellte sich auch eine meiner Mitschwestern als Spenderin zur Verfügung.

Viele unserer Patienten mussten weite, oft tagelange Wege auf den Flüssen mit dem Boot zurücklegen, bis sie das Hospital erreichten. So befanden sich manche von ihnen bei der Aufnahme bereits in kritischem Zustand. Einmal kam eine Mutter mit ihren Kindern zur Behandlung, nachdem ihr hölzernes Wohnhaus im Dorf abgebrannt war. Der Wasserweg war so lang und weit gewesen, dass das am schwersten verbrannte Kind unterwegs in den Armen seiner Mutter verstarb. Andere Patienten mussten während der Nacht aus einem weit entfernten Flussgebiet durch den Urwald getragen werden, weil es am Tag zu heiß dazu gewesen wäre. Wieder andere kamen in so fortgeschrittenen Krankheits-Stadien und in so desolatem Zustand bei uns an, dass es manchmal zu spät war, um ihnen helfen zu können.

Auf die Probe gestellt

Sowohl die Arbeit im Krankenhaus unter den beschriebenen Umständen als auch das tropische Klima zehrten im Lauf der Zeit an den körperlichen Kräften. Dazu kamen Schwierigkeiten und Unklarheiten im Blick auf die endgültige Zusammenstellung unserer Schwesterngruppe in Palangka Raya. Im August 1975 traten bei mir

Krankheitssymptome auf, die wir nicht zu deuten wussten. Es bestand eine zunehmende Kreislaufschwäche mit tetanischen Anfällen wie bei einem Mangel an Calcium im Blut. Schwester Wanda, die Ärztin, die ich vier Jahre vorher in Kudus vertreten hatte, kam nach Palangka Raya, um uns zu helfen. Wir reisten zu zweit mit ihr zusammen nach Kudus, wo ich im Schwesternhaus behandelt werden und wieder zu Kräften kommen sollte. Aber auch unsere Doktor-Schwester konnte die unklare Symptomatik meiner Erkrankung nicht klären und deshalb nicht wirkungsvoll behandeln. Es ging mir ziemlich schlecht in jenen Tagen. Natürlich dachten wir daran, dass auch meine alte Schädelverletzung ursächlich mit beteiligt sein könnte. Um das abzuklären, sollte ich nach Deutschland fliegen. Noch nicht einmal ein ganzes Jahr lang waren wir in Palangka Raya gewesen. In dieser Situation kamen mir ernsthafte Zweifel, ob es wirklich richtig sei, im Ausland zu arbeiten. Keine von uns Schwestern wusste, wie es weitergehen würde. So legten wir alles in Gottes Hände und vertrauten auf Seine Führung und Wegweisung im Blick auf unsere Zukunft.

Vater hatte kurz vorher allen seinen Kindern brieflich mitgeteilt, dass er an einer unheilbaren Krebserkrankung leiden und voraussichtlich nicht mehr lange leben würde. Weil ich wegen meiner Krankheit nicht rechtzeitig genug reisefähig war, konnte ich Vater vor seinem Tod nicht mehr sehen. Die Nachricht von seinem Heimgang erreichte mich noch in Kudus. Von meinem älteren Bruder Martin erfuhr ich später, dass Vater während der letzten Lebensmonate ein guter Großvater für seine Enkel gewesen sei, und dass er auch in freundlicher Weise am Ergehen seiner Kinder Anteil genommen hatte. Vater hatte seine eigene Beerdigung zusammen mit Martin vorbereitet. Er wählte als Predigttext Philipper 3, Vers 12: „Nicht dass ich es schon ergriffen habe oder schon vollkommen bin; ich jage ihm aber nach, um es zu ergreifen, nachdem ich von Christus Jesus ergriffen bin." Während jenes Gesprächs zwischen Vater und seinem ältesten Sohn „lag ein überirdischer Friede über uns", berichtete Martin später. Nach all den vorhergegangenen harten Auseinandersetzungen zwischen den Beiden sei „der Friede Gottes zwischen uns Wirklichkeit geworden", schrieb er dankbar in seinen Aufzeichnungen. Vater habe am

Abend vor seinem Sterben von allen seinen in Deutschland lebenden Kindern noch Abschied genommen in friedvoller Atmosphäre. Offensichtlich war in ihm eine Wendung zum Guten geschehen. Viele Jahre lang hatte ich für ihn und unsere ganze Familie gebetet in der Gewissheit, dass für Gott nichts unmöglich ist. In Vaters Abschiedsbrief an mich heißt es unter anderem: „Es könnte sein, dass dies meine letzten Zeilen an Dich sind hier auf dieser Welt ... Ich befehle Dich weiterhin dem Schutz und Beistand, der Gnade und der Treue unseres Vaters im Himmel .... Ich danke Dir herzlich für alle seitherige Liebe und Treue .... Ich habe Dir 1000 Mark aus Dankbarkeit für alles Bisherige überwiesen .... Bleibe noch einmal unseres Herrn Christus` Güte und Treue von Herzen befohlen und auf das allerherzlichste gegrüßt von Deinem Vater.“

So wie er da geschrieben hatte, und wie ihn meine Geschwister in seinen letzten Stunden erlebt haben, wollen wir unseren Vater in Erinnerung behalten.

In Deutschland wurde ich in der Würzburger Neurochirurgischen Klinik aufgenommen und gründlich untersucht. Ein Internist, der mir noch vom Studium her bekannt war, wusste die Ursache meiner Kreislaufschwäche und der tetanischen Anfälle zu deuten, nachdem er solche Krankheits-Symptome bereits im heißen Italien gesehen hatte. Offensichtlich handelte es sich um die Folgen des massiven Salz- und Flüssigkeitsverlustes durch zu starkes Schwitzen. Einer Wiederaufnahme meiner Tätigkeit in Palangka Raya würde nichts im Wege stehen, meinte er. Allerdings solle ich auf genügend Salz- und Flüssigkeitszufuhr achten und möglichst in gekühlten Räumen arbeiten. Ein großer Stein fiel mir vom Herzen.

Gegen Ende des Jahres 1975 begab ich mich erneut auf die Reise in unser Gastland. Mit der Wiederaufnahme der Arbeit in Palangka Raya sollte ich allerdings so lange warten, bis eine Klimaanlage im dortigen Operationssaal eingebaut war. Die Zeit bis dahin verbrachte ich bei unseren Schwestern in Kudus. Und wieder einmal hatte Gott alles wunderbar geregelt: In diesen Wochen konnte meine dortige Mitschwester und Kollegin Dr. Wanda Urlaub machen und sich von den anstrengenden Diensten erholen, und ich übernahm vorübergehend ihre Arbeit im Krankenhaus „Mardi Rahayu“. So konnte sie neue Kraft schöpfen, und für mich wurde das Warten nicht zu lang. Es war trotzdem eine echte Geduldsprobe. Wir feierten das Weihnachtsfest und den Jahreswechsel in Kudus. Dann lag eines Tages endlich das lang ersehnte Telegramm aus Palangka Raya auf meinem Frühstücksteller: „Air Conditioner (Klimaanlage) eingebaut, bitte kommen!“ Eine größere Freude hätte man mir nicht machen können. Das gespannte Warten hatte ein Ende.

Ärztliche Mission in Kalimantan

Neubeginn in Palangka Raya

Im Krankenhaus war ein Neubau fertiggestellt worden mit zwei gekühlten Operations-Sälen und einer größeren Poliklinik. Die Stromversorgung in der aufstrebenden Stadt hatte sich verbessert. So war das Operieren viel weniger anstrengend als vorher. Sogar zuhause in meinem Schlafzimmer und später auch in unserem gemeinsamen Wohnzimmer wurden Klimaanlagen eingebaut, so dass wir uns von der drückenden und schwülen Hitze erholen konnten.

Die Schwestern Lydia und Waltraut begannen mit einer neuen Arbeit, um die Krankheitsnot in den vielen Dörfern am Kahayan-Fluss zu lindern. Sie waren von Palangka Raya aus immer wieder wochenlang unterwegs mit ihrem Hausboot „Tobiasi“, das als „schwimmende Poliklinik“ eingerichtet war. Zusammen mit ihren Mitarbeitern, einschließlich eines Pfarrers, behandelten sie die Kranken und verkündigten das Evangelium mit Hilfe von biblischen Filmen oder Diavorträgen. Die Leinwand wurde am Abend für die Vorführungen auf

Wir Christusträger-Schwestern auf dem Klinik-Boot „Tobiasi“, 1978. Links Sr. Elisabeth

der Dorfstraße aufgestellt, und tagsüber kamen die Patienten zur Behandlung in die zur Verfügung stehenden Räume. Es war ein mühevoller, aber schöner und gesegneter Dienst. Vielerlei Krankheiten wurden behandelt, und manche Menschen wurden befreit von Gebundenheit und quälenden Ängsten, wenn sie zum Glauben an Jesus Christus kamen und sich taufen ließen. Wir „sesshaften" Schwestern in Palangka Raya waren immer wieder froh und erleichtert, wenn unsere Schiffs-Schwestern nach Wochen wieder gut zu uns zurück kamen, um „aufzutanken" und neue Vorräte für die nächsten Einsätze zu beschaffen.

Nach etwa sechs Jahren wurden staatliche Gesundheitszentren in Dörfern am Kahayan-Fluss eingerichtet, so dass die medizinischen Dienste unserer Schwestern dort nicht mehr benötigt oder erwünscht waren. Sie entschlossen sich deshalb, ihre Arbeit in einem Ort weiter im Norden fortzuführen und dort „sesshaft" zu werden. So begannen sie mit der medizinischen Versorgung der Kranken aus einem Bezirk von etwa dreißig Dörfern am Oberlauf des Flusses, wo es noch keinerlei Behandlungsmöglichkeit gab. Buchstäblich „zwischen Wasser und Urwald", wie ein alter Film über das Wirken von Albert Schweitzer in Afrika überschrieben ist, bauten sie eine Poliklinik und ein Haus für längere Aufnahme chronisch Kranker. Auch unterstützten sie die kleine ortsansässige christliche Gemeinde durch ihre Mitarbeit. Bis heute sind unsere Schwestern in Tumbang Marikoi im Einsatz. Die Gemeinde hat sich inzwischen stark vergrößert, und eine schöne neue Holzkirche sowie ein Kindergarten wurden gebaut.

Um die Jahreswende 1977/78 kam Schwester Gisela als Verstärkung zu uns nach Palangka Raya. Sie hatte vorher zwölf Jahre lang als Krankenschwester den Leprösen in Pakistan gedient. Bei uns sollte sie hauptsächlich im Operationssaal mitarbeiten. Schwester Heideroses Aufgabe war weiterhin die Pflege unserer stationären Patienten im Krankenhaus. So waren wir fortan ein festes Dreier-Team und blieben es über dreißig Jahre lang. Im Lauf der Zeit wuchsen wir immer mehr zusammen, sowohl durch gemeinsam überstandene Schwierigkeiten, als auch noch viel mehr durch ungezählte miteinander erfahrene gute, frohmachende und ermutigende Erlebnisse.

Unser Dreier-Team
in Palangka Raya
1978 - 1987
von links: Sr. Elisabeth,
Sr. Heiderose, Sr. Gisela

Chirurgische Erfahrungen

Erneut begann ich nun, mich mit den verschiedenen mir teilweise unbekannten chirurgischen Krankheitsbildern sowie Unfallfolgen und deren operativen Behandlungsmethoden vertraut zu machen. Nie vorher gesehene und nicht für möglich gehaltene Veränderungen des menschlichen Körpers begegneten uns im chirurgischen Alltag von Palangka Raya, weil viele unserer Kranken zuvor keine Behandlungsmöglichkeiten hatten und ihre Leiden oft sehr weit fortgeschritten waren. Schwieriger als die Durchführung der einzelnen Eingriffe war manchmal die Entscheidung, ob überhaupt und auf welche Weise ein Kranker am besten operiert werden sollte. Die Grenze zwischen dem theoretisch Machbaren und dem, was man den Patienten zumuten konnte, war nicht immer einfach zu ziehen, besonders wenn es um fortgeschrittene Tumorerkrankungen oder auch um lang zurückliegende schwere Unfallverletzungen ging. Wenn wir nicht gemeinsam immer wieder um Gottes Hilfe für die richtigen Entscheidungen bei der Behandlung unserer Patienten hätten beten können, wäre es noch viel schwieriger gewesen. Jeden Tag neu durften wir in unseren häuslichen Andachten die Kranken getrost dem Herrn über Leben und Tod anbefehlen. Manchmal beteten wir auf ihren Wunsch hin auch mit ihnen zusammen vor operativen Eingriffen. Und wie oft habe ich still vor und während schwieriger Operationen im Herzen gebetet: „O Herr, hilf! O Herr, lass wohl gelingen!" Diese kurze Bitte aus dem 118. Psalm war während der ganzen Jahre meiner chirurgischen Tätigkeit eines meiner Lieblingsgebete. Von Herzen dankten wir unserem Herrn dafür, wenn Er Gelingen geschenkt hatte. Und wenn einmal etwas nicht planmäßig verlief und es Komplikationen gab, so mussten wir auch das aus Seinen Händen annehmen. Er half mir immer wieder neu, den Mut nicht sinken zu lassen.

Trotzdem machte ich mir manchmal Vorwürfe und hatte schlaflose Nächte im Gedanken daran, was ich anders oder besser hätte tun können. Und wenn einmal ein operierter Patient nicht überlebt hatte, kam ich mir vor wie ein Mörder. Aber es war mir dann immer wieder ein hilfreicher Trost, dass wir doch alles nach bestem Wissen und Gewissen getan hatten. Nach enttäuschenden Erlebnissen in unserer chirurgischen Arbeit half es mir auch, dankbar an die vielen Kranken zu denken, denen wir schon helfen konnten und die geheilt worden waren. Außerdem bedeuteten mir meine beiden Schwestern eine unschätzbar große Hilfe, weil wir Freud und Leid miteinander teilen konnten. Ich kann mir nicht vorstellen, wie ich den Stress des chirurgischen Alltags ohne sie hätte überstehen sollen. Immer wieder musste ich auch an den oft zitierten Ausspruch meines chirurgischen Lehrers Dr. Jäger denken: „In der Chirurgie ist dafür gesorgt, dass die Bäume nicht in den Himmel wachsen". Es gibt wohl keinen chirurgisch tätigen Menschen auf der Welt, der nie Rückschläge, Niederlagen und Enttäuschungen bei seiner Arbeit erlebt hätte. Trotz aller physischen und psychischen Belastungen überwog die Freude an unserem gemeinsamen Dienst in Krankenhaus und Gemeinde.

Zu meinen Problemen in der Anfangszeit gehörte die Frage, nach welcher Methode ich Hasenscharten operieren sollte. In den Fachbüchern waren dreißig verschiedene Möglichkeiten angegeben. Zwei davon wählte ich aus; und bei einer, von dem Franzosen Le Mesurier beschriebenen, blieb ich dann während der folgenden Jahre in

Indonesien. Diese Operation ist relativ einfach durchzuführen und die Ergebnisse sind befriedigend. In Kalimantan gab es viele Kinder und auch Erwachsene mit Hasenscharten, manchmal kombiniert mit Wolfsrachen. Einmal kam ein alter Mann mit seiner unbehandelten Lippenspalte zu mir mit der Bitte, ihn doch zu operieren. Auf die Frage, warum er denn so lange gewartet habe, antwortete er, dass er auch seinen kleinen Enkel wegen dessen Hasenscharte operieren lassen wolle, wenn der Eingriff bei ihm selber erfolgreich verlaufen würde. Er wurde nicht enttäuscht und brachte nach Abheilung seiner eigenen korrigierten Lippe tatsächlich seinen Enkel zur Operation. Im Lauf der Zeit wurden die plastischen Eingriffe bei Hasenscharten neben den Kaiserschnitten sogar meine Lieblings-Operationen.

Einer meiner kleinen Patienten mit Hasenscharte und Wolfsrachen hieß Gideon. Er war mit einer zusätzlichen Fehlbildung geboren: Es bestand bei ihm neben seiner Lippen-Kiefer-Gaumenspalte auch noch eine Encephalocele (Encephalocele: eine Vorwölbung der Hirnhaut, welche funktionsloses Hirngewebe enthält) als Folge einer Lücke in der Schädeldecke. Gideon war mein erster Patient mit dieser Fehlbildung. Sie fand sich, wie bei den meisten der Kinder mit solchen Veränderungen in Indonesien, an der Nasenwurzel zwischen den Augen; gefährlicher waren die selteneren Encephalocelen am Hinterkopf, weil sie meist mit neurologischen Ausfällen kombiniert waren. Unser Gideon also musste wegen seiner mehrfachen Fehlbildungen in drei Etappen operiert werden: Erst die doppelseitige Lippenspalte, dann

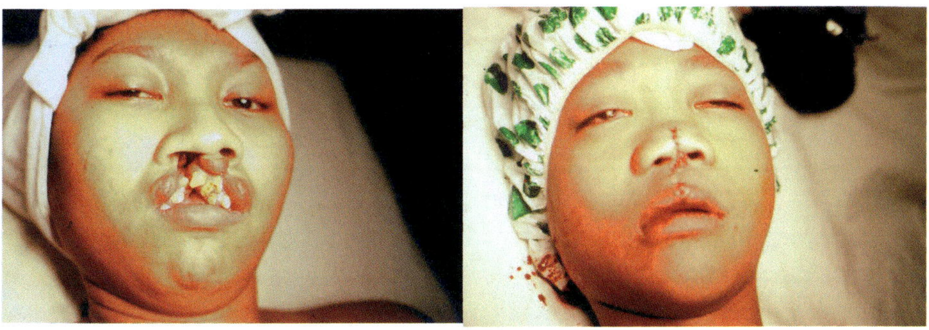

Doppelseitige Hasenscharte bei einem jungen Mädchen vor und nach der Operation

der „Gehirnbruch“, und als letztes der Wolfsrachen. Erfreulicherweise lag bei ihm keine geistige Behinderung vor.

Bei den kindlichen Fehlbildungen machten mir immer wieder die des Magen-Darm-Kanals besonders zu schaffen. Wegen fehlender Öffnung des Darmausgangs mussten die betroffenen Kinder oft mehrfach operiert und über lange Zeit nachbehandelt werden. Zu den angeborenen Funktionsstörungen des Darms gehört auch das so genannte Megacolon. Wie der Name verrät, handelt es sich um eine Vergrößerung des Dickdarms. Ursache ist der Mangel an Nervenzellen in dessen Wand, wodurch es zum Aufstau des Darminhalts kommt. Manchmal müssen solche Kinder schon in den ersten Lebenswochen operiert werden. Dass es allerdings dazu kommen könnte, mit dieser Erkrankung ohne Behandlung erwachsen zu werden, das hätte ich mir niemals vorstellen können. Und doch kam eines Tages ein vierzigjähriger Mann mit monströs aufgetriebenem Leib und einer typischen Symptomatik, wie sie zu der beschriebenen Krankheit passte. Mit viel Gottvertrauen wagte ich den großen Eingriff nach entsprechender Vorbereitung. Der auf das Zehnfache der Norm verbreiterte Darmabschnitt musste entfernt werden. Der Mann war im wahrsten Sinn des Wortes erleichtert und konnte sich mit normaler Körperform wieder sehen lassen. Er kam zu Kräften und erholte sich gut, nachdem seine Verdauung normal funktionierte. Als Christ nahm er seine Genesung dankbar aus Gottes Hand, wie er mir in mehreren Dankesbriefen versicherte. Bald fand er auch eine Frau und lud uns zu seiner Hochzeit ein.

Schwangere und Gebärende kamen meist nur dann zur Entbindung ins Krankenhaus, wenn Komplikationen zu erwarten waren oder die Geburt nicht voranging. Es war für mich als Allgemeinchirurgin nicht immer ganz leicht zu erkennen, ob ein Kaiserschnitt erforderlich war. Oft halfen mir erfahrene Hebammen bei solchen Entscheidungen, oder sie riefen mich einfach erst ins Krankenhaus, wenn der operative Eingriff nicht zu umgehen war. Fast immer konnte ich mich auf ihr Urteil verlassen. An einem frühen Morgen wurde ich ins Hospital gebeten, um einen dringend erforderlichen Kaiserschnitt durchzuführen. Es war der Geburtstag unserer Schwester Gisela, die selber einen Zwillingsbruder hat. Mit ihrer Assistenz wurden gesunde Zwillinge ans Tageslicht befördert, was an jenem Tag natürlich eine besondere Freude für sie und uns alle war.

Oft baten mich die Eltern der Kaiserschnitt-Kinder, für ihre Neugeborenen einen Namen vorzuschlagen. Die meisten indonesischen Kinder erhalten ihre Namen frühestens eine Woche nach der Geburt, nämlich erst wenn die Eltern sicher sein können, dass die Kleinen überleben würden. Da die meisten unserer Patienten Christen waren, schlug ich natürlich entsprechende Namen vor wie Thomas, Timotheus, Dorothea, Renate, Ruth oder Lydia. Mehrere meiner „Kaiserschnittkinder" wurden Elisa oder Elisabeth genannt in Erinnerung an die Operateurin, die sie ans Tageslicht gezogen hatte. Ein durch Kaiserschnitt geborener Junge erhielt gar den Namen „Opdipala", eine Zusammensetzung von Silben aus den Wörtern „Operasi (Operation) di (in) Palangka Raya". Der Phantasie bei der Namensgebung waren keine Grenzen gesetzt.

Einen völlig außergewöhnlichen Fall von „Kaiserschnitt" hätte ich niemals für möglich gehalten, wenn ich ihn nicht selber erlebt hätte: Eine seit dreizehn Monaten schwangere Frau kam von weit her in unser Krankenhaus. Mehrere Versuche der Dorf-Hebamme, die Geburt einzuleiten, waren erfolglos gewesen. Es fanden sich keine Zeichen dafür, dass das Kind noch leben würde. Bis zum neunten Monat hatte die Mutter die Bewegungen des Kleinen gespürt. Auch unsere Einleitungsversuche schlugen fehl. Es traten keine Wehen ein und der Muttermund wollte sich nicht öffnen. So musste operiert werden. Was wir dabei vorfanden, war nahezu unglaublich, aber wahr: Das ausgetragene tote Kind lag in einem extrem ausgeweiteten, nicht geplatzten Eileiter, während die kleine und leere Gebärmutter nach unten verdrängt war. Wäre die Frau vier Monate früher gekommen, hätte man ihr Kind durch eine operative Entbindung wohl noch retten können. Wieder einmal machten wir die Erfahrung, dass es in der Medizin unvorstellbare Dinge gibt.

Beeindruckend waren auch die Operationen bei den riesigen Eierstocks-Zysten unserer Patientinnen. Es waren mit Flüssigkeit gefüllte Gewebe-Säcke, die sich im Lauf von vielen Jahren entwickelt und die

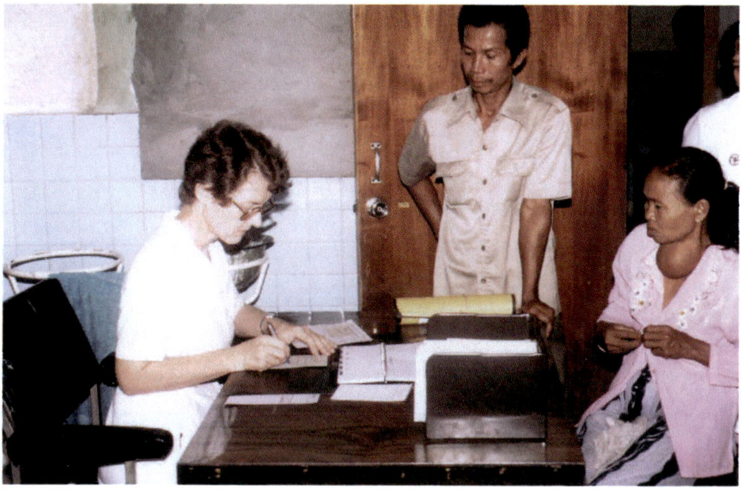

In der chirurgischen Poliklinik Palangka Raya.
Der Kropf der Patientin war bösartig geworden.

Bauchorgane verdrängt hatten. Bis zu zehn Liter konnte eine solche Geschwulst enthalten. Die Frauen waren meist abgezehrt und trugen ihre großen Bäuche wie Schwangere vor sich her. Bei der Operation war Vorsicht geboten beim Ablassen der Flüssigkeit, weil es dabei zu Blutdruckabfall kommen konnte. Aber die Erleichterung war groß, wenn die Frauen von ihrer Last befreit waren und wieder zu Kräften kommen konnten.

Wir hatten zahlreiche Kröpfe jeglicher Art und Größe und auch vielerlei gut- und bösartige Geschwülste zu operieren. Immer wieder stießen wir an unsere Grenzen, wenn die Krankheiten zu weit fortgeschritten waren. Bei einem dreijährigen Mädchen musste ich wegen eines sehr bösartigen Tumors des Augapfels diesen radikal entfernen. Das fiel mir nicht leicht. Es war deprimierend für alle, wenn ich manchen Patienten und ihren Angehörigen sagen musste, dass ich ihnen nicht helfen könne, weil ihre Krebserkrankungen unheilbar geworden waren. Es blieb in solchen Fällen nichts anderes übrig, als sie mit Schmerzmitteln nach Hause zu schicken und sie der Gnade Gottes anzubefehlen. Wenn sie rechtzeitig zur Behandlung kamen, konnten aber doch viele unserer Kranken durch entsprechende Eingriffe von ihren verschiedenen Tumoren befreit und geheilt werden. Manchmal hatten wir Folgen von Schlangenbissen zu behandeln. Selten waren sie lebensgefährlich; aber manchmal musste sogar ein Finger amputiert werden, oder das Schlangengift konnte zu lebensbedrohlichen Blutgerinnungsstörungen führen. Schlimmer und gefährlicher war der Wundstarrkrampf. In der Anfangszeit sahen wir immer wieder Neugeborene mit dem so genannten Nabel-Tetanus. Die Nabelschnur wurde durch die „traditionell" arbeitenden Dorf-Hebammen mit einem unsauberen Bambus-„Messer" oder mit unsterilen Scheren durchtrennt, wodurch es zu der lebensgefährlichen Infektion kam. Auch Jugendliche und Erwachsene erlagen der schrecklichen Krankheit immer wieder, je nach der Schwere ihrer Ausprägung. Im Lauf der Jahre wurden auch in Indonesien vorbeugende Impfungen gegen Tetanus und verschiedene Kinderkrankheiten eingeführt. Die Diphtherie, die wir noch erlebten mit ihren lebensgefährlichen Folgen, die komplikationsträchtigen Masern sowie die Kinderlähmung, der eine große Zahl von Behinderten anzulasten ist, sind in Indonesien dank der Schutzimpfungen inzwischen selten geworden.

Ein schwieriges Problem für uns und die Betroffenen war immer wieder die Behandlung von Verbrennungen, wobei die durch Feuer verursachten die schlimmsten waren. Besonders für kleine Kinder sind Verbrennungen lebensgefährlich, weil der ganze Organismus dabei noch schwerer beeinträchtigt ist als bei Erwachsenen. Andrerseits kam es sogar vor, dass Patienten mit 70 bis 80% verbrannter Haut gerettet werden konnten. Da sich der Heilungsprozess oft über lange Zeit hinzieht, war viel Geduld erforderlich. Verbrennungsfolgen mit narbigen Versteifungen an Händen, Füßen und Gelenken oder mit Entstellungen des Gesichts mussten oft durch plastische Operationen korrigiert werden.

Der seit Jahrtausenden bekannte und gefürchtete Aussatz, die Lepra, kann zu einer chirurgischen Erkrankung werden, wenn die klauenförmig versteiften Finger nicht mehr zu gebrauchen sind, die Füße durch Nervenschäden nicht mehr angehoben werden können, oder wenn die Kranken an eiternden und schlecht heilenden chronischen Wunden der Fußsohlen leiden. Der indonesische Direktor des größten Lepra-Zentrums von Asien in Tangeran bei Jakarta besuchte uns in Palangka Raya zusammen mit einer finnischen Missionarin. Er zeigte mir die Operationsmethoden an den Händen und half uns, die Aussatz-Kranken fortan besser behandeln zu können.

Die bereits mehrfach erwähnte Tuberkulose zerstört nicht nur die Lungen, sondern führt oft zur Destruktion und „käsigen" Einschmelzung auch anderer Organe. So mussten nicht selten vergrößerte und eiternde Lymphknoten entfernt sowie Knochen und Gelenke gesäubert werden. Größer und schwieriger waren die Eingriffe bei tuberkulösem Befall der Bauchhöhle und ihrer Organe oder auch der Nieren.

Zu den Besonderheiten der Chirurgie in Kalimantan gehörten außerdem der Typhus und die Amöbenruhr. Bei beiden Infektionskrankheiten kann es zum Durchbruch des Darms mit nachfolgender Bauchfellentzündung kommen. Solche bereits durch die Grunderkrankung sehr geschwächten Patienten operieren zu müssen, war immer eine spezielle Herausforderung. Nicht alle von ihnen überlebten die notfallmäßigen Eingriffe. Besser war die Prognose bei komplizierten Blinddarmentzündungen. Dabei staunten wir oft, wie widerstandsfähig unsere Indonesier sein konnten, wenn sie zum Beispiel länger als eine Woche mit eitergefüllter Bauchhöhle nach dem Durchbruch ihres entzündeten Wurmfortsatzes überlebt und dann auch noch die Operation überstanden hatten.

Jagd- und Schiffs-Unfälle

Da die Dajaks Jäger sind, ist kein Tier im Urwald vor ihnen sicher. Oft wurden Muttertiere erlegt, um die Jungen teuer zu verkaufen. Das konnte für die Menschen gefährlich werden, wenn verletzte Tiere ihre Verfolger angriffen. Wir sahen ein zermalmtes Fußgelenk nach einem Bärenbiss und auch schlimme Affenbiss-Verletzungen. Ein angeschossenes Wildschwein hatte so tief in das Bein des Angreifers gebissen, dass der daraufhin abgestorbene Unterschenkel amputiert werden musste. Einem Jäger hatte ein Hirsch mit seinem großen Geweih den Brustkorb durchstoßen, was zu einer schweren Infektion führte. Trotz aller unserer Bemühungen überlebte dieser

Mann nicht. Der hochgestreckte Arm eines anderen Jägers war von einem Jagdfreund mit einem Hirschgeweih verwechselt worden, so dass der zerschossene Unterarm amputiert werden musste.

Nicht selten hatten wir Verletzte nach Unfällen bei Waldarbeiten zu versorgen. Manche von ihnen waren vom Baum gestürzt, andere durch einen Stamm beim Fällen getroffen worden. Auch Querschnittsgelähmte waren dabei, meist junge Männer, die sich während der monatelangen Pflege im Krankenhaus sogar noch nützlich machen konnten. Manche von ihnen erhielten dank deutscher Spenden Rollstühle, bevor sie entlassen wurden. Einmal musste ein kräftiger Ast, der vom Hals in die Brusthöhle eingedrungen und dort fest verankert war, aus dem Körper eines Mannes entfernt werden. Weil große Gefäße und Nerven durch das Holz gequetscht waren, musste ich mit äußerster Vorsicht arbeiten. Noch heute spüre ich die Anspannung bei dieser gefährlichen Operation. Groß war die Erleichterung, nachdem es gelungen war, das lange Holzstück ohne wesentliche Schäden herauszuziehen. Weniger dramatisch gestaltete sich die Entfernung von Angelhaken, die in den Körper eingedrungen waren. Wegen der daran befindlichen Widerhaken war das aber manchmal nicht so ganz einfach, besonders an den Augen.

Bei Schiffsfahrten auf den Flüssen passierten immer wieder Unfälle. Einmal war ein kleines Mädchen mit dem Fuß in einem laufenden Schiffsmotor hängengeblieben. Das Füßchen wurde dabei total abgerissen. Eine Replantation war nicht möglich, so dass ich nur noch die Aufgabe hatte, den Stumpf zu versorgen. Es war rührend, wie die Eltern der Kleinen eine Fußprothese bastelten, mit der sie tatsächlich gehen konnte. Die Geschichte wurde sogar in der Zeitung veröffentlicht.

Einmal erlebten wir, dass bei einem kleinen Jungen, der im Fluss geschwommen war, das ganze Glied durch einen Schwarm kleiner Fische abgebissen worden war. Er kam erst einige Zeit später zur Behandlung, weil die verkürzte Harnröhre narbig verschlossen war.

„Zufällig“ las ich in einer deutschen Zeitschrift für Chirurgie einen interessanten Artikel über die Versorgung von Skalpierungsverletzungen. Einen Tag später wusste ich, dass die Entdeckung dieses Berichtes kein Zufall war, sondern dass Gott ihn mir genau zur richtigen Zeit hatte zukommen lassen. Es wurde nämlich eine junge Frau mit Total-Skalpierung ins Krankenhaus eingeliefert. Ihr langes offenes Haar hatte sich während einer Schiffsfahrt im Rad des laufenden Motors verfangen und wurde mitsamt der Kopfhaut von der Stirn bis zum Nacken abgerissen. Solche schweren Verletzungen sahen wir später noch mehrere Male. Sie konnten auch geschehen, wenn die Haare von laufenden Ventilatoren erfasst wurden. Gefährlich waren dabei die schwere Blutung und die Gefahr einer Infektion der frei liegenden Knochenfläche. Weil auf dieser keine verpflanzte Haut anwachsen kann, musste die äußere Schicht des knöchernen Schädels mit vielen Bohrlöchern versehen werden, aus denen im Lauf von etwa drei Wochen durchblutetes Bindegewebe wuchs. Auf diese Unterlage konnte dann Haut vom Oberschenkel erfolgreich verpflanzt werden, so dass der Schädelknochen wieder geschützt war. Nach Abheilung der Wunden besorgten sich solche Patientinnen schöne Perücken, da sie ihre eigenen Haare ja für immer verloren hatten.

Unfallverletzungen im Straßenverkehr

In der Stadt gab es große breite Straßen und immer mehr Mopeds, auf denen die Jugendlichen rasten, mit oder auch ohne Führerschein. Schutzhelme wurden nur der Polizei zuliebe aufgesetzt, weil es Vorschrift war. Selten wurden sie richtig fixiert. So boten sie bei Stürzen natürlich keinen Schutz. Um eine Blutung im Schädelinneren diagnostizieren zu können, hatte ich mich in Ermangelung eines Computertomographen auf den Verlauf und die klinische Symptomatik zu verlassen. Wenn der Verdacht auf eine solche Blutung bestand, musste operiert werden. Immer wieder war es beeindruckend, wie solche Patienten schon ganz kurz nach dem Eingriff aus ihrer Bewusstlosigkeit erwachten, sprechen und sich wieder bewegen konnten, weil das Gehirn vom Druck durch den Bluterguss befreit war. Aber der so schöne „Erfolg" solcher Operationen stellte sich nicht immer sofort ein. Bei verzögerter Einlieferung der Patienten ins Krankenhaus, sehr großen Blutansammlungen und auch bei zusätzlicher

Schädigung des Hirngewebes dauerte es manchmal länger, bis sich unsere Schädelverletzten erholten. Nicht wenige von ihnen mussten ihren Leichtsinn leider auch mit dem Leben bezahlen, oder es blieben Dauerschäden zurück.

Der achtjährige Harry stellte unsere Geduld und auch die seiner Eltern sehr auf die Probe, weil er erst drei Wochen nach der Operation wegen solch einer unfallbedingten Blutung allmählich aus seiner Bewusstlosigkeit erwachte. Anschließend wurde er wieder völlig gesund. Noch viel mehr Geduld erforderte die Behandlung bei dem Oberschüler Erwin. An einem Sonntagmorgen war er mit seinem Moped verunglückt. Als ich ihn untersuchte, sprach alles für eine harmlose Gehirnerschütterung. Nach Festlegung der entsprechenden Behandlung nahm ich sorglos am Gottesdienst teil. Doch bevor dieser zu Ende war, wurde ich ins Krankenhaus gerufen, weil sich Erwins Zustand verschlechtert hatte. Als ich ankam, war er bewusstlos und bot die Zeichen einer Blutung im Innern des Schädels. Sofort wurde alles für den operativen Eingriff vorbereitet. Nach der Entfernung einer großen Blutansammlung zwischen Schädeldecke und Gehirn konnte dieses sich sofort wieder entfalten. Aber der Hirnschaden war sehr schwer gewesen. Erwin wachte nicht wieder auf. Im Lauf der vielen Wochen seiner Bewusstlosigkeit kam es zu verschiedenen Komplikationen. Die Atemwege mussten durch einen Luftröhrenschnitt abgesaugt und sauber gehalten werden, weil der Junge nicht abhusten konnte. Seine Ernährung erfolgte durch eine Magensonde. Es entstanden Aufliege-Geschwüre. Wenn Erwin angesprochen wurde, kam keinerlei Reaktion, auch nicht auf Schmerzreize. Der ganze Körper war total gelähmt. Nach zwei Monaten fragte mich Erwins Vater, ob es denn überhaupt noch Hoffnung gäbe. Ich konnte es nicht sagen. Wir Schwestern waren uns nicht mehr sicher, ob wir weiter um Erwins Genesung beten sollten oder darum, dass er sterben dürfe, wenn keine Aussicht auf Besserung bestand. So beteten wir einfach darum, dass Gottes Wille mit dem Jungen geschehen möge. Nach insgesamt drei Monaten erlebten wir das Wunder: Als ich am Ostersonntag meine Visite machte, begrüßte ich Erwin wie an jedem anderen Tag mit „Selamat pagi, Erwin!" (Guten Morgen). Ich traute kaum meinen Ohren und konnte es nicht fassen, als ich plötzlich aus seinem Mund hörte: „Selamat pagi!" Es war eine wunderbare Oster-Überraschung. Am nächsten Tag konnte Erwin die großen Zehen bewegen. Jeden Tag machte er Fortschritte. Das Bewusstsein kam ohne Verwirrtheitszustände allmählich wieder zurück. Erwin konnte den Schulbesuch fortsetzen und fuhr auch wieder mit seinem Moped. Dieses Erleben machte uns Mut, nie die Hoffnung aufzugeben, auch wenn eine Situation aussichtslos erscheint.

An einem späten Abend während der Regenzeit wurde ich ins Krankenhaus gerufen. Ein junger Mann war auf der regennassen Straße verunglückt und hatte eine schwere offene Schädel-Hirn-Verletzung erlitten. Er musste sofort operativ versorgt werden. Diensthabende Mitarbeiter waren nicht anwesend. Trotz dringender Bitte war wegen des wolkenbruchartig strömenden Dauerregens keiner und keine von ihnen bereit, ins Krankenhaus zu kommen. Ohne Helfer konnte ich aber nichts tun. Es war zum Verzweifeln. So blieb mir nichts anderes übrig, als nach Hause zu fahren und meine beiden Mitschwestern aus dem Bett zu holen. Auch der diensthabende Narkosepfleger wollte nicht kommen. Deshalb musste ich den zerborstenen Schädel und das offen verletzte Gehirn in örtlicher Betäubung versorgen. Da der junge Mann trotz Beruhigungsmitteln in seinem Verwirrtheitszustand noch immer randalierte, bat ich die Angehörigen, ihn während des Eingriffs festzuhalten. Ein Mutiger unter ihnen kam als Erster in den Operationsraum und bändigte den Patienten so lange, bis es ihm übel wurde. Er musste durch den Nächsten abgelöst werden, bis auch dieser es nicht länger aushielt. Da glücklicherweise mehrere Familienmitglieder zur Verfügung standen, gelang es, mit ihrer Hilfe die Operation zum Ende zu bringen. Der Verletzte erholte sich rasch und konnte bald nach Hause entlassen werden.

Eines Tages wurde ein Verkehrstoter nach einem Lastwagen-Unfall eingeliefert. Das war aus juristischen Gründen für die polizeiliche Bestandsaufnahme erforderlich. Was wir da zu sehen bekamen, war unglaublich und entsetzlich zugleich: Das Gehirn des Mannes wurde in einem gesonderten Behälter geliefert. Es war aus dem zerspaltenen Schädel herausgerissen und neben der Leiche gefunden worden. Das

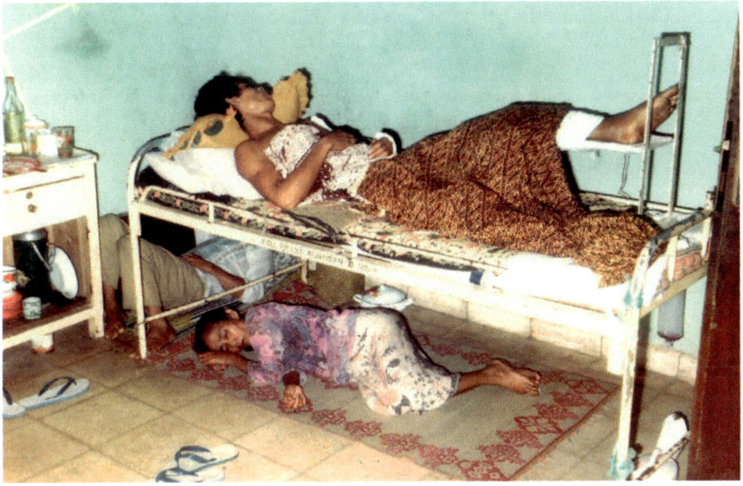

Patient mit gebrochenem Arm und Bein.
Die begleitenden Angehörigen schlafen oft unter dem Bett.

Organ mit seinen schönen Hirnwindungen war so gut in Form und Größe erhalten geblieben, dass man es für ein Museum der Anatomie hätte brauchen können. Mit äußerster Sorgfalt legten wir es in den Schädel zurück, bevor die Leiche weggebracht wurde.

Im Lauf der Zeit mussten wir zunehmend häufig Knochenbrüche versorgen. Anfangs stellten wir die gebrochenen Arme und Beine mit Gipsverbänden ruhig. Doch bald wurde uns klar, dass es besser wäre, bestimmte Knochenbrüche zu operieren. Mit der Versorgung von acht Jugendlichen, die auf dem Heimweg von einer Kirchenchorprobe in ihrem Kleinbus verunglückt waren, begann die Ära der operativen Frakturbehandlung in Palangka Raya; denn jeder von ihnen hatte Knochenbrüche erlitten. Von deutschen Ärzten und Krankenhäusern erhielten wir gebrauchte Platten, Schrauben und Nägel, die sterilisiert und mit guten Erfolgen als Materialien zur Fixierung der gebrochenen Glieder eingesetzt werden konnten. Nach einiger Zeit gehörten die Operationen von Knochenbrüchen zu unseren häufigsten Eingriffen. Dazu schafften wir uns auch noch das Instrumentarium zum Einsetzen eines so genannten „äußeren Fixateurs“ an. Damit werden Frakturen operativ ruhiggestellt, die offen oder infiziert sind und deshalb nicht verplattet oder genagelt werden dürfen.

Seltene Krankheitsbilder im chirurgischen Alltag

Unvergesslich bleibt mir ein Ereignis, das mit einer ausgefallenen und äußerst seltenen Gefäßanomalie zusammenhing. Während der Stationsvisite begrüßte ich einen neuen Patienten. Er war einige Zeit vorher in einem auswärtigen Krankenhaus wegen einer „Geschwulst“ am Unterarm operiert worden und nun zur „Nachbehandlung“ in unser Hospital gekommen. Er konnte keine näheren Angaben machen und brachte auch keinen Überweisungsbrief mit. Als ich sah, dass die Wunde infiziert war, beschloss ich, die Fäden zu entfernen. Sobald ich damit begonnen hatte, kam die Überraschung: In kräftigem Strahl schoss arterielles, also hellrotes Blut aus der Wunde. Offensichtlich hatte man vorher versucht, den „Tumor“ zu operieren, und dabei festgestellt, dass es sich um ein „Aneurysma“, eine Ausbuchtung der Gefäßwand, handelte. Die Wunde war zugenäht und der Mann weitergeschickt worden. Als diese Sachlage für mich plötzlich klar war, versuchte ich, die Blutung mit einem Druckverband zu stillen. Nachdem das aber nicht gelang, presste ich meine Hand mit voller Kraft auf den blutenden Arm, unterbrach die Visite und begleitete den Mann im Eiltempo zum Operationssaal. Erst nachdem dort eine Manschette als „Blutleere“ am Oberarm angelegt und aufgepumpt war, konnte ich den Arm loslassen und in Ruhe operieren. Es war das zweite Mal, dass mir eine solche Gefäßveränderung am Arm unerwartet als Überraschung begegnete.

Ein schmächtiger Mann mittleren Alters kam in die Sprechstunde wegen einer schmerzhaften und geröteten Schwellung an der linken Halsseite. Er habe etwa drei Wochen vorher sein künstliches Gebiss verschluckt und könne seitdem nichts mehr essen. Auch das Trinken sei sehr erschwert. Die Schmerzen waren so stark geworden, dass sich der Mann endlich entschlossen hatte, zur Behandlung zu kommen. Offensichtlich war das Gebiss im oberen Teil der Speiseröhre stecken geblieben und hatte den kürzesten Weg nach außen gesucht. Vom Mund her war es nicht möglich, den großen Fremdkörper zu entfernen. So musste operiert werden. Das Gebiss hatte die Speiseröhrenwand durchbohrt und zu schwerer eitriger Entzündung der umgebenden Halsregion geführt. Unter sorgfältiger Schonung

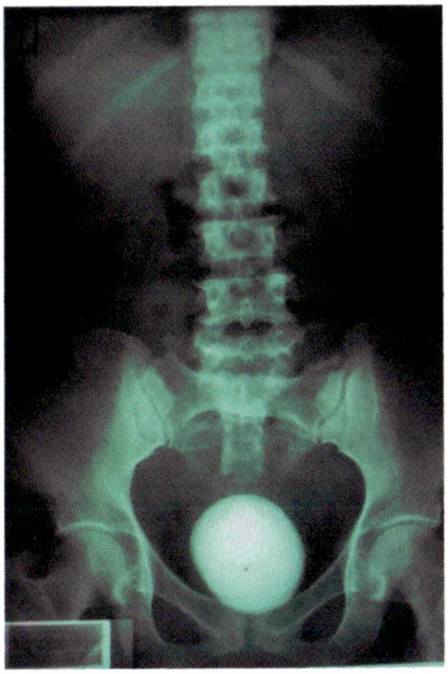 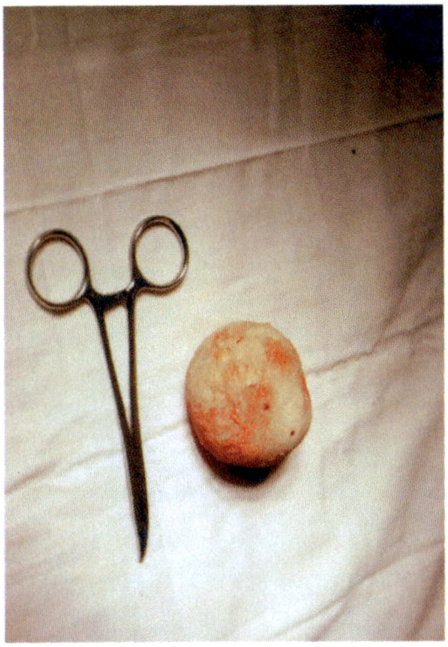

*Riesen-Blasenstein auf dem Röntgenbild
und der mit Geburtszange entfernte Blasenstein*

der vorgelagerten großen Gefäße und Nerven gelang es, den Fremdkörper zu entfernen und die Wand des oberen Verdauungskanals zu rekonstruieren. Aber das Schlucken durfte nicht erlaubt werden, bis die Wunde abgeheilt war. Zwei Wochen lang erhielt der Patient flüssige Nahrung durch einen Magenschlauch. Nachdem er von diesem endlich befreit war, zeigte der frisch Genesene seine Ernährungssonde jedem, der ihm begegnete, unter der triumphierenden Mitteilung, dass dieser Plastikschlauch ihn am Leben erhalten habe, solange er nicht essen und trinken konnte. Glücklich zog er wieder nach Hause.

Ein Sonderkapitel waren die häufig erforderlichen Operationen wegen Harnsteinen. Sie mussten aus den Nieren, dem Harnleiter, aus der Blase und der Harnröhre entfernt werden. Ursächlich waren Flüssigkeitsmangel durch Schwitzen und häufige Durchfall-Erkrankungen beteiligt, sowie auch Fehlernährung und die Vergrößerung der Prostata bei älteren Männern. Sogar bei Säuglingen und Kleinkindern mussten Blasensteine operativ entfernt werden. Bei Erwachsenen waren die größten bis zu einem Kilogramm schwer und mehr als faustgroß. Es erstaunte uns immer wieder, wie die Betroffenen solche Zustände manchmal jahrzehntelang aushielten, trotz schwerster begleitender Harnwegsinfektionen.

Verschleppte Krankheitsbilder sahen wir besonders oft bei den so genannten Transmigranten, Einwanderer von der übervölkerten Nachbarinsel Java. Entsprechend einem Programm der Regierung wurden immer wieder Hunderte von Familien von dort auf weniger bewohnte Inseln wie Sumatra, den indonesischen Westteil von Neuguinea oder nach Kalimantan übersiedelt. Sie sollten den Urwaldboden bewirtschaften und sich eine neue Lebensgrundlage erarbeiten. Es wurden eigens Transmigranten-Dörfer gebaut, jeweils mit Moschee und Kirche. Zwei Jahre lang bezahlte der Staat die medizinische Behandlung dieser verarmten Menschen. Vorher hatten sie sich oft aus finanziellen Gründen auf ihrer Heimatinsel nicht ärztlich behandeln lassen können. So kamen sie in unser Krankenhaus mit schwerer Tuberkulose, vereiterten Knochen, riesigen Abszessen, mit weit fortgeschrittenen Tumorerkrankungen oder anderen chronischen Leiden.

Selten mussten in Palangka Raya betagte Menschen operiert werden. An zwei von ihnen kann ich mich lebhaft erinnern. Ein sechsundneunzig Jahre alter Mann wurde wegen Darmverschluss eingeliefert. Eine Geschwulst des Dünndarms war die Ursache. Die Operation verlief ohne Schwierigkeiten, und der Patient erholte sich recht gut. Es traten keine Komplikationen auf. Aber kurz bevor er entlassen werden sollte, meinte er plötzlich, er habe jetzt lange genug gelebt. Er wolle nun sterben und nicht erst wieder nach Hause zurückkehren. Sein Wunsch erfüllte sich am nächsten Tag, und er starb ohne medizinisch erklärbaren Grund. – Bei einem anderen alten Mann musste eine große Kopfplatzwunde versorgt werden. Als er nach seinem Alter gefragt wurde, meinte er, das wüsste er nicht so genau. Aber er könne mit Sicherheit sagen, dass er in dem Jahr geboren sei, in dem der große Ausbruch des Vulkans Krakatau südlich von Java erfolgt war. Diese Naturkatastrophe, deren Auswirkungen bis nach Europa reichten, hatte im Jahr 1883 stattgefunden. Unser Patient war somit ganze 103 Jahre alt.

Aufregend und oft dramatisch waren Nachblutungen nach Beschneidungen. Routinemäßig werden die elf- bis zwölfjährigen Jungen in Indonesien durch Krankenpfleger oder „Spezialisten“ beschnitten, unabhängig von der Religionszugehörigkeit. Manche Eltern bringen ihre Kinder auch zu Ärzten oder ins Krankenhaus, um diese obligatorischen kleinen Eingriffe durchführen zu lassen. Gelegentlich war das auch meine Aufgabe. Wenn die Kinder an der Bluter-Krankheit litten, wussten das die meisten Eltern nicht. Die auftretenden Nachblutungen waren sehr schwer zu beherrschen. Es gab Kinder, bei denen die Wunde wiederholt genäht werden musste, wenn sowohl die medikamentöse Behandlung als auch Druckverbände nicht zum Ziel führten. Manchmal waren sogar Bluttransfusionen erforderlich. Wir konnten dankbar sein, dass alle unsere Bluter-Patienten nach ihren Beschneidungen überlebten. Bei wieder anderen mussten nach Beschneidungen aufgetretene Verengungen der Harnröhre operativ angegangen werden.

Für uns unbegreiflich und sehr traurig war es, wenn neugeborene oder erst wenige Wochen alte Babies gebracht wurden, nachdem sie - meist durch ihre Großmütter - mit Bananen oder Krabben „voll gestopft“ worden waren, damit sie „schneller groß und stark werden“ sollten. Der Magen solcher „zwangsernährter“ Kinder war jedes Mal in ganzer Länge aufgerissen und sein Inhalt in der Bauchhöhle verteilt. Trotz der schlechten Prognose musste ich solche Säuglinge operieren. Obwohl sie alle noch lebendig vom Operationstisch in ihre Bettchen kamen, überlebte leider keiner von ihnen.

Erfreulicher und erfolgreicher waren die Eingriffe bei unseren „Wasserkopf-Babies“. Diese Operationen wurden uns ermöglicht dank der Unterstützung durch die Würzburger neurochirurgische Universitätsklinik. Professor Sörensen, den ich dort als Patientin kennengelernt hatte, sorgte dafür, dass noch sehr gut verwendbare Materialien mit abgelaufenen Verfallsdaten für uns gesammelt wurden. Besonders hilfreich waren die so genannten Shunt-Systeme mit einem Schlauch, der unter die Haut gepflanzt wurde und dafür sorgte, dass das überschüssige Hirnwasser in die Bauchhöhle abgeleitet wurde. Dadurch konnte das Gehirn der Kleinen von dem Flüssigkeitsdruck befreit werden und sich normal entwickeln. Ich war auch sehr dankbar für die fachlichen Ratschläge, die ich in diesem Zusammenhang immer wieder aus Würzburg erbitten durfte.

Heilung für Leib und Seele

Der animistische Geister- und Aberglaube spielte in Kalimantan eine große Rolle. Auch manche Christen hielten daran fest. Gelegentlich kamen wir bei unserer chirurgischen Arbeit mit solchen Glaubensvorstellungen in Berührung. Eines Tages wurde ich zu einer Frau gerufen, die seit einer Woche nicht essen und auch nicht mehr sprechen konnte. Sie lag teilnahmslos und apathisch in ihrem Bett. Laut dem Bericht ihrer Angehörigen sei sie nach einem schlimmen Traum „vom Teufel besessen" gewesen. Wir hatten uns zwar nie vorher mit solchen Dingen beschäftigt; aber es war bekannt geworden, dass wir im Auftrag eines Stärkeren nach Kalimantan gekommen waren, nämlich unseres lebendigen Herrn, der den Teufel besiegt hat. So hofften die Angehörigen jener Frau, dass wir ihr vielleicht helfen könnten. Zunächst versuchten wir, mit ihr zu sprechen und beteten mit ihr, aber ohne Erfolg. Zuhause beteten wir weiter für die geplagte Frau. Am folgenden Morgen besuchte ich sie als Erste. Sie begrüßte mich mit glücklich strahlendem Gesicht und mit dankbaren Worten, hatte ihr Frühstück mit großem Appetit zu sich genommen und war offensichtlich befreit von der dämonischen Bindung, die sie umklammert hatte. Auch ihre Familie war glücklich. Zusammen mit ihr und den Krankenschwestern dankten wir unserem Gott, der Seine Macht auf wunderbare Weise erwiesen hatte.

Eine Gebetserhörung ganz anderer Art erlebten wir, als ein unheilbar kranker älterer Mann im Sterben lag. Mit medizinischen Mitteln war ihm nicht mehr zu helfen. Seine Angehörigen warteten darauf, dass er von seinem Leiden erlöst werden und sein Leben zu Ende gehen würde. Aber der Sterbeprozess zog sich quälend lang hin, ohne dass es medizinisch zu erklären war. Da verrieten mir die Angehörigen, dass der Mann unter der Macht eines Dämons stehen würde, der ihn am Sterben hindere. Nur wenn dieser böse Geist besiegt sei, könne sein Leiden beendet werden. Wir sollten doch zu unserem Gott beten und ihn darum bitten, dass die finsteren Kräfte von dem Sterbenden ablassen würden und er im Frieden erlöst werde. Nun, dieses einzige Mal erfüllten wir eine solche Bitte. Am nächsten Tag war das Leiden zu Ende.

Ein Patient litt an einer Geschwulst des Magens und lag bereits auf dem Operationstisch. Ob der Tumor radikal entfernt werden konnte, ließ sich bei unseren begrenzten diagnostischen Möglichkeiten nicht sicher sagen, aber doch hoffen. Bevor die Narkose eingeleitet wurde, schloss der Mann noch einen höchst makabren „Handel" mit Gott ab. Er versprach, den christlichen Glauben anzunehmen, wenn er vollständig geheilt würde; andernfalls wolle er bei seinem animistischen Kaharingan-Glauben bleiben. Alle Anwesenden waren peinlich berührt. Nachdem wir uns noch einmal durch die Zustimmung des Kranken vergewissert hatten, dass die Operation wirklich durchgeführt werden sollte, wurde die Narkose eingeleitet. Bevor das Skalpell in Aktion treten konnte, kam es plötzlich zum Herzstillstand. Alle Wiederbelebungsmaßnahmen blieben erfolglos. Wir alle waren schockiert. Der tödliche Narkosezwischenfall war medizinisch nicht zu erklären. Es war uns zumute, als ob Gott selber geantwortet hätte und uns zu verstehen gab, dass man nicht auf solche Weise mit Ihm handeln dürfe, wie es dieser Patient getan hatte.

Ein anderer unserer Kranken kam als Opfer einer Behandlung durch den „Dukun" (Zauberer/Medizinmann) seines Dorfes. Er hatte einen harmlosen Schlüsselbeinbruch erlitten und wurde vom Medizinmann an der Bruchstelle massiert. Daraufhin war die Schulter noch stärker angeschwollen und der Bluterguss eitrig infiziert. Der Mann wurde in höchst kritischem Zustand eingeliefert und starb nach kurzer Zeit an einer Sepsis (Blutvergiftung), nachdem sich die Infektion im ganzen Körper ausgebreitet hatte.

Wir Schwestern konnten mit fast allen Kirchen in Palangka Raya gute Kontakte knüpfen. In der Pfingstgemeinde, die als einheimischer „Sponsor" für unsere Aufenthaltserlaubnis zuständig war, halfen wir zwei Jahre lang beim Kindergottesdienst mit. Wir hielten uns auch zur evangelischen Kalimantan-Kirche. Nicht selten wurden wir zu Hausgottesdiensten eingeladen. In unserem Haus richteten wir eine christliche Leihbücherei ein, die guten Anklang unter der Bevölkerung fand. Bald nach unserem Einzug luden wir junge Menschen zu Bibelstunden ein mit fröhlichem Singen und Beten. An jedem Samstagabend versammelten sich siebzig bis achtzig Jugendliche in unserem großen Wohnzimmer. Diese jungen Christen setzten sich auch in ihren Gemeinden und bei Besuchsdiensten im Krankenhaus ein.

Tini, eine dieser Jugendlichen, kam eines Tages ganz aufgelöst an und bat um Hilfe: Ihre Eltern, dem Namen nach Christen, hätten einen Medizinmann gerufen, um ihre kranke Schwester zu behandeln. Unsere junge Freundin war ganz verzweifelt, weil sie den Plan der Eltern nicht mehr verhindern konnte. So setzten wir uns mit ihr zur gleichen Zeit, in der die Schwester „behandelt" werden sollte, zusammen und baten Gott darum, dass Er die Kranke und ihre Familie vor Schaden bewahren und Seine Macht erweisen möge. Am nächsten Morgen berichtete Tini ganz begeistert und dankbar darüber, wie Gott unsere Gebete erhört habe: Der Zauberer sei zwar gekommen, aber nicht fähig gewesen, irgendetwas von seinem Vorhaben auszurichten; denn er habe eine Kraft verspürt, die stärker als die seine war. Er sei immer schwächer geworden und habe das Haus unverrichteter Dinge verlassen. Die Schwester wurde anschließend gesund und kam zum Glauben an den Herrn Jesus Christus. Ihre Eltern besuchten auch wieder regelmäßig die Gottesdienste.

Von Gästen und Freunden

Während der ersten Jahre unseres Einsatzes waren wir die einzigen Ausländer in Palangka Raya. Deshalb wurden fast alle Touristen, die in die Stadt kamen, zu uns geschickt. Man ging davon aus, dass alle hellhäutigen Menschen ganz selbstverständlich unsere Gäste seien. Sehr dankbar waren wir auch diesbezüglich für unsere beiden Hausmädchen, die solche Gäste umsichtig betreuten. Eine von ihnen trat nach sechs Jahren sogar in die indonesische Christopherus-Schwesternschaft ein, die in Semarang/Java gegründet worden war. Unsere Schwester Yasna diente später viele Jahre lang treu ihrem Herrn auf der Urwaldstation Tumbang Marikoi.

Eine große Freude bedeuteten uns Schwestern-Besuche aus Deutschland und Pakistan. Auch Bruder Klinge kam mit seiner Frau zu uns. Er hielt Bibelarbeiten und berichtete lebendig über seine Erfahrungen im Leben für Gott und über die Anfänge unserer Kommu-

Besuch von Sr. Astrid (Mitte) aus unserem Christusträger-Leitungsteam 1986

nität. Erfrischend war es für uns auch, als eine große Abordnung des Schwäbisch Haller Diakoniewerks uns mit ihrem Besuch erfreute. Wir hatten ein gutes Miteinander und einen regen Austausch.

Unter unseren meist deutschen Gästen waren interessante Menschen. Einer von ihnen erforschte als Völkerkundler die Religion und Kultur der Dajaks. Ein pensionierter Nürnberger Augenarzt wollte unsere Arbeit kennenlernen und nebenbei auch Augenkranke behandeln. Sein Hobby war das Sammeln und Erforschen von Nachtfaltern. Deshalb war ich oft mit ihm bis Mitternacht in unserer Stadt unterwegs, wo er die um Lampen herumschwirrenden Tiere in galanten Drehbewegungen mit seinem Netz einfing und durch sofortige tödliche Alkoholinjektionen für seine Sammlung präparierte. Wir behielten ihn als unseren „Schmetterlingsdoktor" in Erinnerung.

Manchmal besuchte uns die Professorin Birute Galdikas aus Kanada. Sie hatte ein Orang-Utan-Reservat im Westen unserer Provinz aufgebaut, dort einen Einheimischen geheiratet und kam immer wieder in unsere Stadt. Sie ließ uns gerne an ihrem interessanten Erleben teilhaben.

Besonders freuten wir uns, wenn Missionare der beiden großen Konfessionen bei uns einkehrten. Oft waren es Mitarbeiter der Basler Mission. Diese unterhielt eine Landwirtschafts-Schule mit Krankenstation in Tumbang Lahang im Westen unserer Provinz sowie eine Holzbauschule in Mandomai südlich von Palangka Raya. Besonders gern kam der Schweizer Pfarrer Roland Dumartheray zu uns. Er war der Indonesien-Beauftragte der Basler Mission und zählte uns zu seinen Freunden, was wir zu schätzen wussten. Manchmal brachte er auch noch andere Gäste mit, meist unangemeldet.

Margarete Desselberger aus dem Schwabenland arbeitete als Krankenschwester und Hebamme in Tumbang Lahang und schickte oft Patienten in unser Krankenhaus. Viele Jahre lang hatten wir uns nur durch Überweisungsbriefe gekannt. Eines Tages kam sie selber schwerkrank mit hohem Fieber und wurde in unserem Wohnhaus „stationär" aufgenommen. Ihren Typhus behandelte ich unter anderem mit Injektionen. Vermutlich beim Spritzen steckte ich mich an, so dass auch ich nach kurzer Zeit erkrankte. Ein Internist, der inzwischen in unserer Stadt seinen Dienst aufgenommen hatte, behandelte mich. Ich fühlte mich sterbenskrank und schwach. Noch heute erzählen meine beiden Mitschwestern manchmal gern und ein wenig amüsiert, wie schwierig es damals gewesen sei, mir die verordnete Medizin zu verabreichen, weil ich sie nicht schlucken konnte. Kurz nachdem das Fieber gesunken war, kam ein verzweifelter Hilferuf aus dem Krankenhaus: Die Tochter unseres Gouverneurs, was dem hiesigen Ministerpräsidenten entspricht, hatte Schwierigkeiten bei ihrer Entbindung, so dass ein Kaiserschnitt erforderlich war. Da es sonst niemanden gab, der diesen durchführen konnte, zwang ich mich aufzustehen und operierte die junge Frau im Sitzen. Gott sei Dank dafür, dass sie und ihr Baby den Eingriff ohne Schaden überstanden haben und auch ich selber durchhalten konnte.

Immer wieder waren deutsche Medizinstudenten oder junge Ärzte und Ärztinnen unsere Gäste. Sie interessierten sich für die Arbeit im Krankenhaus und machten auch gerne dabei mit. Ein ganz besonderer Gast war mein früherer Lehrer Dr. Jäger aus Schwäbisch Hall. Zwei Wochen verbrachte er zusammen mit seinem Sohn Hans, der als Tierarzt in Südafrika arbeitete, bei uns. Hans kannte sich in der Botanik gut aus und erklärte uns vieles über die Vegetation in den Tropen. Gut kochen konnte er außerdem auch noch. Wie in früheren Zeiten arbeitete ich mit Dr. Jäger zusammen und war dankbar für seine Ratschläge. In der Zeit seines Besuches kamen gleich drei Kinder mit angeborenen Fehlbildungen, die alle schwierig zu operieren sind: eine große Gaumenspalte, eine sackartige Ausbuchtung des Gallengangs und ein verschlossener Darmausgang. Es war mir, als ob Gott diese Kinder gerade zum richtigen Zeitpunkt hergeschickt hätte, damit ich sie zusammen mit Dr. Jäger operieren oder ihm dabei assistieren konnte. Als mir eine Wöchnerin nach ihrem Kaiserschnitt infolge einer Gerinnungsstörung unter den Händen verblutete, war mir Dr. Jägers Anwesenheit eine große Hilfe, Trost und Erleichterung. Er konnte es verstehen und aus eigener Erfahrung nachempfinden, wie miserabel man sich als Operateur fühlt und wie niederschmetternd es ist, einen frisch operierten Patienten verlieren zu müssen.

Katastrophen und Messerstechereien

Während eines heftigen Gewitters wurden wir alle eines Tages von einem fürchterlichen Knall erschreckt. Nicht lang danach wurden - zum Glück während der regulären Arbeitszeit - viele Jugendliche ins Krankenhaus eingeliefert. Ein Blitz war in ein mit Wellblech gedecktes Schulgebäude während des Unterrichts eingeschlagen, nicht weit vom Hospital entfernt. Drei der jungen Menschen waren sofort tot. In kurzer Zeit waren alle Räume der chirurgischen Poliklinik und auch der Vorplatz gefüllt mit Verletzten im Alter von sechzehn bis siebzehn Jahren. Es herrschte große Aufregung und ein unübersichtliches Durcheinander. Auf Tragen, Betten und am Boden lagen die Jungen und Mädchen. Ich versuchte, mich durch die Reihen zu kämpfen und festzustellen, wer am schwersten geschädigt war und am dringendsten lebensrettende Behandlung benötigte. Einer der Schüler starb im Untersuchungsraum. Eines der Mädchen konnte durch Wiederbelebungsmaßnahmen gerettet werden, und fast alle anderen wurden im Krankenhaus aufgenommen. Bei einigen von ihnen bestanden vorübergehende Nervenschädigungen. Bald waren alle Überlebenden kreislaufmäßig stabilisiert, und es kehrte langsam Ruhe ein. Die meisten der Betroffenen konnten bald nach Hause entlassen werden. Kurz nach diesem Geschehen sahen wir uns das Gebäude an, in das der Blitz eingeschlagen war. Ein großes schwarzes Loch klaffte im Boden. Später wurde das Dach des Schulhauses mit Schindeln gedeckt.

Ein andermal wurden viele verletzte Männer ins Krankenhaus eingeliefert. Ein Lastwagen mit mindestens dreißig Gefängnisinsassen war unterwegs umgekippt. Es waren ehemals kommunistisch gesinnte Gefangene aus dem Bürgerkrieg des Jahres 1965. Einer von ihnen verstarb noch am Unfallort. Auf unserer Männerstation und darum herum sah es bald aus wie in einem Kriegslazarett. Ich verschaffte mir einen kurzen Überblick und entdeckte unter den Verletzten einen Mann, der gerade am Ersticken war. Er konnte nicht atmen wegen starker Schwellung der Mund- und Halsregion infolge mehrfacher Unterkieferbrüche. Durch den lebensbedrohlichen Sauerstoffmangel war sein Gesicht blau verfärbt, und er hatte das Bewusstsein verloren. Höchste Eile war geboten. Noch schlug das Herz des Mannes. Ich ließ mir ein Skalpell bringen und öffnete rasch die Luftröhre im unteren Halsbereich. Ein plötzlicher tiefer Atemzug zeigte an, dass es noch nicht zu spät war. Allmählich kehrte das Bewusstsein zurück. Nachdem der Mann an der Schwelle zwischen Tod und Leben gestanden war, machte er sich nun Gedanken über den Sinn seines Lebens und verlangte nach einer Bibel. Eifrig las er darin und ließ sich auch einiges erklären. Schließlich wurde er Christ, schloss sich einer Kirche an und ließ sich taufen.

In Palangka Raya wohnten viele Zuwanderer von Madura, einer kleinen übervölkerten Insel im Nordosten von Java. Die meisten der Maduresen verdienten ihren Lebensunterhalt durch Fahren der Becaks, der indonesischen Rad-Rikschas. Die Männer waren von klein auf gewöhnt, mit Messern umzugehen und sich damit auch ihr vermeintliches Recht zu verschaffen. Schon bei minimalen Streitigkeiten wegen weniger Rupiah (indonesische Währung) zogen sie ihre Dolche und griffen ihre Gegner an. Deshalb war es immer ratsam, sich wegen der Becak-Preise nicht mit den Maduresen anzulegen. Ihre Messer waren sehr scharf, und bei ihren Opfern sahen wir die unglaublichsten Stichverletzungen. Da gab es aufgeschlitzte Hälse, eine durchtrennte Wirbelsäule oder eine zerschnittene Achilles-Sehne. Ein Verletzter kam in der Becak sitzend angefahren und hielt dabei mit den Händen seine mit einem Tuch umwickelten Gedärme umschlossen, die aus dem geöffneten Bauch ausgetreten waren. Eine junge Frau war bei einem Familienstreit so zugerichtet worden, dass der Darm durch das zerschnittene Zwerchfell nach oben geglitten und aus dem geöffneten Brustkorb ausgetreten war. Sie überlebte die Operation, erlitt aber anschließend eine Fehlgeburt. Durch einen Messerstich vom Rücken her war bei einem anderen sogar der Gallengang durchtrennt worden. Die operative Versorgung solcher Verletzungen war nicht immer einfach. Aber fast alle unserer Messerstecherei-Opfer überlebten ohne Komplikationen. Wir staunten immer wieder, wie widerstandsfähig unsere Maduresen waren, und wie viel sie klaglos aushalten konnten.

Einen ganz besonderen Patienten aus der großen Zahl unserer Messerstecherei-Opfer nannten wir später den „Herrn Dexon“. Denn bei seiner Versorgung verbrauchte ich sehr viel von den wertvollen Dexon-Fäden, die mir ein wohlwollender Chirurg in Deutschland geschenkt hatte. Der Verletzte wurde an einem Sonntagmorgen eingeliefert. Es fanden sich viele stark blutende Wunden vom Kopf bis zu den Füßen. Der Mann hatte einen Augapfel, einen Daumen und sehr viel Blut verloren. Der Leib war bis zur Niere aufgeschlitzt. Der so schwer Verletzte musste sofort operiert werden. Aber ich konnte nicht ohne Bluttransfusion und auch nicht ohne Narkose arbeiten. Ein paar Familienmitglieder waren zwar bereit, ihr Blut zu spenden, aber die Bediensteten vom Roten Kreuz hatten keine Lust, sich am Sonntag für einen Maduresen einzusetzen, der ja schließlich selber an seinem Schicksal schuld war. Der diensthabende Narkosepfleger weigerte sich, einen Messerstecher am Sonntag zu narkotisieren, und außerdem wollte er gerade eine Flugreise antreten. Es war zum Verzweifeln. Ich raste mit dem Auto zum Flugplatz, um den Pfleger persönlich um seine Mithilfe zu bitten, aber er blieb bei seiner Ablehnung. Der Verletzte lag bereits auf dem Operationstisch. Ich suchte eine Narkoseschwester zuhause auf und bat sie um ihre Hilfe. Rini hatte zwar keinen Dienst, erklärte sich aber schließlich doch bereit. Sie war Christin und brachte es nicht fertig, meine Bitte abzuschlagen. So konnte der Mann endlich operiert werden. Acht Stunden hatten wir zu tun, um alle seine Verletzungen zu versorgen. Sein Blut sah am Ende aus wie Wasser, weil es durch die Infusionsflüssigkeit sehr stark verdünnt war und er noch immer kein Transfusionsblut bekommen hatte. Der Blutdruck war zwar niedrig, aber der Mann lebte. Alle seine Wunden heilten komplikationslos ab. Vor seiner Entlassung nahm ich ihm noch ein Versprechen ab: Er solle sich nicht an seinem Rivalen rächen, sondern lieber dafür dankbar sein, dass er überlebt hatte. Er versprach es mir; wir erfuhren leider nie, was aus ihm geworden ist.

Einer der Messerstecher von Palangka Raya gehörte zu unseren „Stammkunden“, weil er wiederholt versorgt werden musste. Die schwerste seiner Verletzungen war ein tiefer Stich im rechten Oberbauch mit Durchtrennung der ganzen Leber. Dabei verlor er sehr viel Blut. Wir erfuhren von Nurdin selber, dass er von einem bösen Geist besessen war. Dieser zwang ihn immer wieder, entweder andere Menschen oder sich selber durch Messerstiche zu verletzen. Zu gerne hätten wir ihm geholfen, von diesen finsteren Mächten frei zu werden. Bei passender Gelegenheit erzählten wir ihm von Jesus Christus, der ihn befreien und ihm ein neues, besseres Leben schenken könne. Nach einigem Zureden ließ sich Nurdin ein Neues Testament geben. Immer, wenn ich zur Visite kam, las er anscheinend eifrig darin. Manchmal gelang es, kurz mit ihm ins Gespräch zu kommen. Das ging so lange, bis wir eines Tages entdeckten, dass er gar nicht lesen konnte und das Buch umgekehrt in der Hand hielt. Trotzdem bedankte er sich höflich, als er es mir schließlich zurück gab. Später brachte er uns sogar aus Dank für unsere Hilfe Geschenke ins Haus und versprach feierlich, dass er unserem Hund nichts antun würde. Offensichtlich machte er bei uns in dieser Beziehung eine Ausnahme. Eines Tages erfuhren wir, dass Nurdin seinem Leben ein Ende gesetzt hatte, indem er sich von einem Auto überfahren ließ.

Erfreulicher ist die Geschichte von unserem Patienten Ismael. Er kam erst einige Zeit nach einer Streiterei mit mehreren inzwischen vereiterten Stichwunden am ganzen Körper. Während seiner wochenlang dauernden stationären Behandlung begann er von sich aus, in der Bibel zu lesen. Manchmal sprachen wir miteinander darüber. Im Lauf der Zeit veränderte sich sein Verhalten für alle sichtbar zum Positiven. Kurz vor seiner Entlassung verkündete er mir strahlend, dass er sich fortan in seinem Dorf zur christlichen Gemeinde halten und taufen lassen wolle. Er tat es wirklich; und ganz gewiss herrschte im Himmel Freude über seine Rettung.

Entspannung und Urlaubserlebnisse

Wir drei Schwestern hatten viel Freude an unseren Haustieren, besonders an Hunden und Katzen. Sie sorgten für Entspannung nach anstrengenden Arbeitstagen. Snoopy war unsere erste Hündin. Nachdem einmal alle ihre neugeborenen Jungen gestorben waren, bewachte sie die ganze Nacht über den Platz im Garten, wo ihre toten Kinder unter der Erde lagen. Das war so rührend mit anzusehen, dass es uns die Tränen in die Augen trieb. Doch eines Tages fehlte jede Spur von Snoopy. Alles Suchen blieb erfolglos. Hunde wurden häufig gestohlen und geschlachtet; denn ihr Fleisch wird von vielen Indonesiern gern gegessen. Snoopies Sohn Bärle blieb uns über mehrere Jahre treu bis zu unserem Abschied von Palangka Raya. Immer wieder hatten wir Vögel, die uns viel Freude machten. Unser Beo, der „Guten Morgen" auf Indonesisch rufen konnte, starb leider nach einer kleinen Fußverletzung. Gelegentlich wurden auch Tiere als Patienten zur Behandlung gebracht. Es gab damals noch keinen Tierarzt in unserer Stadt. Ein Hund war mit einem Messer beworfen worden und hatte eine lange Schnittwunde am Kopf erlitten. Ich konnte sie gut in örtlicher Betäubung nähen bei dem ausgesprochen kooperativen Patienten.

Wenn es zeitlich möglich war, versuchte ich auch, im Haushalt mitzuhelfen. Die meiste Arbeit bewältigten unsere Hausmädchen unter der Anleitung meiner Schwestern. Ohne die beiden „Hausperlen" hätten wir nicht alle Drei unsere Arbeit im Krankenhaus tun können. Meine Aufgabe war es also, am Samstag jeweils einen Kuchen für den Sonntag zu backen. Dabei musste natürlich oft der Teig gerührt werden. Doch während dieser Tätigkeit geschah es immer wieder, dass ich wegen eines Notfalls ins Krankenhaus gerufen wurde. Dann machten sich meine Mitschwestern oft einen Spass daraus, anderen zu verkünden, dass die dokter Elisabeth wieder einmal „operühren" müsse.

Unseren Jahresurlaub verbrachten wir wiederholt im hochgelegenen Dorf Junggo im Osten der Insel Java. Dort steht ein schönes Freizeit- und Ferienheim der nahen Bibelschule Batu, die von deutschen Missionaren gegründet wurde. Manchmal erholten wir uns in dem kühlen Berg-Klima auch gemeinsam mit unseren Schwestern von Kudus. Auf der Insel Borneo kannten wir keinen Ort, an dem wir uns von dem drückend schwül-heißen Klima der Stadt und vom Alltags-Stress hätten erholen können.

Alle drei Jahre kamen wir für drei Monate zum Heimaturlaub nach Deutschland. Die Schwesterngruppe, zu der ich seit meinem Eintritt gehörte, war in den Weiler Hergershof, nicht weit von Schwäbisch Hall, umgezogen. Sie brauchten mehr Platz für ihre vielen Gäste, die zu Tagungen, Freizeiten oder regelmäßigen Offenen Abenden kamen. Deshalb war der Hergershof fortan meine feste Heimat in Deutschland. In jedem Urlaub konnten wir zu unserer Freude neu eingetretene Schwestern kennenlernen. Schön war es, manchmal auch Urlaubs-Schwestern aus Pakistan oder Südamerika im Heimaturlaub zu treffen. Immer neu freute ich mich über unsere weltweite Gemeinschaft der Christusträger, und dass wir trotz der räumlichen Trennung doch fest miteinander verbunden waren durch den gemeinsamen Dienst in der Nachfolge unseres Herrn.

Während der Zeit des Urlaubs in Deutschland vertraten mich jeweils einer oder mehrere indonesische Chirurgen aus Java. Als ich im Jahr 1978 zu meinem ersten regulären Heimaturlaub fliegen wollte, gab es in Jakarta Schwierigkeiten mit der Maschine der indonesischen Fluggesellschaft „Garuda" (Adler). Drei Tage lang musste ich in der Landeshauptstadt warten, bis ein technischer Schaden am Flugzeug endlich behoben war.

Die Wochen und Monate eines jeden Deutschlandaufenthalts waren gefüllt mit Fahrten zu Diavorträgen in Gruppen und Gemeinden, die uns unterstützten, sowie zu Besuchen bei Freunden und Verwandten. Auch im Deutschen Institut für Ärztliche Mission in Tübingen zeigte ich Bilder von unseren Diensten in Indonesien. Das DIFÄM bedeutete mir weiterhin ein Stückchen Heimat, und ich durfte zu jeder Zeit im dortigen Gästehaus wohnen. Nach meinem Diavortrag schenkte mir der DIFÄM-Mitarbeiter Dr.van Soest die neueste Ausgabe der „Speziellen Chirurgischen Therapie" von Saegesser. Es ist ein umfassendes Standardwerk der Chirurgie, das mir viele Jahre lang ein treuer Begleiter und Helfer war. In Tübingen wurde ich auch wiederholt eingeladen zu Diavorträgen über „spezielle chirurgische Krankheitsbilder in den Tropen". Professor Grund, der Leiter der chirurgischen Endoskopie an der dortigen Universität, holte seine Mitarbeiter und Studenten zusammen, die meine Fotos sehen sollten mit klinischen Bildern, wie man sie in Deutschland als Arzt nicht zu Gesicht bekommt. Sogar Herr Dr. Jäger von Schwäbisch Hall war einmal dabei, um mein „Raritäten-Kabinett", wie er es nannte, mit ansehen zu können. Als Mitglied der Deutschen Gesellschaft für Chirurgie nahm ich wiederholt an den großen Chirurgenkongressen in München oder in Berlin teil. Jedes Mal konnte ich wertvolle Anregungen und Hilfsmittel für Indonesien mitnehmen. Außerdem hospitierte ich in verschiedenen Fachkliniken von Würzburg, Tübingen und Rüsselsheim, um mich in einzelnen Fachgebieten der Chirurgie weiterzubilden.

Während einer Reise nach Deutschland in den achtziger Jahren flog ich mit der englischen Fluggesellschaft „British Airways". In London hatten wir eine Zwischenlandung. Beim Wieder-Einchecken zum Weiterflug nach Frankfurt wurde das Handgepäck kontrolliert. Ich hatte einen fast kindskopfgroßen, ein Kilogramm schweren Blasenstein mitgenommen, den ich mit der Geburtshilfe-Zange aus der Blase eines jungen Mannes geholt hatte. Das runde Gebilde erregte bei den Beamten den Verdacht auf Sprengstoff. Sie glaubten mir nicht, dass es ein Blasenstein war und untersuchten das Stück eingehend. Von einem zum anderen wurde mein Blasenstein weitergereicht und darüber beraten, bis die Zeit zum Abflug überschritten war. Schließlich gaben die Beamten ihre Zweifel auf und gewährten mir eine kostenlose Übernachtung im luxuriösen Hotel des Flughafens Heathrow, um am nächsten Morgen nach Deutschland weiterfliegen zu können. Den Stein erhielt ich netterweise wieder zurück. Ich schenkte ihn später Herrn Dr. Jäger, der sich darüber freute.

Während meiner Heimaturlaube war ich meist mit einem geliehenen Auto unterwegs. Ich genoss das Fahren auf den guten Straßen und Autobahnen Deutschlands. In Indonesien hatten wir uns an die schlechten Straßen gewöhnt, dazu an den dortigen chaotischen Verkehr, in dem sich selten jemand an die Regeln hält. Wiederholt stellte mir später meine Freundin Elisabeth Heine ihr Auto für die ganzen drei Monate zur Verfügung. Sie brachte mit diesem Liebesbeweis ein freiwilliges großes Opfer, das ich ihr nicht vergessen werde.

Als ganz besonderes Geschenk während eines Heimaturlaubs erlebte ich die Fahrt nach Taizé. Es war beeindruckend, die Brüder und Frère Roger, den Gründer der Kommunität, zu erleben und zu sehen, wie Gottes Geist am Wirken ist an dem Ort, wo so viele Jugendliche aus aller Welt zusammenkommen, um Gott zu begegnen. Ein zweiter „Herzenswunsch“ ging später in Erfüllung. Von Indonesien aus nahmen unsere beiden Schwestern Lydia und Yasna aus Tumbang Marikoi in Kalimantan mit mir zusammen an einer „Pilgerreise“ ins Heilige Land teil. Ein katholischer Priester begleitete uns, und ein evangelischer Pfarrer war der Reiseleiter. Nach einem kurzen Aufenthalt in Ägypten erlebten wir Israel und besuchten viele biblische Orte in Judäa und in Galiläa. An jedem Morgen hielten wir eine gemeinsame Andacht mit Betrachtung einer Bibelstelle aus dem Alten oder Neuen Testament, die im Zusammenhang mit dem Zielort des jeweiligen Tages stand. Im Katharinenkloster am Fuß des Berges Horeb, in der Geburtskirche von Bethlehem und an anderen Orten, die uns aus den biblischen Geschichten vertraut waren, feierten wir das Abendmahl oder die Heilige Eucharistie. Das „Gartengrab“ in Jerusalem war für mich das eindrücklichste Erlebnis auf unserer Pilgerreise. Es entspricht genau der Beschreibung des Grabes Jesu, wie es in den Evangelien dokumentiert ist. Man konnte die Gegenwart des Auferstandenen spüren, besonders auch während unserer Abendmahlsfeier im Grabesgarten. Wenn ich seither die biblischen Geschichten lese und höre, sehe ich die Orte vor mir, an denen sich die Heilsgeschichte zugetragen hat.

„Fliegende Chirurgin“

Wenige Jahre nach unserem Arbeitsbeginn plante der staatliche Gesundheitsdienst in Palangka Raya chirurgische Einsätze auch in anderen Städten der großen Provinz Zentral-Kalimantan, die fast halb so groß wie Deutschland ist. Dort gab es zwar Krankenhäuser mit einfachen Operationssälen, aber keine Ärzte, die Operationen durchführen konnten. So sollte ich an den verschiedenen Orten im Abstand von etwa sechs Wochen jeweils sieben bis zehn Tage lang die chirurgisch Kranken versorgen gemeinsam mit einem Team für die Narkosen, das Instrumentieren und die Assistenz. Eine meiner deutschen Mitschwestern war auch meist dabei. Wir flogen in kleinen Maschinen mit maximal zehn Sitzen zu den Zielorten; oder wir fuhren mit einem Schiff auf dem Kahayan-Fluss nach Süden. Insgesamt zehn Mal waren wir in der Stadt Sampit und sechs Mal in Pangkalan Bun. Beide Städte liegen westlich von Palangka Raya nahe der Küste. Auch nach Osten und nach Süden waren wir unterwegs zu den Städten Muara Teweh und Kuala Kapuas. Jedes Mal warteten viele Kranke auf ihre meist operative Behandlung. Zu anderen Zeiten bestand ja für sie keine Möglichkeit dazu. So hatten wir alle Hände voll zu tun. Die benötigten Hilfsmittel, chirurgische Instrumente und Utensilien für die Narkosen brachten wir mit. Erfreulicherweise gab es an den verschiedenen Einsatzorten Sterilisatoren, so dass wir sauber arbeiten konnten. Klimaanlagen waren keine vorhanden. Aber die kurzen Zeiten unserer auswärtigen Dienste hielten wir trotz Hitze und Schwitzen relativ gut aus. Etwas Erleichterung hatten wir immerhin durch die Ventilatoren in den Operationssälen. Neben den „Routine“-Eingriffen sahen wir auch immer wieder ausgefallene Krankheitsbilder und hatten manchmal recht dramatische Erlebnisse bei diesen auswärtigen Einsätzen. Als ich einmal frühmorgens zur Arbeit kam, saß unter den wartenden Patienten ein ausgemergelter Mann mit riesiger Vorwölbung vor seinem Leib. Es sah aus, als ob er ein großes Bündel vor sich her trug. Beim flüchtigen Hinsehen dachte ich zunächst, er würde ein Kind zur Behandlung bringen. Als ich ihn dann aber untersuchte, staunte ich sehr, dass sein eigener Bauch so extrem vorgewölbt war, wie ich es noch nie gesehen hatte. Die Bauchhöhle war mit einer großen Menge Flüssigkeit gefüllt. Diese wurde im Lauf der folgenden zwei Tage langsam durch eine Drainage abgelassen. Ständig musste dabei der Blutdruck kontrolliert werden. Bevor der Schlauch entfernt wurde, waren – sage und schreibe – nicht weniger als vierzig Liter Flüssigkeit abgelaufen. Ursache war eine Tuberkulose der Bauchhöhle, die anschließend medikamentös behandelt wurde. Bei einem späteren Einsatz musste noch einmal Flüssigkeit aus dem Bauch des Mannes entfernt werden; und bei einer letzten Kontrolle war er von seiner Krankheit geheilt.

Eine Frau sollte wegen ihres Schenkelbruchs, ähnlich einem Leistenbruch, operiert werden. Da außerdem ihre Gebärmutter durch gutartige Muskelgeschwülste, so genannte „Myome“, stark vergrößert war, sollte die Patientin auch von dieser Last befreit werden. Als die Leibeshöhle geöffnet war, färbte sie sich innerhalb weniger Minuten plötzlich schwarz. Eine Unmenge von kleinen Insekten war unbemerkt durch die Fliegengitter der Fenster eingedrungen und hatte sich auf der Wunde niedergelassen. Wir spülten, saugten und wuschen das Operationsgebiet ab, so gut es nur möglich war, in der Hoffnung, die zu befürchtende Infektion wenigstens eindämmen zu können. Doch zum freudigen Erstaunen aller Beteiligten heilte die Wunde völlig komplikationslos ab.

Dramatisch gestaltete sich die Versorgung einer jungen Frau, deren Gebärmutter während des Geburtsvorgangs infolge zu gewaltsamer „Massage“ zerrissen war. Sie hatte bereits sehr viel Blut verloren und benötigte dringend Blutübertragungen. Doch es gab keinen passenden Spender. Trotzdem musste ich die Frau auch ohne Transfusion schnellstens operieren, bevor sie vollends verblutete. Es war ein großes Risiko. Die zerrissene Gebärmutter musste entfernt werden. Es war schwierig, die Blutung unter Kontrolle zu bringen. Da erklärte sich Schwester Gisela, die bei der Operation mithalf, bereit, sich als Spenderin zur Verfügung zu stellen; denn sie hatte die passende Blutgruppe. Während ihr Blut in die Vene der Patientin floss, setzte sie ihre Arbeit als Assistentin fort. Die Operation konnte zu Ende geführt und die Frau dank Gottes Hilfe gerettet werden. Meiner Schwester werde ich es nie vergessen, dass sie damals für diese Patientin und auch für mich als Operateurin zum rettenden Engel geworden ist.

In Sampit wurde ich eines Tages zu einer Schwangeren gerufen. Man führte mich in ein abgedunkeltes Zimmer, wo die bewusstlose junge Frau offensichtlich in den letzten Zügen lag. Sie litt an einer schweren Eklampsie (Schwangerschaftsvergiftung). Der Kreislauf war zusammengebrochen. Dass ihr Kind noch leben könnte, hielt niemand für möglich. Ich war verwundert darüber, dass man mich überhaupt gerufen hatte zu dieser sterbenden Patientin. Weil aber ihr Herz noch schlug, musste trotz der schlechten Aussichten etwas unternommen werden. Und nachdem es das „erste Gebot" bei jeder Eklampsie ist, die Schwangerschaft so rasch wie möglich zu beenden, wurde die Achtzehnjährige auf dem schnellsten Weg zum Operationssaal gebracht. Der Kaiserschnitt konnte ohne Betäubung durchgeführt werden, da die Frau tief bewusstlos war und nichts spürte. Nachdem ich das vermeintlich tote Kind ans Tageslicht gezogen hatte, übernahm unsere Narkoseschwester das Kleine, um Wiederbelebungsversuche durchzuführen. Wider alles Erwarten begann das Kind zu atmen und sein kleines Herz zu schlagen. Die junge Mutter überlebte und erwachte nach einer Woche aus ihrer Bewusstlosigkeit. Wieder einmal hatten wir gelernt zu glauben, dass es auch heute noch Wunder gibt. Nach einem Jahr traf ich die junge Frau wieder. Sie konnte sich nicht daran erinnern, dass sie so nah an der Schwelle des Todes gestanden war.

Bei einem anderen Einsatz in Sampit wurde mir eine Schwangere vorgestellt, deren Kind offensichtlich im Mutterleib gestorben war. Bei den klinischen Untersuchungen waren keine Lebenszeichen des Babies festzustellen. Ich solle doch die Geburt des toten Kindes einleiten, wurde mir geraten. Es waren tatsächlich keine Herztöne zu hören. Obwohl ich sonst fast immer auf den Rat der Hebammen hörte, war ich dieses Mal anderer Meinung. Die Mutter habe ein einziges Mal ganz leichte Kindsbewegungen gespürt, sagte sie mir. Allein auf diese Mitteilung hin entschloss ich mich, einen Kaiserschnitt durchzuführen. Das „tote“ Kind wurde zum Atmen gereizt und lebte. Es hatte entgegen aller Befürchtungen keinen Hirnschaden davongetragen. Ein Jahr später wurde in unserer Provinz ein Wettbewerb mit dem Titel „Gesundes Kind“ durchgeführt. Mein Kaiserschnitt-Baby von Sampit erhielt den ersten Preis! Seine Geburtsgeschichte war bekannt geworden. Sie sollte zusammen mit einem Bericht über mein Leben in einer Frauenzeitschrift landesweit veröffentlicht werden. Deshalb kam eine Reporterin nach Palangka Raya, um mich zu interviewen. In ihrem Artikel schrieb sie auch von dem Grund unseres Kommens und über unseren christlichen Glauben. Daraufhin erhielt ich eine Flut von Zuschriften aus dem ganzen Land von meist jungen Menschen, die um Rat und Hilfe im Blick auf ihre Lebensfragen baten.

Aus Pangkalan Bun nahmen wir einmal einen Patienten mit nach Palangka Raya, weil die Blutung aus seiner Kopfwunde trotz mehrfachen Nähens und sonstiger Behandlungsversuche nicht zu stoppen war. Offensichtlich handelte es sich bei dem Mann um die Bluterkrankheit. Während des ganzen Fluges drückte ich die Hand fest auf seine Kopfwunde, um die Stärke der Blutung wenigstens etwas einzudämmen. Wir Beide müssen wohl einen etwas sonderbaren Anblick geboten haben. In unserem Krankenhaus erhielt der Patient dann Bluttransfusionen, und die Situation konnte beherrscht werden, Gott sei Dank.

Bei den Reisen zu den jeweiligen Einsatzorten lief nicht immer alles glatt. Einmal mussten wir nicht weniger als acht Stunden auf dem Flugplatz von Palangka Raya warten, bis unsere kleine Maschine endlich abflog. Man vertröstete uns von Stunde zu Stunde damit, dass es „gleich so weit“ wäre. Die Maschine, mit der wir hätten fliegen sollen, war irgendwo über dem Urwald abgestürzt und wir mussten uns gedulden, bis ein Ersatzflugzeug eintraf. Die Patienten in Sampit warteten den ganzen Tag über geduldig auf die „fliegende Chirurgin“ und ihr Team. Sie wurden auch noch am Abend versorgt. – Mit der gleichen Fluggesellschaft waren wir einmal nach Pangkalan Bun unterwegs. Dabei kam die kleine Maschine in eine Gewitterfront. Bei Blitz und Donner flogen wir durch die Regenwolken. Das Flugzeug sackte immer wieder plötzlich erschreckend tief nach unten. Alle Passagiere waren angespannt und klammerten sich voller Angst an ihre Sitze. Auch uns wurde es etwas „mulmig", denn wir waren uns der Gefahr bewusst. Keiner sagte ein Wort; aber wir schickten unsere Stoßgebete zum Himmel. Wir wussten uns in Gottes Hand geborgen und hatten trotz der Gefahr Frieden im Herzen. Als das Flugzeug dann doch noch sicher landete, sagten wir unserem Herrn von Herzen Dank für Seine Bewahrung.

Bei einem anderen Einsatz kamen unsere persönlichen Gepäckstücke nicht im Flugzeug mit. Wir konnten zwar arbeiten, hatten aber keine Kleidung zum Wechseln, was bei dem heißen Klima äußerst unangenehm war. Die Mitarbeiter des Krankenhauses gingen mit uns in ein Kleidergeschäft und kauften auf „Staatskosten" ein, was wir brauchten. Ein anderes Mal konnten wir nach einem anstrengenden Einsatz in Sampit nicht planmäßig zurück nach Palangka Raya fliegen, weil die Luft von Rauchnebel erfüllt war und den Flugverkehr unmöglich machte. Drei Tage lang saßen wir fest und konnten nicht heimkehren. Dann wagte ein mutiger Pilot einen Flug wenigstens bis zur Küstenstadt Banjarmasin. Von dort würden wir mit dem Boot auf dem Fluss nach Hause reisen können. Die Landebahn war wegen des dichten Nebels sehr schwer zu finden. Nach schier endlosem Kreisen gelang es schließlich zu landen. Es folgte ein großer Applaus der Passagiere als Dank an den mutigen Piloten. Trotz der schlechten Sichtverhältnisse auch auf dem Fluss wagten wir die Bootsfahrt, um endlich heimzukommen. Zwei Mal steuerte der Bootsmann die falsche Richtung an, so dass wir fast in einem Nebenfluss oder im Meer gelandet wären. Es war stockdunkel und kalt. Wir wickelten uns schlotternd in Decken ein. Das Boot rammte mehrere Baumstämme. Dann riss auch noch das Steuerseil entzwei, so dass wir für kurze Zeit richtungslos auf dem Wasser trieben, bis das Seil provisorisch geflickt war. Nach zehn Stunden Fahrt kamen wir endlich erleichtert und wohlbehalten um drei Uhr nachts im Hafen von Palangka Raya an. Drei Tage lang hatten die Schwestern zuhause warten müssen mitsamt dem festlich geschmückten Tisch, der für meinen inzwischen vergangenen Geburtstag vorbereitet war, aber nachgefeiert wurde.

Nach einem arbeitsreichen Einsatz in Pangkalan Bun, bei dem uns auch ein deutscher Medizinstudent begleitet hatte, machten wir einen Ausflug auf Land- und Wasserwegen zum nahen Naturschutzgebiet in Tanjung Puting. Dort trafen wir die kanadische Zoologie-Professorin auf ihrer Orang-Utan-Forschungsstation und durften sogar in ihrem Camp übernachten. Wir erlebten die Menschenaffen bei ihrer Fütterung aus nächster Nähe. Viele von ihnen waren früher als Haustiere gehalten und dann zur Wiedereingewöhnung in ihre natürliche Umgebung zurückgegeben worden. Sie scheuten keinen Kontakt mit uns Menschen.

In Sampit hatten wir während unserer Einsätze bereichernde Kontakte mit den dortigen Nonnen und einem holländischen Priester. Gerne verweilten wir in der schönen Kapelle der Schwestern, wo wir einmal sogar zu zweit unser geliebtes Te Deum (frühchristlicher Lobgesang) sangen zur Ehre unseres Herrn, in dessen Dienst wir standen dort, wo er uns hingerufen hatte.

Abschied von Kalimantan

Nach zehn Jahren wurde es zunehmend schwierig für uns, die Verlängerung der Aufenthalts- und Arbeitsgenehmigungen aus Jakarta zu erhalten. Die Bemühungen dafür waren immer mit viel Zeit- und Geld-Aufwand und mit Reisen in die Landeshauptstadt verbunden. Es gab mancherlei Anzeichen dafür, dass unsere Mitarbeit als Ausländer und Christen im staatlichen Krankenhaus nicht mehr gerne gesehen wurde. Der damalige Gesundheitsminister besuchte unsere Stadt und würdigte mich keines Blickes. Seine Tochter war als junge Ärztin in unserer Provinz tätig und verbreitete üble Gerüchte über uns. In einem Zeitungsartikel stand, dass man bisher „gezwungen gewesen“ sei, die Hilfe von „ausländischen Freiwilligen“ in Anspruch zu nehmen, weil noch keine einheimischen Fachärzte bereit seien, in so unterentwickelten Gebieten wie Zentral-Kalimantan zu arbeiten. Man warf uns vor, den Patienten gegenüber zu freigiebig zu sein. Hinter solchen Anschuldigungen steckte nichts anderes als Neid und Eifersucht vonseiten einiger islamischer Ärzte. Sie ärgerten sich, dass ich keine zusätzlichen Gebühren für meine chirurgischen Dienste einkassierte, so wie es unter den indonesischen Kollegen üblich war, sondern mich an die von der Regierung festgelegten Behandlungs- und Operationskosten hielt. Immer deutlicher war von offizieller Seite her zu spüren, dass unsere Anwesenheit nicht mehr erwünscht war. Außerdem wurde uns vorgeworfen, missionarische Aktivitäten im staatlichen Krankenhaus betrieben zu haben, indem wir gelegentlich mit den Kranken auf deren Bitte hin beteten oder manchmal christliche Traktate weitergaben. Das war streng verboten. Der größte Teil der Bevölkerung hielt zu uns und wünschte sich unsere weitere Anwesenheit. Die Anfeindungen kamen ausschließlich von Kollegen und Mitarbeitern islamischer Religionszugehörigkeit, die nur ihre eigenen Vorteile suchten. Es war uns immerhin ein kleiner Trost, dass keine Christen zu unseren „Feinden" gehörten.

Der Leiter unserer Schwesternschaft riet uns, die indonesische Staatsbürgerschaft zu erwerben, um unsere Arbeit zu erleichtern. Zwei Jahre lang bemühten wir uns mit Hilfe einheimischer Freunde und Freundinnen unter viel Aufwand an Zeit und Geld sowie durch die Beschaffung einer Unmenge von benötigten Papieren, indonesische Staatsbürger zu werden. Schließlich erhielten wir aus Jakarta die niederschmetternde Nachricht, dass unsere Anträge abgelehnt seien. Unsere Aufenthaltsgenehmigungen als Ausländer konnten nicht mehr verlängert werden. Nicht nur wir selber waren zutiefst enttäuscht, da wir das Ende unserer Arbeit in dem Land kommen sahen, das uns zur Heimat geworden war. Auch unsere Freunde, darunter christliche Ärzte, ehemalige Patienten und vor allem Mitglieder der Kirchengemeinden, waren entrüstet und traurig. Das Krankenhaus war inzwischen gewachsen bis zu einer Kapazität von einhundertsiebzig Betten. Ein befreundeter Zahnarzt kämpfte als bewusster Christ unter Gefährdung seiner eigenen Position für unser Bleiben. Mit Tränen in den Augen musste er uns schließlich mitteilen, dass seine Bemühungen leider vergeblich gewesen seien. Er wollte uns gern in Muara Teweh einsetzen, wo wir bereits vorübergehend chirurgisch tätig gewesen waren, und wo schon ein Wohnhaus für uns bereit stand. Unsere Kisten mit Instrumenten hatten wir schon dorthin geschickt. Aber es kam anders. Obwohl unsere Arbeitsgenehmigungen noch sechs weitere Monate gültig waren, erhielten wir einen Brief vom Gesundheitsministerium mit der Nachricht, dass unsere Mitarbeit im staatlichen Dienst beendet sei, weil ihn – angeblich - ein einheimischer Chirurg übernehmen würde. Dokter Tukik, der uns so wohlgesonnene Zahnarzt, konnte wenigstens erreichen, dass unsere Schwestern in der Urwald-Poliklinik von Tumbang Marikoi weiter arbeiten durften. Denn ihre Dienste geschahen auf privater Basis im Namen der Kirche und nicht in Zusammenarbeit mit der Regierung wie die unsrigen.

Wie sollte es nun mit uns weitergehen? Bruder Klinge hatte schon mit der Suche nach einem neuen Einsatzort für uns in Asien oder Südamerika begonnen. Bangladesch und Argentinien standen zur Debatte. Da wies uns Ibu Henny, eine befreundete frühere Patientin und Dozentin an der Universität von Palangka Raya, auf einen speziellen Paragraphen im indonesischen Gesetzbuch hin, der uns den Erwerb der Staatsbürgerschaft doch noch ermöglichen konnte. Mit ihrer Hilfe versuchten wir es erneut. Und tatsächlich wurde unser Antrag diesmal angenommen. Wir hatten schriftliche und mündliche Prüfungen abzulegen bei der Polizei, im Bürgermeisteramt und im Landratsamt von Palangka Raya. Geprüft wurden unter anderem indonesische Geschichte und die derzeitigen politischen Verhältnisse. Dann mussten wir einige Monate warten bis zur feierlichen Vereidigung als indonesische Staatsbürger. Die Zeit nutzte ich zur Fortbildung an verschiedenen deutschen Kliniken. In Palangka Raya durfte ich ja nicht mehr arbeiten, und die Bevölkerung hatte darunter zu leiden. Vielen Kranken wurde nicht geholfen und manche mussten auch sterben, weil mir die Hände gebunden waren. Von dem angekündigten einheimischen Chirurgen war nichts zu sehen.

Aus verschiedenen christlichen Krankenhäusern unseres Landes erhielten wir Angebote und Einladungen zur Mitarbeit als chirurgisches Team. Aber keines dieser Hospitäler entsprach nach Ansicht der Schwesternschaft unseren Vorstellungen und Absichten, dort zu helfen, wo es wirklich dringend notwendig sein würde. In einer staatlichen Einrichtung wollten wir nach den jüngsten Erfahrungen keinesfalls mehr arbeiten. Viele Monate lang lebten wir im Ungewissen. Wenn ich an jene Zeit zurückdenke, staune ich heute noch, wie Gott uns damals von Tag zu Tag die nötige Geduld geschenkt hat. Diese schwierige Zeit half uns aber auch, als Dreier-Team noch fester zusammenzuwachsen. Wir litten mit den Kranken, denen wir nicht helfen durften. Zugleich warteten wir zuversichtlich auf Gottes Wegweisung. Sie kam überraschend am Geburtstag unserer Schwester Gisela im August 1987. Durch einen Telefonanruf aus Kudus erfuhren wir, dass dort in dem uns wohlvertrauten christlichen Hospital „Mardi Rahayu“ ein Vollzeit-Chirurg gebraucht wurde. Nach telefonischer Rücksprache mit der Leitung unserer Schwesternschaft konnten wir am nächsten Tag in Kudus zusagen. Das lange Warten hatte ein Ende. Aus vollem Herzen dankten wir unserem Vater im Himmel.

Wir erlebten noch einmal die Freundschaft und Anhänglichkeit vieler Menschen, denen wir zwölf Jahre lang in ihren Krankheitsnöten helfen konnten. Sie erwiesen uns gegenüber ihre aufrichtige Dankbarkeit. Daran konnten wir erkennen, dass unser Dienst an den Dajaks nicht vergeblich gewesen und unser Zeugnis trotz der jüngsten Widerstände wohl verstanden und angenommen worden war. Das empfanden wir als Trost und Hilfe bei allem Abschiedsschmerz. Mit vielen treuen Christen zusammen feierten wir einen letzten schönen Gottesdienst in unserem Haus. Sogar im Operationssaal wurde Abschied gefeiert, wenn auch in reichlich bedrückter Atmosphäre. Die Verbundenheit mit unseren Freunden von der Chirurgie, mit denen wir so viel Freud und Leid gemeinsam erlebt hatten, war richtig zu Herzen gehend.

Ein neues Kapitel in Indonesien sollte für uns beginnen.

Indonesien: nördlich Palangka Raya, in Kalimantan auf Borneo (eingezeichnet). Kudus (nicht eingezeichnet) auf Java, nahe Semarang.

Als Chirurgin auf der Insel Java

Java

Java ist zwar die kleinste der vier großen Sunda-Inseln, aber die am geschichtsträchtigste, am dichtesten besiedelte und die fortschrittlichste. Jede der etwa neunhundert bewohnten von über dreizehntausend Inseln des Vielvölkerstaates Indonesien hat ihr eigenes Gepräge, ihre eigene Geschichte und Kultur, ihren besonderen Menschenschlag und ihre eigene Sprache. Auf Java gibt es den fruchtbarsten Boden und sehr viele größtenteils aktive Vulkane. Im Flachland wächst hauptsächlich Reis auf leuchtend grünen Wasserfeldern, ebenso wie in höheren Lagern auf malerischen Terrassenfeldern, im Wechsel mit verschiedenen Gemüsearten. Auf den Höhen von Ost-Java wachsen sogar Äpfel und Erdbeeren; im Westen findet man dagegen vorwiegend Teeplantagen.

Die Javaner sind im Allgemeinen kleinwüchsig und schmächtig gebaut. Ihre Hautfarbe ist dunkler als die der Dajaks auf Borneo und variiert zwischen verschiedenen Brauntönen. Die Menschen sind sehr fleißig und strebsam. Der Reisanbau mit all seinen Phasen vom Pflü-

Pflügen der Reisfelder auf Java

Beim Pflanzen der Reis-Stecklinge auf den Terrassenfeldern.

gen, Säen und Umpflanzen bis zum Ernten und Dreschen geschieht zum größten Teil wie seit Jahrhunderten in Handarbeit. Reis ist das Grundnahrungsmittel der Indonesier. Durch das Bevölkerungswachstum verkleinerten sich über viele Jahre hinweg die familieneigenen Reisanbauflächen immer stärker, was zu großer Armut geführt hat. Die von Präsident Suharto empfohlene und unterstützte (freiwillige) Familienplanung mit jeweils zwei Kindern pro Elternpaar war und ist sehr erfolgreich und hat inzwischen zur starken Reduzierung der Armut und der Analphabetenrate im Land, speziell auf Java, geführt. Seit dem Beginn der Transmigrations-Politik des Staates mit Übersiedlung von Javanern auf weniger bevölkerte Inseln kommt es immer wieder zu Spannungen zwischen ihnen und den einheimischen Bewohnern der verschiedenen Inseln. In ihrer Heimat zeichnen sich die Javaner aus durch ihre Freundlichkeit, große Toleranz, festen Zusammenhalt innerhalb der Familien, so wie ein vorbildliches Miteinander bei gemeinsamen Arbeitseinsätzen für das Land, ihren Wohnort und die Gesellschaft.

Durch Bekämpfung der Stechmücken ist es der Regierung auf Java gelungen, die Malaria fast völlig auszurotten. Allerdings ist das durch Stechmücken anderer Art übertragene Denguefieber viel häufiger

Entenherde auf abgeerntetem Reisfeld

als auf den weniger bevölkerten Inseln des Landes. Auf Java findet man die vier größten Städte von Indonesien, nämlich Jakarta, Surabaya, Bandung und Semarang. Auf der kleinen Insel Java lebt heute mehr als die Hälfte der etwa zweihundertvierundzwanzig Millionen Einwohner Indonesiens (im Jahr 2013).

Im Mardi Rahayu – Krankenhaus

Bis wir in Kudus eine Wohnung gefunden hatten, konnten wir bei unseren Schwestern Margrit und Christine in der nahen Großstadt Semarang bleiben. Sie hatten ein Heim für Sozial- und Vollwaisen aufgebaut. Wir nützten die wenigen Wochen, um die javanische Sprache zu erlernen und Einkäufe zu tätigen.

Während wir uns in einem Elektrogeschäft gerade nach Lampen umsahen, „blitzte" es plötzlich in meinem rechten Auge, mit dem ich anschließend nur noch verschwommen wie durch einen trüben Schleier sehen konnte. Ein älterer, erfahrener Augenarzt äußerte den Verdacht auf Blutung durch einen Netzhautriss, wie er bei starker Kurzsichtigkeit vorkommen kann. Wir empfanden dies wie einen

Angriff des Feindes vor unserem Neuanfang, auf den wir so lange gewartet hatten. Ich wurde nach Jakarta überwiesen zur Behandlung durch Laser-Strahlen. Sie wurde in der „Jakarta Eye-Clinic" von einem christlichen Ophthalmologen (Augenarzt) aus Sumatra durchgeführt, der in Amerika ausgebildet war und sehr gute Arbeit leistete.

Ende November 1987 zogen wir nach Kudus. Der Name bedeutet „Heilig" nach einem islamischen Mann, der dort als Heiliger verehrt wird, und zu dessen Grab viele Menschen pilgern. Die Industriestadt Kudus mit ihrem Nelkengeruch als Folge der Zigarettenherstellung war mir ja schon seit meinem Vertretungsdienst sechzehn Jahre vorher wohlbekannt. Obwohl es auch maschinelle Zigarettenherstellung gibt, fertigen bis heute Tausende von Frauen, in riesigen Sälen sitzend, die Zigaretten mit ihren flinken Händen an. Ihre Vorschulkinder werden in firmeneigenen Kindertagesstätten betreut, und in Krankheitsfällen werden die Mitarbeitenden der Zigarettenfabriken zu verbilligten Preisen im Mardi Rahayu-Krankenhaus behandelt.

Kinder auf Java

Die evangelische Mennonitengemeinde, genannt „Muria-Kirche", entstand in den zwanziger Jahren des vergangenen Jahrhunderts. Ein Mann chinesischer Herkunft war durch die Fürbitte eines amerikanischen Missionars der Mennonitenkirche von seiner Krankheit geheilt worden, hatte sich dem christlichen Glauben zugewandt und einen Hauskreis gegründet. Die meisten Mitglieder der Gemeinde sind chinesischer Abstammung; ihre Vorfahren kamen vor Jahrhunderten ins Land.

Die Verantwortlichen dieser Kirche wollten schon in den sechziger Jahren den vielen Kranken helfen, die nicht in der Lage waren, ihre Behandlung aus eigener Tasche zu finanzieren. Das inzwischen gewachsene Krankenhaus stand seit sieben Jahren ganz unter indonesischer Leitung, nachdem unsere erste dortige CT-Schwesterngruppe ihre Mitarbeit beendet hatte.

Seinem Namen gemäß - „Weg des Heils" - war und ist es den Verantwortlichen der Klinik bis heute ein Anliegen, dass die Kranken während ihrer Behandlung mit der frohen Botschaft vertraut gemacht und sie auf Jesus Christus, den Heiland der Welt, hingewiesen werden. Das geschieht durch seelsorgerliche Betreuung, durch Übertragung christlicher Andachten und Lieder auf alle Stationen sowie durch Traktate, die an strategischen Plätzen des Krankenhauses angeboten und gerne gelesen werden. An vielen Stellen hängen Kreuze, Bibelworte und christliche Bilder. Ein „Chaplain" als Hospital-Geistlicher trägt die Verantwortung für die geistlichen Dienste des Hauses. Unsere Mitarbeit dabei war von Anfang an erwünscht. Es war also genau das Gegenteil von dem, was wir in Palangka Raya erlebt hatten. Schwester Heiderose richtete zusammen mit ihren Helferinnen eine Leihbücherei für Mitarbeiter und deren Familienangehörige ein. Viele von ihnen fanden dadurch erstmals Gefallen am Lesen und auch manchmal Anstöße zum christlichen Glauben. Die Einrichtung war besonders bei Kindern sehr beliebt. Zuletzt umfasste die Bücherei über dreitausend Titel.

Die Genehmigung, als christliches Krankenhaus bestehen und arbeiten zu dürfen, musste immer wieder neu bei den staatlichen Stellen beantragt werden. Das war nicht einfach für den Direktor und die

Vor dem Mardi-Rahayu-Krankenhaus 1987
mit wartenden Becaks (Fahrrad-Rikschas).

Vorstands-Mitglieder und musste mit viel Weisheit hart und manchmal auch teuer erkämpft werden. Das Mardi Rahayu ist seit seiner Gründung eine leuchtende Oase der Nächstenliebe mitten in einem streng moslemischen Umfeld. Neunzig Prozent der Stadtbewohner und auch der Patienten sind islamischen Glaubens. Sie schätzen den Dienst des Krankenhauses, weil die Betreuung der Patienten gewissenhafter und gründlicher geschieht als in staatlichen Hospitälern. Die dortigen Verhältnisse hatten wir ja selber lange genug erlebt. Dass im Mardi Rahayu für uns nun alles anders war als in Palangka Raya, erschien uns nahezu paradiesisch. Die frohe Atmosphäre, die Zuwendung zu den Kranken, die Möglichkeit sofortiger diagnostischer und therapeutischer Maßnahmen sowie die gemeinsame Glaubensgrundlage einer Vielzahl der Mitarbeitenden waren für uns ein Geschenk des Himmels. Die etwa vierzig Prozent Angestellten islamischen Glaubens fügen sich seit jeher gut in die christliche Atmosphäre des Hauses ein. Sie haben viel Gelegenheit, die christliche Botschaft zu hören. Die grundsätzlich gewährte Religionsfreiheit des Landes, in dem der Islam nicht Staatsreligion ist, erlaubt auch Moslems die Mitarbeit in christlichen Institutionen. Angehörige beider Glaubensrichtungen können sogar untereinander heiraten. Allerdings werden die

Christen als Minderheit in vielen Bereichen benachteiligt und leiden unter verschiedenen Repressalien, bis hin zu grausamen Verfolgungen durch fanatische Anhänger der anderen Religion in bestimmten Gebieten des Landes. In den meisten Gegenden leben die Indonesier jedoch trotz unterschiedlicher Glaubenszugehörigkeit seit Jahrhunderten friedlich zusammen. Die Spannungen zwischen den Religionen sind zum großen Teil von außen eingedrungen und werden mancherorts auch politisch missbraucht.

Im Mardi Rahayu konnte man sich gegenseitig vertrauen und ich brauchte keine Sorge mehr um unsere medizinischen Hilfsmittel haben. Dass ich zu jeder Tages- und Nachtzeit Labor- und Röntgenuntersuchungen bestellen und auf die Mitarbeit der Pfleger und Schwestern auch bei nächtlichen Notfalloperationen rechnen konnte, das alles war ungewohnt und erschien mir wie ein Traum. Wir empfanden den Unterschied zu unseren vorherigen Erfahrungen wie den zwischen Tag und Nacht. Und es war nicht nur eine Anfangs-Begeisterung, sondern unsere Freude an der Mitarbeit im Mardi Rahayu mehrte sich und blieb erhalten bis zu unserem Abschied zweiund-

Der neue Krankenhauseingang im Jahr 2009.

zwanzig Jahre später. Wir waren von Anfang an wie in einer großen Familie aufgenommen, was wir sicher auch unseren Schwestern zu verdanken hatten, die vor uns über zehn Jahre dort ihren Dienst getan und das Hospital mit aufgebaut hatten.

Inzwischen war das Krankenhaus auch größer geworden. Außer einer Männerstation waren eine Entbindungsabteilung und die Privatstation „Immanuel“ dazugekommen. Das Haus hatte nun eine Kapazität von 145 Betten. Sechs Allgemeinärzte und ein Zahnarzt waren vollzeitig angestellt. Dass sie alle Christen waren und andersgläubige Ärzte nur als Teilzeitkräfte mitarbeiten konnten, war von Anfang an ein wichtiger Grundsatz des Hospitals und ist es bis heute geblieben. Ich war der erste und vorerst einzige Facharzt des Hauses. Das sollte bald anders werden, als im Lauf der Jahre immer mehr Vollzeit-Spezialisten der wichtigsten und größten Fachgebiete dazu kamen. Die Zusammenarbeit mit den islamischen Belegärzten, die vollzeitig im staatlichen Krankenhaus arbeiteten, war immer gut und kameradschaftlich. Dokter Basuki leitete das Haus jahrzehntelang mit Geschick und Weisheit und einem klaren Blick für das, was nötig und richtig war. Er hatte es nicht immer leicht und ließ uns auch manchmal an seinen Problemen teilhaben.

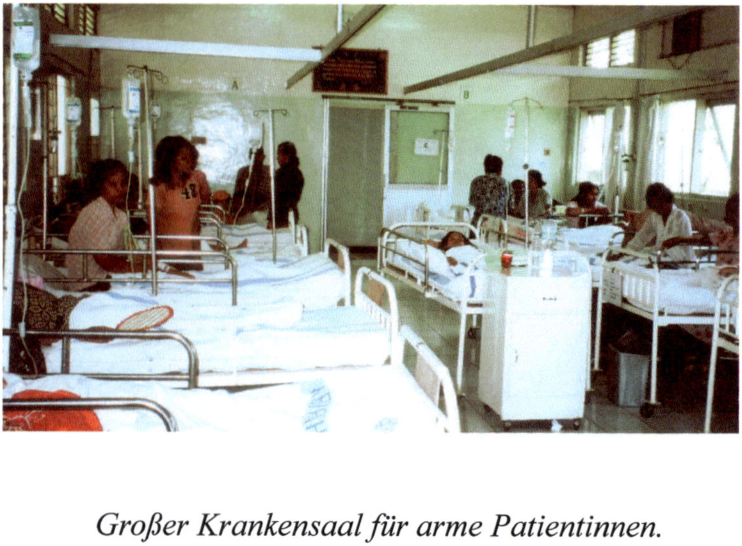

Großer Krankensaal für arme Patientinnen.

Zu Beginn des Jahres 1988 grassierte eine schwere Denguefieber-Epidemie. Diese durch Stechmücken übertragene fieberhafte Virusinfektion befällt Kinder meist schwerer als Erwachsene und führt infolge des Mangels an Blutplättchen zu Blutungsneigung und besonders bei den Kleinen zu lebensgefährlichen Schockzuständen. Die Sterblichkeitsrate lag damals bei fünfundvierzig Prozent. In unserem Hospital waren insgesamt fünfhundert Dengue-Kranke aufgenommen, von denen nur drei starben. Wir staunten, wie gewissenhaft diese zusätzlich zu behandelnden Patienten betreut wurden. Aus irgendwelchen Vorratslagern und geliehenen Beständen konnten so viele Betten aufgetrieben werden, dass keiner von ihnen - wie in anderen Hospitälern - auf dem Boden liegen musste. Die überdachten Gänge zwischen den Stationen sowie Untersuchungs- und Versammlungs-Räume waren mit Krankenbetten vollgestellt und sämtliche Stationen überfüllt. Frieren musste auch im Freien niemand bei dem immer warmen Klima. Alle Patienten erhielten die nötigen Infusionen mit Medikamenten und wurden auch pflegerisch gut betreut. Im Mardi Rahayu wusste man, was Krankenpflege bedeutet; und es wurde auch trotz eines solchen Andrangs von Patienten und ihren begleitenden Angehörigen danach gehandelt.

Schon viele Jahre gab es die sogenannte „Armenkasse“. Sie wurde aus deutschen Spenden gespeist. Dieser Sozial-Fond war ursprünglich besonders für die mittellosen Tuberkulose-Kranken bestimmt. Später wurden alle Patienten, die es nötig hatten, im Hospital und auch in den dazugehörigen auswärtigen Polikliniken unterstützt. Nachdem wir unsere Arbeit im Mardi Rahayu aufgenommen hatten, floss ein Teil der Gebühren, die meine Patienten für chirurgische Behandlungen bezahlen mussten, ebenfalls in die Armenkasse. Ein spezielles Mitarbeiter-Team überprüfte die Bedürftigkeit der Antragsteller und legte fest, wer in welcher Höhe finanzielle Hilfe bekommen sollte. So hatte ich einmal einen kleinen Patienten auf der Kinderstation, dessen Mutter nichts für die Behandlung ihres Sprösslings bezahlen konnte. Denn das einzige, was sie hätte veräußern können, war ein lebendes Huhn.

In der Poliklinik des „Mardi Rahayu“

Der Belegarzt dokter Johan, ein Christ, war bis zu unserem Kommen vier Jahre lang der einzige Chirurg in der Stadt Kudus gewesen. Er führte zunächst nur kleinere Eingriffe durch und schickte die Kranken, die größere Operationen benötigten, in die nahe Provinzhauptstadt Semarang. Im Mardi Rahayu standen zwei Operationsräume mit noch recht einfacher Ausstattung zur Verfügung. Dank unserer vielen Instrumente und Hilfsmittel, die wir aus Palangka Raya mitgebracht hatten, konnten wir größere Eingriffe wagen, einschließlich der operativen Versorgung von Knochenbrüchen. Das alles war neu für meinen Kollegen. Aber es blieb ihm nichts anderes übrig als mitzuziehen und sich auch größere Operationen zuzutrauen. Er lernte Knochenbruchoperationen durchzuführen mit Hilfe einer unserer leitenden Operationsschwestern, die mir assistierte und sich die jeweiligen Techniken einprägte, um sie an dokter Johan weiterzugeben. So konnte ich dem jüngeren Kollegen indirekt dazu helfen, auch größere und anspruchsvollere Operationen zu wagen. Während dokter Johan anfangs unser Kommen nicht begrüßte, wohl aus Angst, es könnte ihm etwas weggenommen werden, entwickelte sich später eine schöne und gute Zusammenarbeit mit ihm und den nachkommenden Chirurgen. Er holte mich sogar einige Male zu Hilfe bei

Unser „Kudus-Team“ mit der indonesischen Schwester Puryati

schwierigen Eingriffen und bat mich, ihm bei der Blinddarmoperation seines eigenen Sohnes zu assistieren und die Knochenplatten nach Oberschenkelbrüchen bei seiner Mutter zu entfernen.

Bald konnten wir aus der Mietswohnung in ein neu gebautes Haus auf dem Krankenhausgelände umziehen. Dadurch gehörten wir noch mehr zur Hospital-Familie und wohnten nun geschützter vor Einbrechern. Wenn ich Bereitschaftsdienst hatte, war ich schneller und leichter als vorher zu erreichen und konnte auch rascher zur Stelle sein.

Jeder Arbeitstag begann mit einer Andacht für die Krankenhausmitarbeiter. Das ist bis heute so geblieben. Beim Halten dieser Andachten wechselten sich Pfarrer, Ärzte und viele Mitarbeiter und Mitarbeiterinnen ab. Auch wir Schwestern kamen einmal im Monat an die Reihe. In die geistlichen und sozialen Dienste des Krankenhauses wurden meine beiden Mitschwestern im Lauf der Jahre immer mehr einbezogen, während meine Zeit und Kraft vorwiegend der Chirurgie gehörten. Die Schwestern arbeiteten an jedem Vormittag im Operationssaal mit, übernahmen aber keine Bereitschaftsdienste, um frei zu sein für andere Aufgaben in Hospital und Gemeinde.

Den Verantwortlichen unserer „Muria“-Kirche war und ist es bis heute ein Anliegen, das Evangelium in Wort und Tat weiterzutragen. Auf Java und anderen indonesischen Inseln gibt es heute achtunddreißig Tochter-Gemeinden der evangelischen Mennoniten-Kirche von Kudus. Zu ihr gehören außer dem Mardi Rahayu und den auswärtigen Polikliniken auch Bildungseinrichtungen vom Kindergarten bis zur Oberschule in der Stadt. Später wurde gemeinsam mit dem Krankenhaus auch noch eine Hebammen-Akademie gegründet. Die Kuduser Muria-Kirche ist heute sogar im Ausland missionarisch tätig.

Als Voll-Mitglieder durften und sollten auch wir aktiv teilnehmen an dem regen Gemeinde-Leben. Die Schwestern Gisela und Heiderose wurden wiederholt in den Kirchengemeinderat gewählt. Sie übernahmen Besuchsdienste und kümmerten sich um Alte und Kranke, organisierten Hausgottesdienste und nahmen an vielen Sitzungen teil. Besonders Schwester Gisela, die einige Jahre in Abendkursen Theologie studierte, wurde mit Predigtdiensten betraut. Ich selber besuchte einen Intensiv- Kurs für Laienprediger. Sonst beschränkte sich meine Mitarbeit in der Gemeinde auf die Querflöten-Begleitung unseres Kirchenchors, gemeinsam mit der Orgel.

Das Mardi Rahayu unterhielt eine Schule für Krankenpflege-Helferinnen, die ein Jahr lang ausgebildet wurden. Schwester Gisela unterrichtete die jungen Frauen in der Krankenpflege, und ich brachte ihnen die Geheimnisse der Chirurgie bei. Mein Unterrichtskonzept von Palangka Raya kam mir dabei sehr zugute. Männer wurden in unserer Anfangszeit wegen fehlender Wohnmöglichkeit nicht als pflegende Mitarbeiter eingestellt. Später finanzierte ein Nürnberger Unternehmer den Bau des Wohnheims „Haus der Liebe Jesu“ mit insgesamt zweihundert Plätzen für die unverheirateten Krankenschwestern und Pfleger. Eine Gruppe aus dem Wohnheim traf sich über mehrere Jahre einmal in der Woche in unserem Haus zu einem gemeinsamen Bibelabend, so wie wir es schon von den Samstagabenden in Palangka Raya gewohnt waren. Wir erlebten jedes Mal ein fröhliches Zusammensein unter dem Wort Gottes mit viel Singen und Beten.

Eine große Hilfe für die Ausstattung unseres Hospitals bedeuteten wiederholte Sendungen von Geräten aus Amerika. Es waren

Operationstische und -leuchten, Krankenbetten und viele andere brauchbare Dinge, von dortigen Mennoniten-Gemeinden gesammelt. Unsere fleißigen und geschickten Handwerker brachten diese Gerätschaften wieder in Ordnung, so dass sie wie neu waren. Das Krankenhaus ist bis heute finanziell völlig auf sich gestellt, weil es weder vom Staat noch von der Gemeinde irgendwelche Zuschüsse erhält. Deshalb ist eine gute Belegung der Privatstationen hilfreich. Dort werden wohlhabende Patienten zu höheren Preisen betreut und dadurch die Behandlung der Armen mit finanziert.

„Adaptasi" in Jakarta

Um als einheimische Chirurgin anerkannt zu werden und im Mardi Rahayu weiterarbeiten zu können, war es für mich als indonesische Staatsbürgerin erforderlich, ein Praktikum in einer anerkannten Lehrklinik des Landes abzuleisten. Diese Vorschrift gilt noch heute für alle einheimischen Ärzte, die im Ausland ausgebildet sind. Sie sollen dadurch mit der Medizin in Indonesien und dem dortigen Krankheits-Spektrum vertraut gemacht werden. Dieses Eingewöhnungs-Praktikum wird „adaptasi" genannt, abgeleitet von dem Wort Adaptation oder „Anpassung". Die Adaptasi ist unter den indonesischen Ärzten, die vom Ausland zurückkommen, ziemlich verrufen und gefürchtet, da sie mit hohen Anforderungen verbunden ist. Normalerweise dauert dieses Praktikum ein bis zwei Jahre, und erst danach kann man als indonesischer Chirurg anerkannt werden.

Im Januar 1989 zog ich nach Jakarta und wohnte im Gästehaus „Yannie" im Zentrum der Millionenstadt. Mein Praktikum sollte ich im größten Lehrkrankenhaus des Landes ableisten, der staatlichen Universitätsklinik „Cipto Mangunkusuma" mit ihren tausendzweihundert Betten. Ein zweiter indonesischer Chirurg, der in Deutschland ausgebildet war und mit mir zusammen zur Adaptasi antreten sollte, erschien einfach nicht. So war ich der einzige „Adaptant" unter etwa dreißig angehenden Chirurgen, zu denen nur ganz wenige Frauen zählten. Meist war ich eine halbe Stunde lang zu Fuß bis zur Klinik unterwegs. Nur wenn ich um sechs Uhr morgens zur Arbeit anzutreten hatte, fuhr ich mit einer „Bajay“, einer motorisierten dreirädrigen Rikscha. Während der äußerst arbeitsreichen Monate in der voll belegten Klinik lernte ich die Ausbildung der indonesischen Chirurgen kennen. Die jungen Kollegen werden nur unter Zahlung sehr hoher Gebühren zur Facharzt-Weiterbildung zugelassen und verdienen trotz harter praktischer und wissenschaftlicher Arbeit nichts dabei. Deshalb sind sie und ihre Familien oft dazu gezwungen, Häuser, Autos und andere Besitztümer zu verkaufen, um die teure Facharztausbildung bezahlen zu können. Ich begann zu verstehen, warum die so hart geprüften Fachkollegen später, wenn sie endlich selbständig arbeiten, auf genügend eigenen Verdienst angewiesen sind.

Ich wurde nicht anders behandelt als die einheimischen Kollegen. Unter den ausbildenden Ärzten und Professoren gab es sehr sympathische Männer, aber auch solche, die uns Lernende von oben herab, grob, unfreundlich und autoritär behandelten, so als ob wir kleine dumme Kinder wären. Ich war in der großen Notfall-Aufnahmestation eingesetzt, wo bis zu fünfzehn Kranke gleichzeitig erstversorgt wurden. Es herrschte ein reger Durchgang und starker Trubel, so dass man oft Mühe hatte, die Übersicht zu behalten. Am laufenden Band wurden akut Kranke und Verletzte eingeliefert. Wundversorgungen erfolgten sofort im gleichen Raum, sofern es in örtlicher Betäubung möglich war. Mir wurden oft Verletzte mit durchtrennten Sehnen an den Händen zugeschoben, weil deren Versorgung eine Geduldsarbeit ist und ich damit bereits einige Erfahrung hatte. Acht Ärzte waren mit mir zusammen in dem großen Saal für die Akut-Behandlung der neuen Patienten zuständig. Diese mussten oft stundenlang warten, bis sie versorgt wurden und nach Hause gehen, auf eine Station verlegt oder in den Operationssaal gebracht werden konnten. Bis zu zehn notfallmäßige operative Eingriffe mussten in jeder Nacht durchgeführt werden. Wer von uns zum Bereitschaftsdienst eingeteilt war, hatte zweiunddreißig Stunden lang ohne Unterbrechung zu tun und war dabei meist ständig auf den Beinen. Nach einer durchgearbeiteten Nacht im Anschluss an den Ganztags-Dienst ging es am folgenden Morgen weiter bis um zwei Uhr mittags. Das erforderte mehr physische als psychische Durchhaltekraft. Wenn ich dann nachmittags ins Gästehaus zurück kam, hatte ich oft dick geschwollene Beine und war froh, mich endlich ausruhen zu können. Trotz dieser zeitweiligen Überforderung - oder gerade deshalb - hatten wir als Kollegen ein gutes und freundschaftliches Miteinander, gemäß dem Motto: „Geteiltes Leid ist halbes Leid". Unter der harten Regie der „Oberen" hielten wir Auszubildenden fest zusammen und halfen einander in Schwierigkeiten. Wenn es zeitlich möglich war, saßen wir auch manchmal in unserer kleinen Rückzugs-Kammer hinter der Aufnahmestation zusammen, tranken scharfen, erfrischenden heißen Ingwer-Tee und tauschten ungezwungen aus.

Im Operationstrakt mit seinen fünfzehn Sälen wurden täglich bis zu fünfzig Eingriffe durchgeführt. Der operative Betrieb war gut organisiert. Ich wurde jeweils zwei Wochen lang auf einer der acht verschiedenen chirurgischen Spezialabteilungen eingesetzt und für die entsprechenden Operationen eingeteilt als Assistentin oder auch als Operateurin unter Überwachung durch die Verantwortlichen. Nachdem ich zu Beginn meiner Adaptasi wie ein Anfänger behandelt worden war, stieg ich schon während weniger Wochen auf der hierarchischen Stufenleiter hoch und durfte auch bald selbständig operieren. Die Abteilungsleiter hatten registriert, dass ich über viel Erfahrung verfügte dank meiner jahrelangen Tätigkeit in Kalimantan und dem Einarbeitungs-Jahr in Kudus. In der Folgezeit bekam ich oft den Auftrag, jüngere und unerfahrene Kollegen beim Operieren anzuleiten und ihnen zu helfen, was ich auch gerne tat. Ich hatte bald eine von den sechzehn chirurgischen Krankenstationen selbständig zu führen, wo ich bei den „Chef-Visiten" genauestens Bericht erstatten musste über die einzelnen Patienten. Das war manchmal etwas aufregend, weil man dabei den Launen der leitenden Dozenten und Professoren ausgesetzt war. Viel lieber machte ich meine Visiten allein und konnte dann auch manchmal mit den Kranken ins Gespräch kommen. Abgesehen von den festgelegten Bereitschaftsdiensten und den regelmäßigen gemeinsamen Besprechungen hatte ich relativ viel Freiheit und konnte zwischen den Stationen, den Poliklinik-Räumen und den Operationssälen nach Belieben wechseln. Wesentlich für den Erfolg der Adaptasi zählte meine Anwesenheit. So erhielt ich einen guten Einblick in die verschiedenen Arbeitsgebiete. Manches konnte ich dabei neu lernen. Aber in anderen Bereichen, wie etwa der Knochenbruchbehandlung, wurde oft wie in früheren Zeiten gearbeitet, so dass den Verletzten nicht effektiv genug geholfen wurde und der Heilungsverlauf meist sehr kompliziert und verzögert war. Kritik üben durfte ich in Jakarta nicht, um den Erfolg meiner Adaptasi nicht zu gefährden.

Manchmal konnte ich Kollegen verschiedener Spezialgebiete zu Operationen in Privathospitälern der Stadt begleiten. Dabei gab es manches Interessante und Neue zu sehen und zu lernen, wie etwa in einer großen Kinderklinik oder in einer Abteilung für Brusthöhlen-Chirurgie, wo ich die Gelegenheit hatte, Eingriffe bei Lungengeschwülsten mitzuerleben. Mir fiel auf, dass diese Privatkliniken viel sauberer waren, und dass die Kranken viel mehr Zuwendung erfuhren als in den staatlichen Krankenhäusern. Sie mussten dafür aber auch mehr zahlen, und die Gehälter der Mitarbeiter waren höher als in den Kliniken der Regierung.

Faszinierend war für mich auch die Herz-Chirurgie. Unter den vielen Messerstecherei-Opfern, die ich in Palangka Raya zu versorgen hatte, befand sich kein einziger mit einer Verletzung des Herzens. Eine solche hätte der Betroffene vermutlich bis zur Ankunft im Krankenhaus nicht überlebt. Nun hatte ich in Jakarta erstmals die Gelegenheit, die operative Versorgung einer Stichverletzung des rechten Herzens bei einem Fünfzehnjährigen mitzuerleben. Wenn das Messer die linke Herzkammer getroffen hätte, wäre der Junge bei der Einlieferung wahrscheinlich nicht mehr am Leben gewesen. Das Herz war durch die angesammelte Blutmasse von außen komprimiert und in seinen Bewegungen stark eingeschränkt. Während des Eingriffs wurde es entlastet und konnte wieder schlagen, wobei das Loch dicht zugenäht wurde.

Ein Spezialist für Herzoperationen, der mich als Allgemeinchirurg einige Jahre vorher in Palangka Raya vertreten hatte, forderte mich auf, ihm zu assistieren bei der Operation eines so genannten Panzerherzens. Bei einem kleinen Mädchen war infolge einer Infektion des Herzbeutels dieser verkalkt und so verhärtet, dass das Herz nicht mehr ungehindert schlagen konnte. Um das lebenswichtige Organ zu befreien, musste es aus dem Brustkorb gehoben sowie seine harte Hülle geöffnet und teilweise entfernt werden. Zum ersten Mal hatte ich die Gelegenheit, ein - wenn auch unregelmäßig - schlagendes menschliches Herz in der Hand zu halten. Es war ein faszinierendes Erlebnis. Wieder einmal musste ich darüber staunen, wie wunderbar Gott den menschlichen Körper geschaffen und seine Funktionen geregelt hat. Nachdem unser Kinderherz von seinem „Panzer" befreit war, legten wir es vorsichtig wieder zurück an seinen Platz, wo es regelmäßig weiterschlug.

Ähnlich faszinierend war für mich folgendes Ereignis in der großen turbulenten Aufnahmestation: Eines Tages wurde ein junger Mann eingeliefert, der vom fahrenden Zug gesprungen war. Sein Bein war unter die Räder eines Waggons geraten und der Oberschenkel fast total abgequetscht. Das körpernahe Ende der durchtrennten großen Schlagader stand frei in der Gegend und pulsierte kräftig, ohne dass Blut austrat. In dem endständigen Stück des Gefäßes hatte sich ein großes Blutgerinnsel gebildet und die Blutung zum Stillstand gebracht. Ich empfand es wie ein Wunder, dass der Junge dank dieses Vorgangs, durch den sich der Körper selber geholfen hatte, nicht verblutet war. Das Bein allerdings war nicht zu retten und musste amputiert werden.

Während ich im Saal für plastische Operationen einmal nicht aktiv beteiligt war, kam ich ins Gespräch mit einem Kollegen, der mich über den christlichen Glauben ausfragte. Offensichtlich hatte er eine fundierte Kenntnis des Alten und auch des Neuen Testaments, so dass ich anfangs den Eindruck hatte, er sei selber Christ. Aber es stellte sich bald heraus, dass er der anderen großen Religion angehörte und mich nur ausfragen und bloßstellen wollte. Unser ausführliches „Streitgespräch" wurde auch von den Umstehenden im Saal aufmerksam mit verfolgt. Nach einiger Zeit fand ich, dass es genug sei, da wir uns ohnedies nicht hatten einigen können über unsere verschiedenen Glaubens-Überzeugungen. Deshalb versuchte ich, das Gespräch zum Ende zu bringen, indem ich den Kollegen fragte, ob er sicher wäre, dass er nach seinem Tod vor Gottes Angesicht bestehen könne, also gerettet sei. Darauf konnte er keine Antwort geben, so dass unser Gespräch beendet war. Erst jetzt erfuhr ich, dass ich mit dem leitenden Professor der Abteilung für Plastische Chirurgie diskutiert hatte. Außerdem war mir wieder klar geworden, dass Anhänger des islamischen Glaubens keine Heilsgewissheit haben, so wie sie uns als Christen geschenkt ist.

Zusammen mit etwa hundert Ärzten der Abteilung, einschließlich der in Ausbildung stehenden, gab es einmal wöchentlich Dienstbesprechungen, bei denen über die behandelten Patienten und chirurgische Probleme diskutiert wurde. Es musste dabei Englisch gesprochen werden mit dem Ziel, in der internationalen Wissenschafts-Sprache mithalten zu können. Die Teilnahme an diesen Besprechungen war Pflicht. Eines Morgens hatte ich gerade einen meiner anstrengenden Bereitschaftsdienste hinter mir und war wegen starker Müdigkeit nicht mehr fähig, den Gesprächen zu folgen. Ich befand mich in ständigem Halbschlaf. Doch plötzlich fuhr ich auf, als ich meinen Namen hörte. Der sympathische Professor, der die Diskussion leitete, hatte gefragt, was denn „unser Adaptant" zu dem Problem meine, das gerade besprochen wurde. Mein Sitznachbar flüsterte mir zu, dass er gefragt habe, wie eine Leberverletzung direkt unterhalb des Zwerchfells versorgt werden müsse. Ohne viel zu überlegen, antwortete ich laut: „Durch die Öffnung des Brustkorbs". Genau das wollte Professor Syamsuhidayat hören. Ein erstauntes und erleichtertes Aufatmen ging durch die Reihen. Manche Kollegen fragten mich hinterher noch, wie das denn technisch durchgeführt werden müsse; einer meinte, dass der Erfolg meiner Adaptasi nun gewährleistet sei. Mir fiel das Wort aus dem 127. Psalm ein, in dem es von Gott heißt: „Seinen Freunden gibt er es im Schlaf". Ich war dankbar dafür, dass Er es auch bei mir getan hatte.

Bereits nach vier Monaten wurde ich zu dem für die Adaptanten zuständigen Professor gerufen. Er teilte mir mit, dass nach weiteren nur zwei Wochen meine Zeit in der Universitätsklinik abgeschlossen sei. Man habe sich darüber vergewissert, dass meine Kenntnisse und Fähigkeiten genügend seien für die Zulassung als indonesische Chirurgin. Ich war sehr erstaunt und auch erfreut über diese gute Nachricht. Erst kurz vorher hatte ich eine ganze Woche pausiert wegen starker Rückenschmerzen. Ich weiß nicht, ob ich den Stress in Jakarta viel länger durchgehalten hätte.

Als krönender Abschluss meiner Adaptasi folgte noch meine feierliche Vereidigung als indonesische Chirurgin. Pflichtgemäß ließ ich mir die Nationaltracht nach Maß schneidern mit eng anliegendem Batik-Rock und kunstvoll angefertigter Spitzenbluse. Was an der kompletten Ausstattung fehlte, war ein großer schwarzer Haarknoten, wie ihn die indonesischen Frauen bei solchen Festen an ihren Hinterkopf stecken. Darauf durfte ich freundlicherweise verzichten. Zu meiner Freude war Schwester Heiderose aus Kudus zu dem feierlichen Anlass gekommen. Ich wurde zusammen mit einer katholischen Kollegin und zwei islamischen Fachärzten vereidigt unter Anwesenheit der Geistlichen der jeweiligen Glaubensrichtungen.

Als Auftakt zu meinem Wiederbeginn in Kudus feierten wir dort das Gelingen der Adaptasi gleichzeitig mit meinem fünfzigsten Geburtstag zusammen mit den Ärzten vom Krankenhaus und Freunden aus der Gemeinde. Es war ein fröhliches Fest mit Predigt, Singen, Gebet und gutem Essen, so wie es unter den indonesischen Christen bei solchen Anlässen üblich ist. Wir hatten ja auch allen Grund, Gott die Ehre zu geben und Ihm zu danken, dass Er uns als chirurgisches Team der Christusträger-Schwesternschaft an einen so wunderbaren Einsatzort geführt hatte.

Unser Tageslauf

Die Zahl meiner Patienten nahm im Lauf der folgenden Monate und Jahre immer mehr zu. In Indonesien ist es so geregelt, dass jeder Facharzt zu jeder Tages- und Nachtzeit für seine eigenen Kranken zuständig ist, auch außerhalb der regulären Arbeitszeiten sowie an Sonn- und Feiertagen. Ausnahmen gibt es nur bei Abwesenheit des zuständigen Arztes. Aufgrund der Übervölkerung unserer Insel Java und der Beliebtheit des Mardi Rahayu - Krankenhauses hatte jede und jeder von uns Kollegen immer genug zu tun. Mein Arbeitspensum war mehr als das Doppelte im Vergleich zu Palangka Raya. Nach dem

Frühstück um sechs Uhr und unserer gemeinsamen deutsch-sprachigen Morgenandacht begannen wir drei Schwestern um sieben Uhr mit der Arbeit im Operationssaal. Etwa drei bis fünf „Routine"-Eingriffe standen gewöhnlich für mich auf dem Tages-Programm; bei großen, schwierigen und langwierigen Operationen entsprechend weniger. Auch der Samstag war ein normaler Arbeitstag. Oft mussten Notfall-Operationen eingeschoben werden. Meist herrschte eine fröhliche Atmosphäre und ein gutes Miteinander in den vier Räumen, die nach dem Neubau unseres Operations-Trakts zur Verfügung standen und oft gleichzeitig für verschiedene Eingriffe benutzt wurden. Während der Mittagszeit stand für mich die Poliklinik auf dem Programm. Dorthin kamen operierte Kranke zur Kontrolle oder neue zu Erstuntersuchungen. Auch kleine Eingriffe konnten hier durchgeführt werden. Nach der Versorgung der ambulanten Patienten hatte ich gewöhnlich noch neue auf den einzelnen Abteilungen konsiliarisch zu untersuchen. Manche von ihnen mussten noch am gleichen Tag operiert werden. Wenn ich deshalb nachmittags nicht dazu kam, meine Visite zu machen, ging ich am Abend durch die Stationen, um nach den Patienten zu sehen und die vielen Einträge in die Krankenblätter zu schreiben. Während der letzten Jahre unseres Einsatzes

Frauen aus einem Dorf kommen zum Kranken-Besuch.

war ich dankenswerterweise nicht mehr zu Bereitschafts- und Sonntagsdiensten eingeteilt und hatte an arbeitsfreien Tagen nur meine Visite zu machen. Allerdings kam es immer wieder vor, dass Kranke infolge der bestehenden freien Arzt-Wahl von der „dokter Elisabeth" behandelt werden wollten.

Zum Mittagessen kam ich fast immer zu spät, und auch die Abende waren mit Arbeit gefüllt. Umso wichtiger war uns Schwestern das gemeinsame „Kaffeestündchen" am Nachmittag mit gegenseitigem Austausch über aktuelle Neuigkeiten und Erlebnisse. Manchmal war die Zeit dafür nur knapp bemessen; aber wir schätzten sie umso mehr. Wir freuten uns an unserer Dreier-Gemeinschaft und genossen die Sonn- und Feiertage. An den nichtchristlichen Festtagen gab es für uns auch keine Gemeinde-Einsätze, und wir hatten mehr Zeit für- und miteinander.

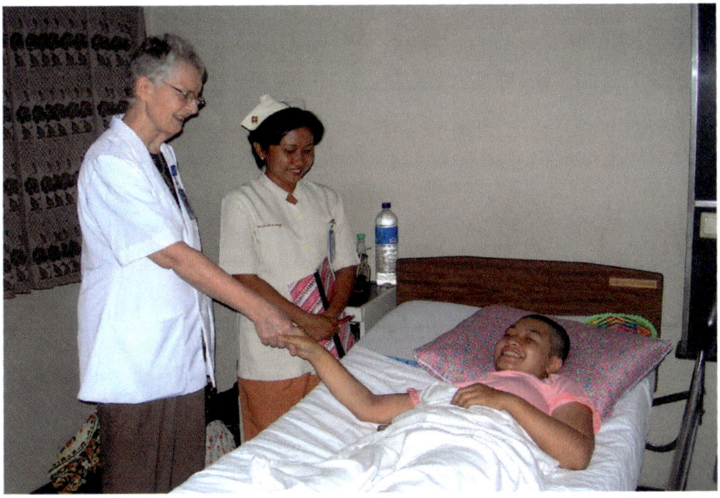

Stations-Visite bei einer schwer verletzten 18-jährigen.

Kleine Patienten

In Indonesien werden die meisten Jungen, seien es moslemische oder christliche, im Alter von etwa 12 Jahren beschnitten. Eine Besonderheit war für mich die Beschneidung eines jüdischen Neugeborenen. Sein Vater brachte ihn nach kurzfristiger Anmeldung zu uns. Die kleine Operation durfte nicht aufgeschoben werden und wurde an das geplante Programm angehängt. Denn sie musste genau am achten Tag nach der Geburt erfolgen, entsprechend dem mosaischen Gesetz der Israeliten. Anders als zu den Zeiten des Alten und Neuen Testaments wurde der kleine Eingriff in Kurz-Narkose durchgeführt. Es war das einzige Mal, dass ich einen Angehörigen des von Gott auserwählten Volkes zu behandeln hatte; und es ging alles gut.

Eines Tages brachte eine junge Frau im Mardi Rahayu Siamesische Zwillinge durch Kaiserschnitt zur Welt. Es war vorher nicht bekannt, dass die beiden Säuglinge am Oberbauch zusammenhingen. Entsprechend groß war das Erstaunen darüber. Die Mädchen mussten auf behördliche Anordnung hin in die staatliche Universitätsklinik nach Semarang gebracht werden. Sie erhielten die Namen Mardiana Rahayu und Mardiani Rahayu, im Gedenken an das Krankenhaus, in dem sie geboren waren. Kurz vor ihrer geplanten Trennung sahen wir die Kinder noch einmal in Semarang. Sie hatten sich gut entwickelt. Nicht lange danach wurde in der Zeitung stolz über die „erfolgreiche Trennung" der Semaranger Siamesischen Zwillinge berichtet. Mehrere teils ausländische Spezialisten hatten bei dem Eingriff mitgewirkt. Aber nach wenigen Tagen war zu vernehmen, dass beide Kinder an Narkose-Komplikationen gestorben seien. Das war eine sehr enttäuschende und traurige Nachricht. Leider haben bisher die meisten Siamesischen Zwillinge in Indonesien die operative Trennung nicht überlebt.

Betris wurde mir als Neugeborene vorgestellt. Bei dem kleinen Mädchen waren sowohl der Enddarm, als auch die Harnröhre und die Scheide verschlossen. Der Säugling musste sofort operiert werden. Weitere Eingriffe wurden im Lauf der folgenden Jahre erforderlich. Das Mädchen hatte viel zu leiden und war dabei immer sehr tapfer, auch dank der tatkräftigen Unterstützung durch die Mutter. Betris

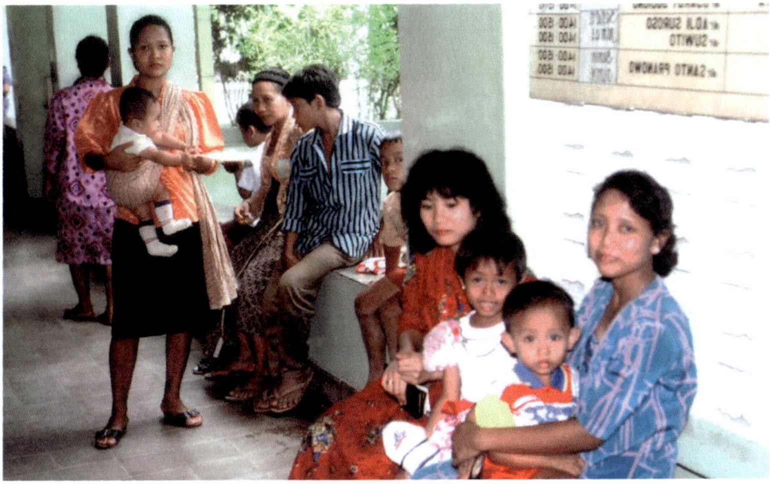

Wartende ambulante Patienten

schaffte es, die Schule bis zur mittleren Reife zu besuchen. Im Alter von sechzehn Jahren kam es bei dem jungen Mädchen zu Komplikationen. Die Behandlung in Zusammenarbeit mit dem Internisten war erfolglos, und Betris starb schließlich am Versagen ihrer Nieren. Sie wird mir als eine meiner tapfersten Patientinnen in Erinnerung bleiben.

Auch andere Fehlbildungen müssen oft schon im Kindesalter operiert werden, manchmal ganz kurz nach der Geburt. Es gibt aber auch Anomalien innerer Organe, die nie bekannt werden, weil sie symptomlos bleiben. Anders war es bei einem jungen Mann, den ich unter der Verdachtsdiagnose einer Blinddarmentzündung mit Durchbruch des Wurmfortsatzes operierte. Der Eingriff wurde nach der üblichen Weise begonnen. Aber es war kein Blinddarm zu finden. Nach Ablauf einer Stunde und Erweiterung des Schnittes wurde plötzlich klar, wodurch das Auffinden des gesuchten Organs so erschwert war: Es handelte sich um einen so genannten „Situs inversus", eine seitenverkehrte Lage des gesamten Darmkanals. Der Blinddarm mit seinem durchgebrochenen Wurmfortsatz wurde deshalb auf der linken, nicht wie normalerweise auf der rechten Seite des Unterleibs gefunden. Die Operation konnte ohne weitere Probleme zu Ende

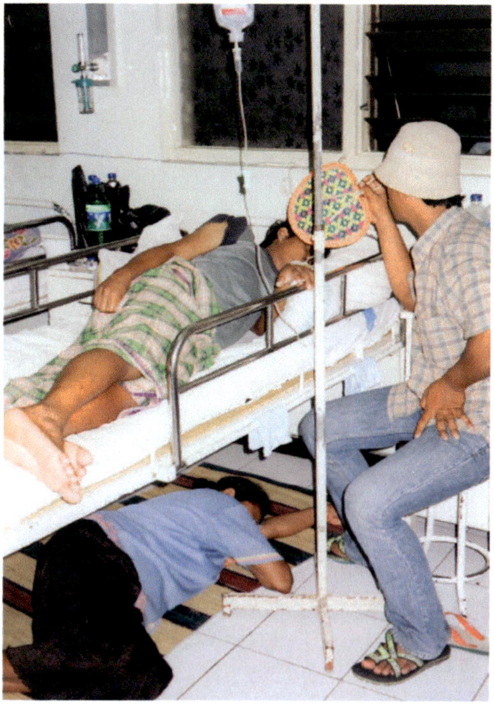

Kranker im Männersaal mit Angehörigen.

gebracht werden. Nur dieses einzige Mal ist mir eine solche Situation begegnet bei den Tausenden von Blinddarmoperationen, die ich durchgeführt habe.

Patienten aus nah und fern

In der südlich von Kudus gelegenen Stadt Solo gibt es ein Heim für Flüchtlings- und Waisenkinder, die aus den östlichen Gegenden des Landes stammen, wo die Christen zu bestimmten Zeiten brutal verfolgt wurden. Manche der Kinder und Jugendlichen mussten in ihrer Heimat mit ansehen, wie ihre Eltern umgebracht und ihre Dörfer dem Erdboden gleichgemacht wurden. Ein Pfarrer, der selber fliehen musste, nahm sich der heimatlosen Kinder an und betreut sie bis heute zusammen mit seiner Frau. Sein Waisenhaus wird auch durch die Mennonitengemeinde von Kudus unterstützt. Kranke Kinder und Jugendliche werden ins Mardi Rahayu gebracht und dort kostenlos behandelt. Einmal sollte in der Weihnachtszeit ein junger

Heimbewohner den Plastik-Christbaum vom Schrank holen. Er stieg dazu auf einen Stuhl und stürzte so unglücklich, dass er eine schwere Schädelverletzung erlitt. In bewusstlosem Zustand wurde er in unser Krankenhaus gebracht und nach entsprechenden Untersuchungen operiert. Aber das Gehirn war durch das erlittene Trauma so stark geschädigt, dass der Junge auf der Intensivstation starb. Es wurde ein trauriges Weihnachtsfest für die große Heim-Familie.

Immer wieder kamen Patienten übers Meer aus Kalimantan, nachdem sich dort herumgesprochen hatte, wo die „dokter Elisabeth" mit ihren Schwestern im Einsatz war. Unter denen, die von mir behandelt oder operiert werden wollten, befanden sich oft Krebskranke im fortgeschrittenen Stadium. Besonders traurig war das, wenn es sich um Kinder und Jugendliche handelte. Ein Mann aus Kalimantan mit unheilbarem Knochenkrebs hatte unbedingt eine Reise nach Kudus erzwingen wollen, obwohl es ihm bereits sehr schlecht ging. Er wehrte sich mit allen Kräften dagegen zu sterben, bevor er die „dokter Elisabeth" gesehen habe. Durch diese erfuhr er nun in einer klaren Aussprache, dass er nach menschlichem Ermessen nicht mehr gesund werden könne und sich auf den Himmel freuen dürfe. Sofort war er zufrieden, stellte sich darauf ein und klammerte sich nicht mehr wie vorher an das irdische Leben. Es war ein friedliches Sterben; und unser Krankenhauspfarrer Yan Leander hielt eine tröstliche Abschiedspredigt in dem Raum, wo die Toten liegen, bis sie abgeholt werden. Wenn Patienten aus Kalimantan bei uns starben, war es immer ein schwieriges und kostspieliges Unternehmen, sie nach Hause bringen zu lassen. Deshalb bemühten wir uns darum, dass unheilbar Kranke noch lebend heimreisen oder Verstorbene in Kudus beerdigt werden konnten. Aber viel schöner war es natürlich für alle, wenn die von so weit her gekommenen Patienten geheilt entlassen wurden.

Mit unseren beiden Schwestern Lydia und Anne in Kalimantan hielten wir von Kudus aus regelmäßige Funk-Verbindung. Es gab vieles zu erzählen, zu fragen und zu besorgen für die so weit entfernten Schwestern. Später bekamen sie sogar eine Telefonanlage, was die Kommunikation wesentlich erleichterte. An einem Abend, als ich gerade einen jungen Mann wegen Blutung im Schädel nach einem

Im „Männer-Saal" mit Angehörigen und Besuchern.

Mopedunfall operierte, kam ein Anruf aus Tumbang Marikoi direkt in den Operationssaal. Unsere Schwestern baten um chirurgischen Rat, weil sie einen Mann mit offener Brustkorbverletzung versorgen mussten. Nach dem Eindringen von Luft durch die große Wunde war die Lunge zusammengefallen und konnte nicht mehr beatmet werden. Schritt für Schritt ließen sich die Schwestern erklären, was zu tun sei. Immer wieder fragten sie telefonisch nach, bis der lebensgefährlich Verletzte in Marikoi zufriedenstellend versorgt war, so gut es mit den dortigen beschränkten Mitteln möglich gewesen ist. Währenddessen konnte auch ich meine Operation trotz der Unterbrechungen erfolgreich zu Ende bringen. Der über Tausende von Kilometern telefonisch behandelte und durch unsere mutigen Schwestern operierte Mann überlebte, und die Wunde heilte komplikationslos ab. „Puji Tuhan" - „Gelobt sei Gott", konnten wir mit dankbaren Herzen sagen, und auch unseren Schwestern im fernen Urwald gebührte ein Lob für ihre gute Arbeit.

Sie schickten uns auch manchmal Kranke aus Tumbang Marikoi zur Operation. Unter ihnen war ein Mädchen, das schlimme Verbrennungen durch Feuer erlitten hatte. Menet war über lange Zeit durch unsere Schwestern und anschließend noch in einem christlichen Krankenhaus von Kalimantan behandelt worden. Sie musste viel leiden, körperlich und auch seelisch. Ihr eigener Vater hatte den erbarmungswürdigen Zustand seiner Tochter nicht mehr mit ansehen können und zu ihr gesagt, es sei doch besser, wenn sie sterben würde. Menet äußerte selbst immer wieder, dass sie nicht weiter leben wolle, und wehrte sich anfangs gegen die Behandlung, bis Schwester Gisela ein klares Wort mit ihr redete. Ihre beiden Hände waren nach Abheilung der tiefen Brandwunden durch harte Narbenzüge sehr stark deformiert und unbrauchbar geworden. Ein Knie war in Beugestellung versteift, so dass Menet sich nur durch Hüpfen auf dem gesunden Bein fortbewegen konnte. Durch mehrere zeitaufwändige und mühsame operative Eingriffe konnten die Hände in annähernd normale Form gebracht und das Bein begradigt werden. Dabei waren einige Hautverpflanzungen notwendig. Nachdem Menet recht kooperativ geworden war und unter krankengymnastischer Anleitung viel geübt hatte, konnte sie selbständig auf beiden Beinen ohne Stock gehen und mit wieder funktionsfähigen Händen glücklich nach Kalimantan entlassen werden. Dort hatte sie noch einige Schwierigkeiten während ihrer Schulzeit in Palangka Raya zu überstehen. Bald kam sie dort zum lebendigen Glauben an den Herrn Jesus, in dessen Namen ihr geholfen worden war. Er rief sie später sogar in Seinen Dienst: Seit Jahren arbeitet Menet im Kindergarten von Tumbang Marikoi mit, wo sie inzwischen verheiratet und auch Mutter geworden ist.

Rohana wurde vom Pfarrer ihrer Gemeinde aus Sumatra geschickt. Ihr Gesicht war infolge von Verbrennungsnarben so schrecklich entstellt, dass jeder, der sie sah, sich entsetzt abwenden musste. Auch ich erschrak, als ich sie unter meinen wartenden Patienten entdeckte. Das Mädchen wurde mir als „Idiot" vorgestellt, weil es auf den ersten Blick tatsächlich so aussah, als ob Rohana geistig behindert wäre. Aber das stimmte nicht! Ihre Unterlippe war weit nach unten ausgezogen und narbig mit der Haut des vorderen Brustkorbs verwachsen. Der Hals war durch die harten Narben verkürzt und der Kopf in Beugestellung fixiert. In ihrem so grotesk nach unten verzogenen Gesicht waren jegliche Mimik und das Schließen der Augen unmöglich geworden. Der Kopf konnte nicht bewegt und der Mund nicht geschlossen werden. Das Gesicht erschien geisterhaft und abstoßend. Das Mädchen musste auch seelisch furchtbar gelitten haben. Außerdem bestanden schlimme entstellende Narben an der Brust, und eine Schulter war versteift. Bei der ersten Begegnung wusste ich vor Schreck nicht, was ich mit einer solchen Patientin anfangen sollte. Aber es musste ja etwas getan werden. Nach gründlicher Vorbereitung wurde Rohana mehrmals operiert. Durch plastische Eingriffe mit ausgedehnten Hautverpflanzungen gelang es, dem Gesicht ein menschlicheres Aussehen zu geben. Die Mimik, das Schließen des Mundes und der Augen sowie die Schulterbewegungen wurden durch große, lang dauernde Operationen wieder möglich gemacht. Alle, die Rohana vorher gesehen hatten, freuten sich mit über ihr neues Gesicht und darüber, dass wirklich keine geistige Behinderung bestand. Nach ihrer Entlassung konnte sie die Schule abschließen und fand eine Arbeit im Büro ihrer Gemeinde. Mehrere Male schrieb sie dankbare Briefe nach Kudus.

Ebenfalls von weit her, nämlich von der Insel Sulawesi (Sulawesi – Insel, die früher Celebes genannt wurde), wurde ein junger Mann durch einen deutschen Missionar zu uns geschickt. Er litt an einer bösartigen Geschwulst des Oberschenkels. Eine Heilungs-Chance bestand für ihn nur durch die Amputation des Beins. Im Gegensatz zu manchen anderen solcher Patienten willigten er und seine Eltern dazu ein. Er überstand den großen Eingriff recht gut und lernte, mit seinem verbliebenen Bein und zwei einfachen Krücken zu gehen, bevor er in seine Heimat zurückkehrte. Als Dank schenkte er mir eine in dortiger Holzschnitz-Arbeit hergestellte Wanduhr, die viele Jahre lang in unserem Gästezimmer hing. Gelegentlich erhielten wir Nachrichten über den jungen Mann, dem seine Gemeinde später auch noch zu einer Beinprothese und zur Berufsausbildung verhalf.

Amputationen von Gliedmaßen durchzuführen, kostete mich immer eine gewisse Überwindung. Es fiel mir nicht leicht, die so wunderbar gebildeten Sehnen, Gefäße und Nerven mitsamt den Muskeln und den Knochen zu durchtrennen. Aber oft musste es geschehen, um das Leben der Betroffenen zu retten. Nicht selten lehnten die Patienten und ihre Familien Amputationen ab, auch wenn das lebensgefährlich war. Das Absetzen von Gliedmaßen musste durchgeführt werden bei Komplikationen der auf Java sehr häufigen Zuckerkrankheit, bei unfallbedingter Zerstörung von Armen oder Beinen, bei bösartigen Tumoren oder bei Gewebsuntergang bzw. Gangrän infolge von Gefäßverschlüssen. Zu bestimmten Zeiten des Jahres musste ich besonders häufig schwere Handverletzungen versorgen und manchmal auch zermalmte Hände amputieren. Denn während der Zuckerrohr-Ernte kam es manchmal vor, dass Hände von den traditionellen Maschinen beim Auspressen der süßen Stengel erfasst wurden. Wenn vor und während des höchsten islamischen Festes Idulfitri im Anschluss an den Fastenmonat selbst gebastelte Knallkörper gezündet wurden, passierten oft schlimme Hand- oder auch Gesichtsverletzungen.

Ebenso konnte es infolge von Stromverbrennungen zum Absterben von Extremitäten kommen, so dass Amputationen notwendig wurden. Einer dieser Patienten hatte einen Unterschenkel, den gegenseitigen Fuß und dazu einen Arm durch Stromschlag verloren. Sogar die verbliebene Hand war durch Verbrennungswunden geschädigt. Einer der auch für mich als Operateur besonders schwer zu verkraftenden Eingriffe war die notwendig gewordene Amputation beider Hände nach einem Strom-Trauma bei einem jungen Mann. Unsere frühere Oberärztin von Schwäbisch Hall, Frau Dr. Kalmbach, war kurz vorher bei uns zu Gast gewesen und hatte sich mit mir zusammen bemüht, die Hände des Mannes zu erhalten. Als sie später telefonisch davon erfuhr, dass die Amputationen unausweichlich geworden waren, konnte sie ihre Enttäuschung nicht verbergen. Zu unsrer Überraschung überwies sie das nötige Geld zur Anfertigung guter Prothesen für diesen jungen Mann. Kein anderer unserer Patienten erhielt jemals so schöne künstliche Hände aus Jakarta wie er. Mit der rechten beweglichen Prothese konnte er sogar Gegenstände wie Tasse oder Esslöffel halten und anheben. Er war noch lange in krankengymnastischer Behandlung und lernte ganz gut, mit seiner Situation zurecht zu kommen. Einer Amputation glich auch der Zustand des Arms bei einem jungen Mädchen, das beim Medizinmann des Heimatdorfes in Behandlung gewesen war. Das kommt bis heute auch auf der fortschrittlichen Insel Java immer wieder vor, obwohl es dort weit bessere medizinische Therapie-Möglichkeiten gibt als in vielen anderen Gegenden von Indonesien. Wegen eines unkomplizierten Armbruchs wurde bei der jungen Patientin eine Schiene in Streckstellung des Ellenbogens so fest angewickelt, dass es zu Durchblutungsstörungen und Nervenschädigung kam. Daraufhin habe die Jugendliche, wie sie mir erzählte, die Behandlung beim Medizinmann abbrechen wollen. Er habe sie aber durch seine okkulten Kräfte so an sich gebunden, dass sie nicht von ihm loskam und weiterhin ihre Schmerzen aushalten musste. Irgendwie gelang es ihr aber dann doch, sich zu befreien und ins Mardi Rahayu zu kommen. Nicht nur der Arm, sondern auch ihre Psyche war geschädigt. Hand und Arm waren vollständig gelähmt und gefühllos. Die gebrochenen Knochen hatten die eingeschnürte Haut durchstoßen und waren nicht mehr durchblutet. Der ganze Arm war in Streckstellung versteift. Ich konnte nichts anderes für das Mädchen tun, als die Knochenenden zu kürzen und mit Haut zu decken. Hand und Arm blieben für immer gelähmt und funktionslos. Veraltete, gar nicht oder in Fehlstellung verheilte Knochenbrüche sahen wir immer wieder, besonders nachdem sie durch „Heiler“ oder Zauberer massiert worden waren. Die meisten dieser Patienten konnten dann aber erfolgreich operiert werden.

Anders sah es bei den fortgeschrittenen Krebserkrankungen aus. Wenn ich die Patienten und ihre Angehörigen fragte, warum sie denn so lange gewartet hätten und nicht früher zur Behandlung gekommen seien, bekam ich fast immer die gleichen Antworten: Die Kranken hätten Angst vor einer Operation gehabt, und diese wäre außerdem zu teuer gewesen. Oft konnten wir unseren Krebskranken noch durch operative Eingriffe helfen; aber nicht selten war es dafür zu spät. Dann blieb nichts anderes übrig, als ihnen und ihren Familien klarzumachen, dass keine medizinische Hilfe mehr möglich sei. Sie mussten mit Schmerzmitteln nach Hause entlassen werden. Sowohl Moslems als auch Christen waren offen für den Rat, daheim darum zu beten, dass die Krebskranken nicht mehr lange leiden müssten. Eine Chemotherapie wäre bei den meisten von ihnen sinnlos gewesen, zu teuer und mit zu vielen Nebenwirkungen belastet. Trotzdem wurde ich nach ausführlichen Gesprächen mit solchen Betroffenen doch immer wieder beim Abschied gefragt: „Gelt, Frau Doktor, ich werde doch wieder gesund?!“ Die unheilbar Kranken versuchten oft, die Wahrheit einfach von sich abzuschieben und konnten nicht akzeptieren, dass ihnen nicht mehr zu helfen war. Manche von ihnen unterzogen sich zuhause dann noch „Alternativ“-Therapien durch Medizinmänner und -frauen oder hofften auch auf ein Wunder durch Gebetserhörung. Es belastete mich sehr, dass fast jeden Tag neue Krebspatienten jeglichen Alters zur Behandlung kamen. Oft wurde ich hier in Deutschland nach den mutmaßlichen Ursachen für die so hohe Zahl bösartiger Geschwülste in Indonesien gefragt. Wahrscheinlich ist das viele Rauchen mit beteiligt, mit ziemlicher Sicherheit aber auch die Umweltverschmutzung durch die Industrie besonders in einer Stadt wie Kudus mit ihren vielen Fabriken. Wir sahen oft, wie chemisch verunreinigte, farbige Abwässer in die Reisfelder flossen. Wenn die zuständigen Fabrikbesitzer darauf aufmerksam gemacht wurden, brachten diese die Mahner einfach durch Geldzahlungen zum Schweigen. Für den Umweltschutz gibt es in Indonesien (noch) nicht genügend Interesse und Geldmittel.

Dramatische Bereitschaftsdienste

Die Nachtdienste hatten es manches Mal in sich. Eines Abends erfuhr ich, dass ein voll besetzter Omnibus auf der Straße zwischen Semarang und Kudus verunglückt sei. Es wurden viele teilweise schwer Verletzte eingeliefert. Wir konnten sie nicht alle in der einen Nacht versorgen. Deshalb wurden sie auf mehrere Krankenhäuser verteilt und einige auch nach Semarang gebracht. Die dortigen Kollegen waren darüber jedoch nicht gerade erfreut. Sie meinten, das Mardi Rahayu habe doch jetzt selber die Möglichkeit, Knochenbrüche zu behandeln. Mit der Versorgung der verbliebenen Verletzten hatten wir bis zum Morgen und dann während des folgenden Tages alle Hände voll zu tun. In einer anderen Nacht musste ein Kind mit zerrissener Milz operiert werden. Es war zu einer schweren inneren Blutung gekommen, und wir durften keine Zeit verlieren. Doch weil unser Frauenarzt in der gleichen Nacht zwei Kaiserschnitte notfallmäßig durchzuführen hatte, musste ich warten, bis ich das verletzte Mädchen operieren konnte. Ich verbrachte schlaflose Stunden voller Anspannung und Angst davor, dass der Eingriff wegen der anhaltenden Blutung zu spät kommen könnte. Um drei Uhr endlich kam der ersehnte Anruf aus dem Operationssaal, und das Kind konnte gerettet werden; Gott sei Dank!

Eine andere aufregende Nacht blieb mir in besonders lebendiger Erinnerung: Ich hatte keinen Bereitschaftsdienst, und am folgenden Morgen wollten wir Schwestern zum Urlaub nach Sumatra reisen. Da wünschte ein neuer Patient mit Darmverschluss dringend, von mir behandelt zu werden. Es war der Schwager eines unserer Pfarrer. Weil es sich um einen Notfall handelte, musste ich sofort operieren. Bei dem stundenlang dauernden nächtlichen Eingriff konnte ein großer, mit seiner Umgebung verwachsener Tumor radikal entfernt werden. Die Nachbehandlung überließ ich meinem Vertreter, und wir konnten am nächsten Tag abreisen. Erfreulicherweise erholte sich der Patient gut, konnte bald wieder normal essen und nahm an Gewicht zu. Jahre später traf ich ihn noch einmal gesund wieder.

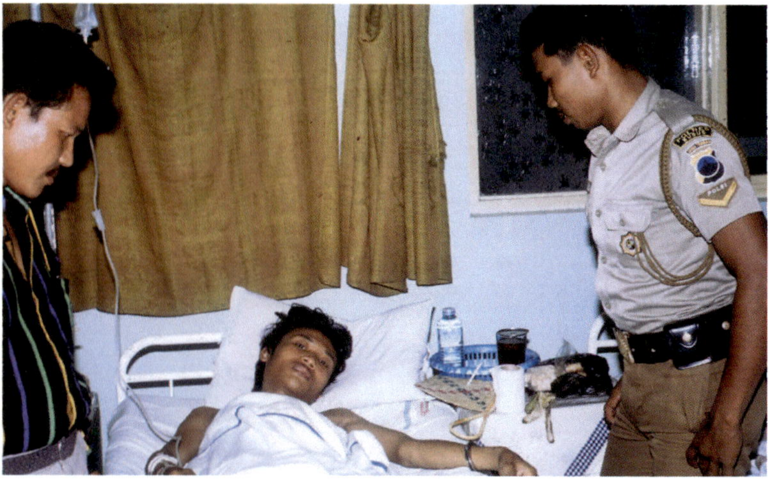

Verletzter „Übeltäter“; der Polizist (rechts) hat ihm Blut gespendet

In unserem großen Männer-Saal mit bis zu fünfzehn Betten lag ein junger Mann, der beim Pflegepersonal nur „der Dieb" hieß. Er hatte in Semarang ein Moped gestohlen und wurde daraufhin von der Polizei verfolgt. Auf seiner Flucht hatte ihn ein Polizist angeschossen. An einem Sonntag musste ich ihn operieren; denn eine Niere und der Darm waren verletzt. Im Bett wurde er mit Handschellen versehen und ständig bewacht. Der Polizist, der ihn angeschossen hatte, spendete sogar sein Blut für den Übeltäter. Dieser begann, über sein Leben und Tun nachzudenken, verlangte nach einer Bibel und las eifrig darin. Unser Krankenhauspfarrer kümmerte sich um ihn und half ihm, auf den richtigen Weg zu kommen. Er wurde Christ und änderte sein Leben radikal.

Auch in Kudus begegneten uns die Folgen von Messerstechereien, allerdings weniger häufig als bei den Maduresen von Kalimantan. An einem Abend wurde ein Verletzter im Blutungs-Schock nach tätlicher Auseinandersetzung mit seinem Rivalen eingeliefert. Er hatte viel Blut verloren, war aber noch bei Bewusstsein und schnappte verzweifelt nach Luft. In seiner Todesangst fragte er mich mit weit aufgerissenen Augen: „Dokter, werde ich überleben oder muss ich sterben?" Ich konnte ihm diese Frage nicht sicher beantworten, versuchte aber, ihm Mut zu machen und antwortete, dass er gerettet werden könne, wenn es Gottes Wille sei. Das verstanden unsere islamischen Landsleute immer; denn auch schwere Schicksalsschläge nahmen sie tapfer aus der Hand Allahs, der das eben so gewollt hatte. Wir machten uns also an die Arbeit. Außer vielen tiefen, stark blutenden Schnittwunden an Kopf und Arm hatte der Mann eine schwere offene Brustkorbverletzung erlitten. Die Lunge war zusammengefallen und komprimiert durch die Eingeweide, die durch das zerschnittene Zwerchfell in den Brustkorb nach oben geglitten waren. Nach sechs Stunden war die Operation beendet und der Patient lebte, auch dank der guten Arbeit des Narkosearztes. Sobald es sein Zustand erlaubte, wurde der Mann in polizeilichen Gewahrsam genommen und vom Krankenhaus ins Gefängnis verlegt. Viel später traf ich ihn wieder, weil er ein ärztliches Attest für die Polizei brauchte. Anhand seiner Narben erkannte ich ihn wieder.

Ein Mann mittleren Alters wurde in schwerem Schockzustand auf die Intensivstation eingeliefert. Bei seiner Arbeit als Schmied war ihm ein etwa daumengroßes glühend heißes Metallstück mit großer Wucht an den Bauch geschleudert worden. Es hatte wie bei einer Schussverletzung alle Schichten durchdrungen und schwere Schäden im Bereich der inneren Organe angerichtet. Nach Stabilisierung des Kreislaufs wurde der Verletzte operiert. Der Darm war an mehreren Stellen zerfetzt, und es fand sich viel Blut in der Bauchhöhle. Das „Geschoss" lag in der zerrissenen großen Hohlvene und konnte entfernt werden. Die anschließende schwere Blutung zu stillen, gestaltete sich äußerst schwierig. Unsere tüchtige Narkose-Ärztin kämpfte um das Leben des Mannes und brachte sein Herz nach vorübergehenden Stillständen immer wieder zum Schlagen. Es war ein Wettlauf zwischen Leben und Tod. Schließlich konnte der Mann lebend auf die Intensivstation zurück gebracht werden, wo er sich vorübergehend erholte. Nach wenigen Tagen kam es aber zu Komplikationen, so dass ein zweiter Eingriff notwendig wurde. Auch diesen überlebte er zunächst, erlag aber kurz danach einem Nierenversagen. Der Kampf war verloren.

Nicht lange nach diesem Geschehen wurde ich um die Mittagszeit aus meiner Sprechstunde in den Operationssaal gerufen. Es sei sehr dringend, sagte man mir. Ich fand einen frisch eingelieferten Verletzten vor, dem bei Bauarbeiten Steinbrocken an die linke Halsseite geschleudert worden waren. Es blutete beängstigend stark aus der großen Wunde, wie auch aus Nase und Mund. Offensichtlich war die Hals-Schlagader getroffen worden. Als der Mann dann bewusstlos im Blutungs-Schock auf dem Operationstisch lag, ging es ihm bereits so schlecht, dass niemand mehr mit seinem Überleben rechnete. Aber so lange sein Herz noch schlug, musste gehandelt werden. Unter Schwierigkeiten gelang es dem Narkosearzt, das Beatmungsrohr in die Luftröhre zu schieben. So gingen wir trotz der scheinbar hoffnungslosen Situation schleunigst ans Werk. Nachdem das Blutgefäß, das eine Gehirnhälfte mit Sauerstoff versorgt, zerrissen war und verschlossen werden musste,war mit dem Auftreten einer Halbseitenlähmung zu rechnen, die gerichtliche Folgen nach sich

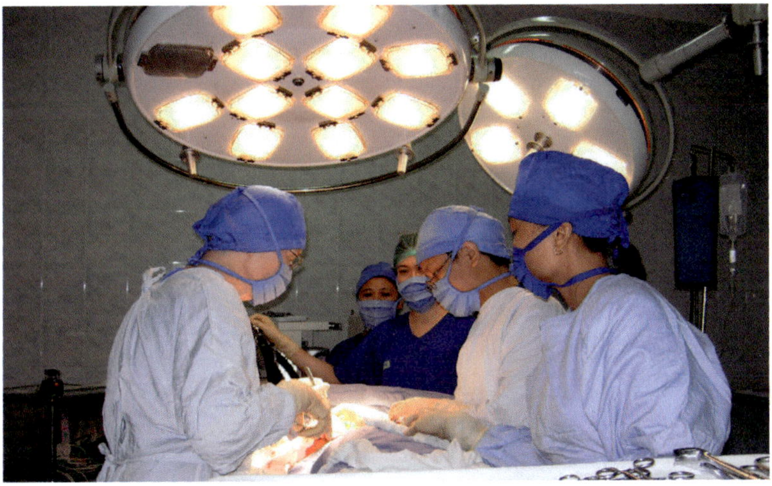

Im Operationssaal (links Dr. Elisabeth)

ziehen konnte. Deshalb schien es mir ratsam, einen fachkundigen Zeugen zuzuziehen. So bat ich einen Kollegen, mir zu assistieren. Es war äußerst schwierig, die Blutung zum Stillstand zu bringen, weil das gesamte betroffene Gewebe „zermalmt“ war. Doch schließlich gelang es doch noch. Der Mann konnte lebend auf die Intensivstation gebracht werden. Nachdem er aufgewacht war, bot er zu unserem freudigen Erstaunen keinerlei Zeichen einer Hirnschädigung. Nur fünf Tage später wurde er nach Hause entlassen. Als er nach einer Woche zum Fädenziehen in die Poliklinik kam, bestand eine nur leichte Beeinträchtigung der Stimme und der Schluckfunktion. Die Wunde war sauber verheilt. Wenige Wochen danach trafen wir die Schwester unseres Patienten. Sie arbeitete in einem christlichen Kinderheim und erzählte, ihr Bruder habe nach seiner lebensgefährlichen Verletzung und wunderbaren Errettung als Moslem zu fragen begonnen, was nach dem Tod geschehen würde. Durch das Zeugnis seiner Schwester sei er zum Glauben an Jesus Christus gekommen und nach seiner Taufe ein eifriger Missionar geworden. „Puji Tuhan!“ („Gelobt sei der Herr!“)

Dass Er, unser lebendiger Herr, immer gegenwärtig ist, besonders auch im Operationssaal, wurde mir täglich neu buchstäblich vor Augen geführt: Jahrelang lag ein kleines Bild unter der Glasplatte des Tisches in unserem Aufwachraum, wo wir unsere Operationsberichte mit der Hand schrieben. Woher das Bildchen gekommen war, wusste niemand. Es stellt einen Operationssaal dar mit Instrumententisch, großer Deckenlampe, dem Operateur, seinem Assistenten und der Instrumentier-Schwester. Neben dem Chirurgen steht Jesus in hellem Gewand mit einem Lichtschein um seinen Kopf, ohne Haube oder Maske. Er hält seine rechte Hand stützend und führend unter die des Operateurs und legt die linke helfend und ermutigend über die Schulter seines Schützlings. Die Gestalt Jesu strahlt Ruhe und Frieden aus. Das Bild war mir oft eine Ermutigung bei schwierigen Entscheidungen sowie vor oder nach anstrengenden Operationen. Doch eines Tages war es verschwunden. Niemand von meinen Mitarbeitern konnte mir sagen, wohin es gekommen war. An meinem Geburtstag wurde das Geheimnis gelüftet: Meine beiden Schwestern Gisela und Heiderose hatten einen künstlerisch begabten Organisten unserer Gemeinde gebeten, das Bild in Großformat für mich abzuma-

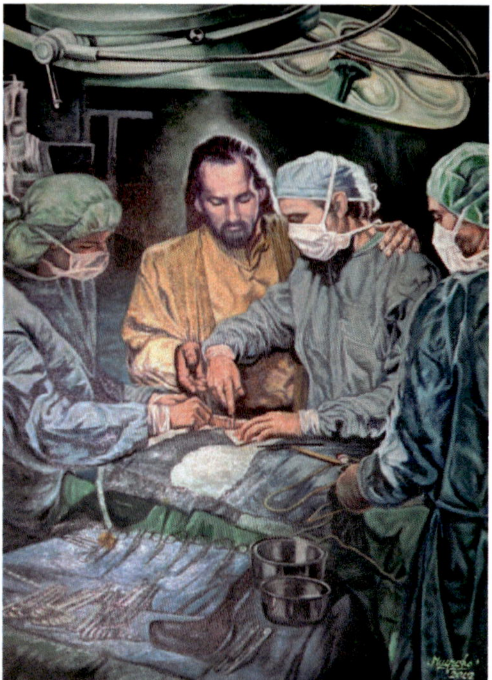

Gemälde:
Jesus an der Seite des Operateurs

(Herkunft unbekannt)

len. Es war wunderbar gelungen und hing seitdem in unserem Wohnzimmer. Während der letzten Dienstjahre in Kudus erinnerte es mich jeden Tag daran, dass unser Herr immer dabei ist bei allem, was Er uns zu tun aufgetragen hat. Er steht auch den Chirurgen bei, die auf Ihn vertrauen.

Erfreulich gut war im Operationssaal die Zusammenarbeit zwischen den Kollegen der verschiedenen Fachrichtungen. Wenn einer den anderen brauchte, dann halfen wir uns gegenseitig bei schwierigen Eingriffen oder auftretenden Problemen. Das war nicht in allen Krankenhäusern so selbstverständlich wie im Mardi Rahayu. Besonders häufig brauchten die Gynäkologen chirurgische Hilfe oder auch umgekehrt. Während ich einmal am Operieren war, bat der Gynäkologe vom gegenüber liegenden Saal um Hilfe. Bei der Entfernung eines Unterbauchtumors war es zur Verletzung eines Gefäßes im Becken gekommen und zu starker Blutung, die zu beherrschen dem Kollegen nicht gelungen war. Die Narkoseärztin hatte große Mühe, bei der Patientin wenigstens noch einen Minimal-Kreislauf aufrechtzuerhalten. Ich versuchte, die Blutung in den Griff zu bekommen, was auch zunächst gelang. Aber nach kurzer Zeit wurde ich ein zweites Mal gerufen, weil das Gefäß erneut undicht geworden war. Es handelte sich um die große Arterie, durch die das Bein mit Blut versorgt wird. Im Blick auf die höchst lebensgefährliche Situation konnte ich in diesem Moment jedoch darauf keine Rücksicht nehmen. Mit verzweifelter Entschlossenheit dichtete ich das Leck des Gefäßes durch eine kräftige Umstechung ab, bis die Blutung endgültig beherrscht war. Die Gefahr für das Bein war mir dabei durchaus bewusst. Dass im Anschluss an die Operation keinerlei Durchblutungsstörungen des Fußes festzustellen waren, überraschte mich und erfreute uns alle. Die Frau war mitsamt ihrem Bein gerettet. Gott hatte wieder einmal gnädig geholfen. Dank sei Ihm!

Einer unserer Hals-Nasen-Ohren-Ärzte kam eines Tages verzweifelt in den Operationssaal, in dem ich mit meinen Helfern gerade arbeitete. Er sei am Ende seiner Kraft, klagte er, nachdem er bereits einige Zeit versucht hatte, die anhaltende Blutung im Rachenbereich eines operierten Kindes zu stillen. Er wisse einfach nicht mehr weiter und bat mich deshalb um Hilfe. Mit vereinten Kräften gelang es dann auch, die Situation zu beherrschen. Der islamische Kollege, dem ich hatte helfen können, arbeitete bei uns als Belegarzt und war anschließend bei jeder Begegnung besonders nett zu mir.

Auch den jüngeren Chirurgen, die während unserer letzten Jahre im Mardi Rahayu mitarbeiteten, konnte ich immer wieder bei Schwierigkeiten helfen. Aber auch ich selbst brauchte gelegentlich Hilfe, nicht nur von gynäkologischer Seite. Einmal wollte ich bei einem Mann Metallteile aus der Wirbelsäule entfernen, die nach einem Unfall auswärts eingesetzt worden waren. Jedoch fehlten die dafür passenden Spezial-Instrumente, so dass alle meine Bemühungen zunächst vergeblich waren. Beinahe wäre ich der Versuchung erlegen, die Wunde unverrichteter Dinge einfach wieder zu schließen. Meine Mitarbeiter aber rieten mir, doch einen anderen Chirurgen um Hilfe zu bitten. Nur einer konnte an jenem Nachmittag dank seines Handys erreicht werden, als er gerade mit seinem Fahrrad unterwegs war. Nach mehreren Versuchen und unter gewaltiger Kraftanstrengung gelang es ihm schließlich, sämtliche Metallteile ohne Schaden aus dem Rücken zu entfernen. Wieder einmal freute ich mich über die gute kameradschaftliche Zusammenarbeit mit meinen Kollegen.

Ein Mann im Alter von etwa fünfzig Jahren kam zur Untersuchung, weil sein Leib schon seit längerer Zeit stark aufgetrieben war. Bei den verschiedenen Untersuchungen fanden sich keine Veränderungen innerer Organe. Die harte Vorwölbung schien von der Bauchdecke ausgegangen zu sein. Deshalb wagte ich den großen Eingriff, allerdings ohne dem Mann Hoffnung auf vollständige Heilung machen zu können. Nach langwieriger und mühsamer Arbeit gelang es am Ende tatsächlich, den großen und harten Tumor aus den Schichten der Bauchdecke herauszulösen. Er wog fünf Kilogramm und war erfreulicherweise nicht einmal bösartig. Der Patient konnte glücklich und wesentlich schlanker nach Hause entlassen werden.

Immer wieder wurde in unserer Tageszeitung über AIDS-Erkrankungen in Indonesien berichtet. Während der über dreißig Jahre unseres Dortseins hatte ich nie bewusst einen Menschen mit dieser Erkrankung gesehen. Einmal sollte ich einen jungen Mann konsiliarisch untersuchen. Er klagte über ständige Durchfälle und hatte hohes Fieber. Sicherheitshalber ließ ich den AIDS-Test bei ihm durchführen. Er fiel positiv aus. Der Fall musste gemeldet und der Patient in die staatliche Universitätsklinik nach Semarang verlegt werden. Dort wurde er wie viele seiner Leidensgenossen auf Regierungskosten behandelt. In der gleichen Abteilung besuchten wir den Sohn eines uns bekannten Pfarrers. Er war in der Landeshauptstadt „unter die Räder gekommen". Auch er und seine beiden Zimmergenossen litten an Aids. Er war sehr schwach, stark kurzatmig und hustete ständig. Wir konnten nichts anderes tun als die jungen Männer Gottes Gnade anzubefehlen und mit ihnen zu beten. Sie waren offen und dankbar dafür. Kurz darauf erfuhren wir vom Tod des Jugendlichen.

Patienten aus dem Bekanntenkreis

Für Chirurgen ist es bekanntermaßen nicht ratsam, eigene Bekannte, Freunde oder gar Angehörige zu operieren. Bei Familienmitgliedern sollten sie das besser unterlassen. Denn es ist ein großer Unterschied, ob man irgend einen Patienten zu operieren hat oder ob jemand aus dem engeren Freundes- und Verwandtenkreis auf dem Operationstisch liegt. Da kann man als Operateur manchmal nicht mehr klar entscheiden und objektiv arbeiten. Trotzdem musste ich mehrfach Freunde, Kollegen oder Mitarbeiter operieren.

Antonia, eine unserer leitenden Operations-Schwestern, stellte mir eines Tages ihre Schwester vor, die schon von mehreren Ärzten ergebnislos untersucht worden war. Sie hatte jahrelang unter Leibschmerzen und Verdauungsstörungen gelitten. Eine Bauchspiegelung war in unserem Krankenhaus damals noch nicht möglich. So entschlossen wir uns zur Operation unter verschiedenen Verdachtsdiagnosen. Schwester Antonia assistierte mir dabei. Als wir entdeckten, wie es in der geöffneten Leibeshöhle ihrer Schwester aussah, waren wir sprachlos vor Entsetzen, und meiner Assistentin kamen die Tränen. Es handelte sich um eine schwere Tuberkulose der Bauchorgane mit multiplen Engstellen und Verwachsungen der Darmschlingen. Es blieb nichts anderes übrig, als den befallenen Teil des Darms zu entfernen. Das war ein großes Risiko, denn es handelte sich um drei Viertel des Dünndarms, der für die Nahrungsaufnahme lebensnotwendig ist. Aber es musste sein; denn durch Medikamente wäre der jungen Frau nicht zu helfen gewesen. Sie überstand den großen Eingriff ohne Komplikationen und konnte anschließend sogar viel mehr essen als vorher. Es war erstaunlich, wie gut sie die Nahrung auch verwerten konnte trotz des so kleinen verbliebenen Dünndarm-Rests. Sie wurde sogar noch schwanger und gebar ohne Schwierigkeiten ihr drittes gesundes Kind. Es erschien uns allen fast wie ein Wunder; und wir freuten uns auch für unsere treue Mitarbeiterin Schwester Antonia.

Eine unserer Krankenschwestern hatte mit ihrem Moped einen schweren Unfall und wurde von weit her zu uns gebracht. Sie befand sich in schwerem Blutungs-Schock. Infolge einer Schädelverletzung war sie außerdem bewusstlos. Der rechte Fuß war in Knöchel-Höhe fast völlig abgetrennt, was zu dem starken Blutverlust geführt hatte. Nach Stabilisierung des Kreislaufs machte ich mich an die Wundversorgung. Es musste sehr schnell gearbeitet werden, damit die Schwerverletzte so bald wie möglich auf die Intensivstation zurück gebracht werden konnte. Ich weiß nicht, ob es eine göttliche Eingebung war; jedenfalls begnügte ich mich zunächst mit der Blutstillung und einer raschen Versorgung der ausgedehnten Wunden. Normalerweise hätte in einer solchen Situation der fast abgetrennte Fuß vollends amputiert werden müssen. Es bestand nur noch eine Hautbrücke zwischen ihm und dem Unterschenkel. Trotzdem fixierte ich einen der beiden abgebrochenen Knöchel durch eine Schraube am Schienbein, verschloss provisorisch die Haut darüber und legte eine Schiene an. In dem kritischen Zustand der jungen Frau konnten keine Sehnen, Gefäße oder Nerven zusammengenäht werden. Schon am gleichen Abend mussten wir staunen: Der Fuß war entgegen aller Erwartungen durchblutet. Ich konnte mir das nicht erklären. Nach zehn Tagen wachte die Verletzte aus ihrer Bewusstlosigkeit auf. Sie konnte die Zehen des rechten Fußes spüren und sogar bewegen! Drei Monate später nahm unsere vollends genesene Krankenschwester ihre Arbeit wieder auf. Sie konnte ohne Hilfe gehen. Von der Schädelverletzung waren keine Folgen zurückgeblieben. Wie die Schwester heißt, weiß ich nicht mehr. Wenn ich ihr begegnete, nannte ich sie immer "Wunder-Fuß". Wieder einmal hatten wir erlebt, dass bei Gott nichts unmöglich ist und dass auch heute noch Wunder geschehen.

Unser Internist Dr. Philemon brachte eines Tages seine Schwester von seiner weit entfernten Heimatinsel nahe Australien zu mir. Wegen einer bösartigen Geschwulst am rechten Oberarm hatte sie sich dort operieren lassen. Doch der Tumor war erneut gewachsen und hatte sich bis zum Schultergelenk ausgebreitet. Eine Heilungs-Chance bestand nur, wenn der Arm in Schulterhöhe amputiert wurde. Es war ein blutiger und belastender Eingriff, den unser Dokter Philemon unbedingt selber mit ansehen wollte. Gott sei es gedankt, dass keine Tumorreste zurückblieben. Im Anschluss an die Nachbestrahlung erhielt die Frau eine Armprothese und konnte ihren Beruf als Lehrerin weiter ausüben. Nach vielen Jahren erfuhr ich zu meiner Freude durch den Kollegen, dass es seiner Schwester noch immer gut ginge. - Fast noch aufregender empfand ich die Operation von Dokter Philemons Ehefrau wegen Brustkrebs. Sie war von Beruf Hebamme und wusste um die Gefahren dieser Krankheit. Deshalb hatte sie sich zu einer Radikaloperation entschlossen, die ich ihrem Wunsch gemäß und in der Hoffnung auf vollkommene Genesung auch ausführte. Bis heute, etwa fünfzehn Jahre später, geht es ihr gut; Gott sei`s gedankt!

In unserer großen Poliklinik arbeitete seit Jahren der Allgemeinarzt Dokter Antonius, ein Mann von kräftiger Statur. Einmal fiel mir auf, dass er stark an Gewicht abgenommen hatte und sehr schlank geworden war. Dazu wirkte er äußerst unruhig und seine Hände zitterten. In der Annahme, dass der Kollege unter einer Schilddrüsen-Überfunktion litt, riet ich ihm, sich doch von einem Internisten untersuchen und behandeln zu lassen. Lange Zeit sah ich ihn nicht mehr und erfuhr auch nichts über seine Krankheit. Da erschien er eines Tages in meiner Poliklinik und bat darum, dass ich ihn operieren sollte; denn die medikamentöse Behandlung war erfolglos gewesen. Mich durchfuhr ein ziemlicher Schreck. Operationen bei Überfunktion der Schilddrüse sind mit mehr Gefahren und Komplikationsmöglichkeiten belastet als bei „normalen" Kröpfen. Und noch dazu sollte ich bei meinem eigenen Kollegen einen solchen Eingriff durchführen!

Aber die Operation musste sein. Selten war ich so angespannt wie bei der Entfernung des „Basedow“-Kropfes von dokter Antonius. Äußerst erleichtert und dankbar war ich, dass sowohl der Eingriff als auch die Heilung komplikationslos verliefen und der Kollege sich sehr rasch erholte. Auch seine Frau freute sich, dass ihr Mann wieder der Alte war, an Gewicht zunahm und arbeiten konnte wie vorher. Wir dankten Gott für die Erhörung unserer Gebete.

Johanna, eine Frau unserer Gemeinde, kam zur Untersuchung. Der Internist hatte bei ihr eine vergrößerte Milz, verursacht durch Leukämie, also Blutkrebs, festgestellt. Nach eingehenden diagnostischen Maßnahmen aber stellte sich heraus, dass ein großer Tumor die Milz so stark verlagert hatte, dass sie als vergrößert erschien. Die schwierig zu erreichende Geschwulst zu entfernen, war ein großes Risiko. Im Vertrauen auf Gottes Hilfe wagte ich es. Meine Nichte Johanna famulierte gerade bei uns und war als zweite Assistentin mit dabei. Sie hielt stundenlang durch, bis die schwierige Operation beendet war. Zu unserer Freude handelte es sich um einen gutartigen, mit Flüssigkeit gefüllten Tumor unklarer Herkunft. Die Frau ist bis heute gesund.

Herr Mamingsih, ebenfalls Mitglied unserer Kirchengemeinde, war an Wundstarrkrampf erkrankt, nachdem er sich auf die Zunge gebissen hatte. Es kam zu allen nur denkbaren Komplikationen. Der fünfundvierzigjährige Mann lag auf unserer Intensivstation in Dauernarkose und musste über längere Zeit durch einen Luftröhrenschnitt beatmet werden. Es bestand nicht mehr viel Hoffnung für ihn. Doch dann trat Besserung ein und er überwand die schreckliche Krankheit. Er dankte Gott für seine wunderbare Heilung und wurde ein eifriger Mitarbeiter in der Gemeinde.

Ester

In unseren Gottesdiensten wurde lange Zeit immer wieder für eine junge Frau namens Ester gebetet. Sie sei in Singapur operiert worden, und ihr Leiden sei unheilbar, war da zu hören. Natürlich dachten wir an eine Krebserkrankung; aber Genaueres wussten wir nicht. Esters Mutter, Ibu Dewi, kannten wir nur flüchtig. Sie besaß ein Goldgeschäft und beteiligte sich kaum am Gemeindeleben. Eines Tages kam sie mit einer dicken Mappe voll Unterlagen und Dokumenten über die Krankheit ihrer Tochter in unser Haus. Die gestresste Mutter schüttete ihr Herz bei uns aus und berichtete ausführlich über den Leidensweg ihrer Tochter:

Ester hatte seit ihrem fünften Lebensjahr an den Folgen einer angeborenen Gallengangs-Verengung gelitten. Häufige Oberbauch-Koliken und wiederholte Gelbsucht-Attacken waren bis ins Erwachsenenalter ihre Begleiter gewesen. Nun war die junge Zahnärztin in Singapur operiert worden. Seitdem musste sie mehr leiden als je zuvor. Ester war nach der Operation von verschiedenen Spezialisten in Jakarta untersucht worden. Jeder von ihnen hatte ihr einen anderen Therapievorschlag unterbreitet, was die Beiden noch mehr verwirrte. Da sie die Schmerzen nicht mehr aushalten konnte, ihre Beschwerden aber nicht ernst genommen wurden, überwies man sie als „psychisch Kranke" in eine Nervenklinik. Nun wussten Mutter und Tochter nicht mehr weiter. Ich zeichnete das anatomische Bild von Esters Krankheit auf einen Zettel, dazu die Situation nach der erfolgten Operation und eine Darstellung davon, wie man die Gallenwege durch einen erneuten Eingriff in Ordnung bringen müsste. Mit dieser Information verließ uns Ibu Dewi wieder. Ester, eine sympathische junge Frau, kam selber auch noch zur Untersuchung, und ich wurde in die große Familie eingeladen, um die Sachlage zu erklären. Am Ende wurde im Familienrat beschlossen, Ester in Jakarta operieren zu lassen von dem Professor, den ich dafür vorgeschlagen hatte, weil ich ihn von meiner Adaptasi her kannte. Ibu Dewi stellte die Bedingung, dass ich bei der Operation dabei sein sollte. Das erschien mir zwar unmöglich; aber sie erreichte es, dass ich bald darauf eine schriftliche Einladung nach Jakarta erhielt mit Angabe von Zeit und Ort für den geplanten Eingriff.

Ibu Dewi bezahlte die Reise, und Esters Verlobter holte mich in der Landeshauptstadt ab. Um fünf Uhr nachmittags begann die Operation in einer Privatklinik. Professor Syamsuhidayat kannte mich noch. Auch der zweite Assistent und die Narkoseärztin erinnerten sich an mich von der Adaptasi her. Aufgrund des vorhergegangenen fehlerhaften Eingriffs waren die anatomischen Verhältnisse bei Esters Gallenwegen stark verändert. Es war eine sehr mühsame und schwierige Arbeit, bis wir nach vier Stunden endlich den großen Gallengang gefunden hatten. Danach ging es planmäßig weiter, und zwei Stunden später war die Operation nachts um elf Uhr beendet. Draußen warteten Ibu Dewi, ein Pfarrer sowie Esters Verwandte und Freunde geduldig und flehten Gott gemeinsam um Hilfe an.

Vor meiner Heimreise fuhr Handoko, Ester`s Verlobter, mit mir noch in ein Lebensmittelgeschäft für ausländische Diplomaten, wo es ausgefallene Spezialitäten wie deutsches Brot, verschiedene Käsesorten und andere Leckerbissen gab, die wir sonst in Indonesien nie zu sehen bekamen. Ich sollte etwas für uns nach Kudus mitnehmen. Von dem, was ich ausgesucht hatte, legte Handoko die doppelte Menge in den Korb. Er behielt genau in Erinnerung, was ich ausgewählt hatte; einige Zeit später schickte er uns die gleichen Spezialitäten noch einmal. Ibu Dewi zeigte ihren Dank dadurch, dass sie jede von uns drei Schwestern reich beschenkte. Sie tat das nicht nur nach Esters Operation, sondern fortan zu unseren Geburtstagen, zu Weihnachten und oft auch zwischendurch. Wenn wir uns bei ihr bedankten, antwortete sie meist: „Das kommt alles von Gott“. Sie hatte versprochen, sich nach Esters Genesung mehr für Gott und seine Gemeinde einzusetzen. Sie hielt Wort und wurde eine aktive Mitarbeiterin im Kirchengemeinderat sowie eine Wohltäterin für viele bedürftige Menschen. Auch manche unserer Patienten, die ihre Behandlung nicht selber bezahlen konnten, erfuhren Hilfe und Unterstützung durch Ibu Dewi.

Ein Jahr nach der Operation wurde die Hochzeit von Ester und Handoko in großem Rahmen in Kudus gefeiert. Zehn Monate später kam ihr Sohn James in Jakarta zur Welt, wo die Familie wohnte. Der Junge blieb das einzige Kind seiner Eltern. Eine Woche nach der Entbindung wurde ich von Ibu Dewi dringend nach Jakarta gebeten. Ester sei im Wochenbett an einem Darmverschluss erkrankt. Sie wolle sich nur dann operieren lassen, wenn ich ihr die Notwendigkeit dazu klarmachen und dabei sein würde. Schwester Gisela und ich wollten eigentlich zum Heimaturlaub nach Deutschland fliegen. So mussten wir „Hals über Kopf“ unsere Pläne ändern und am gleichen Tag nach Jakarta reisen. Nachdem ich Ester gesehen und den Darmverschluss bestätigt hatte, wurde die Operation mitten in der Nacht von Professor Syamsuhidayat durchgeführt. Wiederum assistierte ich ihm dabei. Diesmal war die Atmosphäre viel entspannter als beim ersten Mal. Ein Verwachsungs-Strang hatte den Dünndarm abgeschnürt. Wir unterhielten uns angeregt während des Eingriffs und rätselten spaßeshalber darüber, ob nun die Chirurgen von Singapur oder die von Jakarta an den Verwachsungen „schuld“ seien. Ester überstand auch diese dritte Operation relativ gut.

In Deutschland erfuhren wir später, dass Ester nach ihrer Operation im Wochenbett noch von einer schweren Amöbenruhr heimgesucht worden war. Seitdem blieb sie bis heute gesund. Ihr Sohn James wuchs zu einem liebenswürdigen und tüchtigen jungen Mann heran.

Vertretung in anderen Hospitälern

Mein Fachkollege dokter Johan arbeitete hauptamtlich im staatlichen Krankenhaus von Kudus und zusätzlich als Belegarzt im Mardi Rahayu. Für einige Jahre waren wir nur zwei Chirurgen in unserer Stadt und vertraten uns bei Bedarf gegenseitig. Natürlich waren wir in solchen Zeiten rund um die Uhr im Einsatz. Wenn ich ins Regierungshospital gerufen wurde, fiel mir jedes Mal die fehlende Sauberkeit der dortigen Stationen auf. Die Patienten wurden schlecht gepflegt, und Korruption war an der Tagesordnung. So erfüllte mich immer wieder neu eine große Dankbarkeit dafür, dass Gott uns ins Mardi Rahayu geführt hatte.

Einmal sah ich im staatlichen Krankenhaus „zufällig“ einen frisch eingelieferten Kranken unversorgt mit starken Bauchschmerzen in der Aufnahmestation liegen. Ich war nicht konsultiert worden, erkannte aber, dass dem Mann rasch geholfen werden musste. Der diensthabende Arzt war nicht anwesend und auch nicht zu erreichen. Niemand kümmerte sich um den Mann; und ich war nicht berechtigt, es zu tun. Da schrieb der anwesende Gynäkologe, den ich als Belegarzt vom Mardi Rahayu her kannte, freundlicherweise eine Überweisung für den Kranken an mich, so dass ich ihn noch am gleichen Tag in unserem Hospital operieren konnte. Es fand sich ein Magendurchbruch mit schwerer Bauchfellentzündung. Dank der Hilfsbereitschaft unseres Frauenarztes konnte der Mann gerettet werden.

Der Rotary-Club von Kudus finanzierte manchmal Hilfsaktionen für Kinder, die im Mardi Rahayu oder auch im Regierungshospital wegen Hasenscharten operiert werden sollten, was für ihre Eltern unbezahlbar gewesen wäre. Dokter Johan und ich führten jeweils etwa ein Dutzend solcher plastischer Operationen durch. So wurde diesen Kindern ein unbeschwerteres Leben ohne gesellschaftliche Ausgrenzung ermöglicht.

Später wurde noch ein islamisches Krankenhaus in Kudus gebaut. Auch dort hatte ich gelegentlich Vertretungsdienste zu leisten. Zwar gab es inzwischen ein paar Chirurgen mehr in unserer Stadt, aber einmal glänzten alle meine Fach-Kollegen durch Abwesenheit anlässlich eines auswärtigen Kongresses der indonesischen Chirurgen. Während jener Tage hatten wir besonders dramatische Erlebnisse im Islam-Hospital: Ein kleines Mädchen war kurz vorher wegen seines Wolfsrachens, einer angeborenen Gaumenspalte, operiert worden. Weil der Kollege dabei Fäden benutzt hatte, die sich rasch auflösen, gingen die Nähte auf. Es kam zu sehr starker Nachblutung. Zwei Mal musste ich bei dem Kind den Gaumen erneut zunähen, bis die Wunde endlich nicht mehr blutete. Nach der erforderlichen Transfusion ging es der Kleinen dann auch bald wieder besser.

Ein junger Mann hatte bei einem Mopedunfall ein Bauchtrauma erlitten. Es bestand der Verdacht auf eine Verletzung der Leber mit schwerer innerer Blutung. Bei der Operation konnte die Diagnose bestätigt werden. Aber um den Leber-Riss versorgen zu können, musste der Brustkorb geöffnet werden. Das kommt relativ selten vor; und der Allgemeinarzt, der mir assistierte, hatte so etwas noch nie gesehen. Der junge Patient erholte sich rasch.

Aufregender noch gestaltete sich die Versorgung einer Frau, die nach einem Verkehrsunfall ins Islamkrankenhaus eingeliefert worden war. Es bestand ein schwerer Blutungs-Schock infolge ihrer Bauchverletzung. Sie musste sofort operiert werden. Aber ihr Hämoglobinwert (Hämoglobin: roter Blutfarbstoff) betrug gerade noch fünf Gramm-Prozent (normal ist zwölf bis vierzehn), und es gab kein Transfusionsblut für die Patientin. Um sie nicht verbluten zu lassen, mussten wir trotzdem rasch handeln. Der Narkosearzt tat sein bestes, um den Kreislauf aufrecht zu erhalten. Es bot sich ein völlig unerwarteter und überraschender Befund: Eine kindskopfgroße Geschwulst, von der die Frau vermutlich vorher gar nichts gewusst hatte, hing an der Magenwand. Aus der Oberfläche des Tumors trat ständig Blut aus, und er musste deshalb entfernt werden. Ein so großer Eingriff war bei dem bedrohlichen Zustand der Frau ein erhebliches Risiko; aber es gab keine andere Wahl. Die Patientin überlebte und erhielt dann doch noch ihre so notwendigen Transfusionen. Ich war von Herzen dankbar dafür, dass diese Patientin im fremden Krankenhaus nicht gestorben war und Gott wieder einmal durchgeholfen hatte. Der entfernte Tumor erwies sich als gutartig, so dass die Verletzte infolge ihres Unfalls „nebenbei" auch von ihrer vorher nicht bekannten Krankheit geheilt worden war. Puji Tuhan!

Erdbeben-Einsatz in Yogyakarta

Ende Mai 2006, als wir morgens um 6 Uhr gerade mit dem Frühstück beginnen wollten, fühlten wir uns alle, die wir im Haus waren, plötzlich schwindelig. Die Türen klapperten und die Lampen pendelten hin und her. Uns war sofort klar, dass ein Erdbeben die Ursache dafür sein musste. Es handelte sich um die Ausläufer der schweren Katastrophe im Süden unserer Insel. Im Lauf des Vormittags drangen immer mehr Nachrichten durch: Siebzehn Kilometer von der Küste entfernt hatte sich ein schweres Seebeben abgespielt. Aus Furcht vor einem Tsunami waren die Bewohner aus den küstennahen Gebieten in höher gelegene Regionen geflüchtet. Die Flutwelle blieb aus; aber das Beben hatte auch das Land ergriffen und war auf der gesamten Insel zu spüren gewesen. In der Provinz Yogyakarta und der gleichnamigen Stadt, einem beliebten Touristenzentrum, war es zu sehr schweren Schäden und schlimmen Zerstörungen gekommen. Später wurde von sechstausenddreihundert Toten und fünfundvierzigtausend Verletzten berichtet. Nur zwei Jahre vorher hatte ein schrecklicher Tsunami im Norden von Sumatra gewütet. Aus der damaligen Erfahrung hatten die indonesischen Einsatzkräfte viel gelernt. Die diesmal betroffenen Regionen waren leichter zugänglich, so dass der angerichtete Schaden als geringer als damals eingestuft wurde. Aber auch dieses Beben hinterließ viel Not, Leid und Zerstörung. Militär, Polizei, Rotes Kreuz, christliche und islamische Hilfsorganisationen sowie Schüler und Lehrer waren im Einsatz. Aus den Großstädten unserer Insel Java kamen medizinische Teams; und aus zweiundzwanzig Nationen trafen ausländische Hilfskräfte ein.

Am Tag nach dem Erdbeben, einem Sonntag, erreichte mich um fünf Uhr morgens ein Telefon-Anruf aus dem großen christlichen Bethesda-Hospital von Yogyakarta. Trotz der vielen vorhandenen Einsatzkräfte würde es an Chirurgen fehlen, sagte man mir, und bat, doch möglichst schnell zu kommen und zu helfen. Nach Rücksprache mit unserem Hospital-Direktor stellten wir ein chirurgisches Team zusammen, verpackten die nötigen Instrumente und rasten mit einem Krankenhausauto in Richtung Süden. Schwester Heiderose war auch dabei, während unsere Dritte im Bunde gerade in Deutschland weilte. Nach vier Stunden kamen wir ans Ziel. Eine Hilfstruppe mit drei Allgemeinärzten vom Mardi Rahayu war bereits am Tag vorher nach Yogyakarta aufgebrochen und seitdem im Bethesda-Hospital im Einsatz.

In dem ausgedehnten Vorhof des Krankenhauses lagen Hunderte von Verletzten auf Matten, durch Zeltplanen geschützt. Alle Räume, Eingangshallen, Gänge und Ecken des großen Klinik-Komplexes waren überfüllt. Die Kranken lagen auf Betten, Matratzen oder Matten, und neben ihnen hockten ihre Angehörigen. Alle Verletzten waren gekennzeichnet durch verschiedenfarbige Zettel an der Großzehe: Schwarz bedeutete akute Lebensgefahr, rot wies auf schwere Verletzungen hin. Jeder Patient war mit Infusionen und Schmerzmitteln versorgt. Das Krankenhauspersonal hatte gut vorgearbeitet. Trotz der geballten Not herrschte keine Panik-Stimmung. Die Verletzten und ihre Familien warteten geduldig, bis sie an die Reihe kamen. Die Einteilung der Helfergruppen war gut organisiert. Ruhig, gelassen und in freundlicher Atmosphäre wurde ununterbrochen lebensrettende Arbeit geleistet. Ich war froh, unter den ungezählten Erdbebenopfern nicht selber diejenigen auswählen zu müssen, für die ich zuständig sein sollte. Sie wurden den einzelnen Ärzten zugewiesen. Als erstes hatte mein Team am Sonntagnachmittag eine Frau zu operieren mit schwerer Bauchverletzung. Ein Teil des Darms war zerquetscht und musste entfernt werden. Die Patientin hatte sehr viel Blut verloren, aber sie lebte noch. Am nächsten Morgen fanden wir sie nach langem Suchen lächelnd im Bett liegend mit tropfender Bluttransfusion. „Danke, Herr“, lautete meine erleichterte Antwort auf Gottes Hilfe.

Während der folgenden Tage arbeiteten mehrere Teams vom In- und Ausland nebeneinander in allen vorhandenen Operationssälen. Gelegentlich traf man sich kurz; ich sah einen Kollegen aus Ungarn und einen aus England. Sowohl vormittags als auch nachmittags erhielt unsere Kuduser Gruppe jeweils drei Patienten zugeteilt. Die meisten von ihnen hatten Knochenbrüche erlitten. Wir waren sehr froh und dankbar dafür, dass wir unsere eigenen Instrumente mitgebracht hatten. Die Arbeit zog sich jeden Tag bis Mitternacht hin. Dann konnten wir bis zum Morgen ein paar Stunden ausruhen. Unter meinen Patienten waren eine Schwangere mit mehrfachen Oberschenkelbrüchen und eine ältere blinde Frau mit zertrümmertem Bein, das erhalten werden konnte.

Eine besondere Herausforderung war für mich die Versorgung einer Frau mit multiplen Beckenbrüchen. Ihre Harnwege waren mitverletzt, und vier Tage lang hatte sie keine Flüssigkeit ausgeschieden. Ein Urologe war nicht erreichbar. So machten wir uns ans Werk und versorgten die schweren Verletzungen und den großen Riss in der Harnblase. Die Frau überlebte, und ihre Nieren erholten sich wieder.

Bevor wir nach Kudus zurückkehrten, unternahmen wir noch eine Rundfahrt bis zur Südküste und sahen uns in dem Gebiet um, wo das Erdbeben die schlimmsten Schäden angerichtet hatte. Ein großes Universitätsgebäude war zur Hälfte eingestürzt. Manche Häuser waren total zerstört, und daneben standen andere, denen die Erschütterungen nichts hatten anhaben können. An vielen Orten standen

Hilfs-Posten der Regierung bereit, an die sich die Menschen wenden konnten. Die versprochenen staatlichen Ausgleichs-Zahlungen für den Wiederaufbau allerdings wurden den Geschädigten später überhaupt nicht oder nur zu einem sehr geringen Teil gewährt.

Wenige Jahre nach dem Erdbeben traf ich eine Kollegin vom Bethesda-Hospital bei einem Fachkongress in Surabaya. Sie konnte mir berichten, dass meine damals versorgten Patienten alle ohne Komplikationen genesen seien. Dankbar und erleichtert freute ich mich darüber.

Unterwegs und daheim

Wenn keine Heimaturlaube an der Reihe waren, verbrachten wir unsere Ferientage im eigenen Land und konnten unbekannte Gegenden von Indonesien kennenlernen. So erkundeten wir den Osten und den Westen unserer schönen Insel Java sowie Sumatra und auch die Touristeninsel Bali mit ihrer herrlichen Landschaft und den sonnigen Stränden. An der Südküste von West-Java hatten wir sogar Gelegenheit, die unter Naturschutz stehenden großen Meeres-Schildkröten zu erleben. Wir kampierten in Pfahlhütten und wurden mitten in der Nacht auf Motorrädern an den Strand gebracht, wo die Tiere zum Eierlegen ans Land kamen. Während sie sich mühsam durch den sandigen Boden fortbewegten, durfte man sie nicht stören. Erst nachdem sie an geschützten Stellen ihre Löcher gegraben hatten, durften wir zusehen, wie die Schildkröten jeweils bis zu hundert tischtennisgroße Eier hineinfallen ließen. Es war ein faszinierendes nächtliches Schauspiel. Sichtlich erschöpft von ihrer schweren Arbeit wanderten die großen Tiere dann zurück zum Meer, um sich im Wasser entspannen zu können. Tausende von Kilometern schwimmen die Schildkröten durch die Weltmeere zum Eierlegen an die Strände, wo sie geboren sind.

Meine Schwestern Gisela und Heiderose leisteten wiederholt wochenlange Vertretungsdienste für unsere Schwestern Lydia und Anne auf der Insel Kalimantan. Ich hatte nur wenige Male die Gelegenheit, einen kurzen Besuch dort im weit entfernten Tumbang Marikoi zu machen. Die Flüge über den Urwald mit dem Hubschrauber der Schweizer „Helimission“ oder mit den amerikanischen Wasserflugzeugen der MAF (Missionary Aviation Fellowship) waren ein ganz besonderes Erlebnis. Unser ehemaliges Hausmädchen Yasna war Schwester geworden und setzte sich in Tumbang Marikoi viele Jahre lang treu ein. Im Jahr 2010 trafen wir sie zum letzten Mal, bevor sie einem Nierenversagen erlag und in ihre himmlische Heimat gerufen wurde.

Oft wurden wir zu prunkvollen Hochzeitsfesten nach chinesischer Tradition eingeladen. Wenn es sich um Kollegen oder eng befreundete Familien handelte, gehörte es für uns zu den „gesellschaftlichen Pflichten“, anwesend zu sein. Schöner empfand ich die einfacheren Hochzeitsfeiern unserer Freunde und Mitarbeiter in ihren Dörfern. Aber auch dort war der Aufwand groß, weil das ganze Dorf zum Festessen eingeladen wurde. Solche Hochzeiten kamen Volksfesten gleich, voll von fröhlichen Begegnungen, bunten Festgewändern, lautstarker Musik und gut gewürzten Mahlzeiten.

Eingeladen wurden wir außerdem häufig zu den Hausgottesdiensten in unserer Gemeinde, wo es neben der Wortverkündigung und gemeinsamem Singen und Beten auch immer etwas zu essen gab. Auch wir luden manchmal zu Hausgottesdiensten ein, besonders in der Weihnachtszeit, nach unserem Umzug ins neugebaute Wohnhaus oder anlässlich meiner Genesung von schwerer Krankheit. Dadurch lernten wir viele Mitglieder unserer Kirche kennen und hatten gute Gemeinschaft mit ihnen. Je länger je mehr gehörten wir zur Gemeinde und zu der großen Krankenhausfamilie. Das Mardi Rahayu war uns zur Heimat geworden.

Alle paar Wochen kamen wir gelegentlich dazu, an Sonntagnachmittagen kurz vor Einbruch der Dunkelheit kleine Spaziergänge zu machen auf unserem „Damm“. Zu dieser Zeit war es nicht mehr ganz so heiß wie tagsüber. Auch auf Java geht die Sonne wie in Kalimantan früh um sechs Uhr auf und zwölf Stunden später unter; denn der Äquator zieht mitten durch das Land, und das ganze Jahr über herrscht gleichmäßig heißes und schwüles Klima. Unterschiede gibt es nur zwischen der Trockenzeit und der Regenzeit von November bis März oder April. Nach den starken, oft wolkenbruchartigen Regenfällen erstrahlt das Land in frischem Grün, während es in der Trockenzeit von Mai bis Oktober in vielen ländlichen Regionen braun und verdorrt erscheint. In der Regenzeit gibt es an vielen Orten oft schwere Überschwemmungen mit Erdrutschen, wogegen in der Trockenzeit häufig Wassermangel herrscht. Die Reisfelder werden das ganze Jahr über aus Stauseeen bewässert. Auf Java gibt es dank des fruchtbaren Bodens und des Fleißes der Bauern und Landarbeiter bis zu drei Reisernten im Jahr.

Unser „Damm“ also war einer von vielen, die als Schutz vor Überschwemmungen gebaut wurden. Er liegt hinter dem nach Kudus eingemeindeten Dorf, in dem das Krankenhaus steht. Es war erfrischend und entspannend, vom Damm aus den großen und gutmütigen Wasserbüffeln beim Baden in Tümpeln zuzusehen, bevor sie von ihren oft sehr jungen Hirten in die Ställe gebracht wurden. Über die leuchtend grünen Reisfelder konnten wir in der Abenddämmerung bis zu den nahen Bergen sehen. Besonders mit Gästen unternahmen wir dorthin auch manchmal Ausflüge. Weil Spazierengehen für die Indonesier etwas Ungewohntes ist, wurden wir auf unserem Damm von den Bewohnern der angrenzenden Häuser natürlich beobachtet. Oft hörte ich dann am nächsten Tag meine Patienten in der Sprechstunde sagen: „Gestern haben wir die dokter Eli (so wurde ich von vielen genannt) wieder mit ihren Schwestern auf dem Damm gesehen!“

Zu den Freuden des Lebens gehörten für uns in Kudus, so wie schon vorher in Palangka Raya, auch Haustiere. Hunde und Katzen halfen zur Entspannung nach anstrengenden Arbeitstagen. Sie wurden während unserer Abwesenheit von den Hausmädchen versorgt. Unser kleiner, liebenswerter Pekinese Schnuffele machte uns viel Freude. Er war uns von Freunden wegen einer Hautkrankheit überlassen worden und konnte geheilt werden. Sweety, eine noch kleinere Hundedame der gleichen Rasse, bekamen wir als Dank-Geschenk von einem auswärtigen Pfarrer, den ich wegen Fersenbeinbruch behandelt hatte. Dokter Agustina, unsere Tierärztin, brachte mir einmal den Hund ihres katholischen Pfarrers zum Operieren. Er litt an einer großen Geschwulst am Hinterlauf. Die Kollegin überwachte die Narkose, während ich in unserer Waschküche den Tumor freipräparierte und entfernte. Unsere Katzen vertrugen sich mehr oder auch weniger mit den Hunden. Natalia, eine spezielle Persönlichkeit, hatten wir an Weihnachten als kleines Katzenmädchen aus dem Krankenhaus geholt. Dort gab es mehrere ihrer Art. Damit es nicht zu viele wurden, hatte man uns Schwestern mit der „Familienplanung" durch Spritzen betraut. Natalia war eine schwarz-weiß gefleckte Schönheit und meine treue Kameradin. Nach unserem Umzug ins neue Haus konnte man an ihr Katzen-Psychologie studieren: Sie trat in den Hungerstreik und versteckte sich wochenlang im Schrank oder im Papierkorb, bis sie allmählich verstanden hatte, dass sie in dem neuen Haus daheim sein sollte. Nachdem sie später einmal für einige Wochen verschwunden war und wir sie längst aufgegeben hatten, erschien sie zu aller Erstaunen eines Abends reumütig und abgemagert zuhause, wo sie fortan bis zu ihrem Lebensende blieb. Gerne hätten wir erfahren, wo sie sich herumgetrieben hatte; aber das sollte ihr Geheimnis bleiben.

Die Fische in einem kleinen Teich hinter unserem Haus sorgten dafür, dass die Moskitos nicht überhand nahmen, weil sie die auf dem Wasser abgelegten Eier vertilgten. Auch die kleinen gelben Eidechsen, Fliegenfresser genannt, waren ihrem Namen gemäß sehr nützliche Mitbewohner. Weniger gern sahen wir die ekelhaften Kakerlaken, deren Sinn und Zweck in der Schöpfungsgeschichte wir nie erkennen konnten. Die Ameisen waren immer sehr schnell dort zur Stelle, wo es etwas Süßes zu finden gab. Deshalb mussten alle Lebensmittelbehältnisse sorgfältig verschlossen werden. Auch Skorpione und Schlangen entdeckten wir gelegentlich im Haus. Ihre „Entsorgung" überließen wir gern unseren Helferinnen. Hunde und Katzen sorgten dafür, dass Mäuse und Ratten bei uns keine lange Lebenszeit hatten.

Zur Entspannung und Freude dienten auch die Orchideen auf der Terrasse. Einmal im Monat kam unser „Orchideen-Mann", um sie mehr oder weniger fachgerecht zu versorgen. Denn dafür fehlte uns die Zeit. Manchmal machten wir einen Wettbewerb daraus, wer von uns die neue Blütentriebe entdeckte. An den seltenen ruhigen Abenden ohne Verpflichtungen in Kirche oder Krankenhaus genossen wir manchmal auch das Zusammensein bei Gesellschaftsspielen.

Gäste und Kollegen aus aller Welt

Viele Gäste vom In- und Ausland besuchten uns in Kudus. Sie waren meist angemeldet, kamen manchmal aber auch ungeladen. Besucher aus Kalimantan, die von dort kommende Patienten begleiteten, betrachteten unser Haus ganz selbstverständlich als ihre Übernachtungsstelle. Nicht immer konnten wir sie jedoch als unsere Gäste aufnehmen. Pfarrer und Missionare, Verwandte, Bekannte, Ärzte, Studenten, Schulfreunde, sie alle fühlten sich wohl bei uns und freuten sich mit über die gesegneten Dienste unseres Mardi Rahayu - Hospitals. Sicher gab es auch solche darunter, die wir nach Hebräer 13,2 „ohne unser Wissen als Engel beherbergt" haben. Denn oft wurden wir selber durch ihr Kommen gesegnet und bereichert. Ohne die Hilfe unserer treuen Hausmädchen hätten wir nicht so viele Gäste aufnehmen können. Eine besondere „Ehre" war uns der pastorale Besuch von drei Pfarrern aus Schwäbisch Hall, darunter der frühere Kalimantan-Missionar Dowerk sowie der damalige Leiter des Diakoniewerks und jetzige württembergische Landesbischof July mit seinem Sohn. Sie hatten Partnergemeinden auf anderen Inseln besucht. Wir luden auch noch unseren Kuduser Pfarrer Charles dazu. Es waren frohe, gewinnbringende Stunden zusammen mit den vier Amtsbrüdern.

Eines Tages stand eine deutsche Weltenbummlerin vor der Tür und begehrte Einlass. Sie behauptete, sich von Australien aus bei uns angemeldet zu haben. Aber der Brief war nie angekommen. Sie war Medizinstudentin und wollte einige Zeit in unserem Krankenhaus famulieren. Sie sah völlig ungepflegt aus mit ihren verfilzten Haaren und abgenützter Kleidung. Trotzdem nahmen wir sie auf, weil sie uns leid tat. Wir versorgten sie mit allem, was sie zum Waschen und Anziehen benötigte; danach sah sie richtig hübsch aus. So konnte sie unseren Indonesiern begegnen, die immer sehr auf ihr Äußeres achten und zweimal täglich duschen. Während der Arbeit im Krankenhaus erwies sich Maja als eine sehr geschickte Assistentin und an allem interessierte Kollegin.

Aufgrund eines Artikels, den ich für eine deutsche chirurgische Fachzeitschrift verfasst hatte, fragte ein junger Chirurg aus Tschechien, ob er für eine kurze Zeit bei uns mitarbeiten könne. Weil der Kollege die Jahre zuvor nie die Gelegenheit hatte, den „Eisernen Vorhang“ zu durchbrechen und in die westliche Welt zu kommen, luden wir ihn gerne ein. Igor, ein katholischer Christ, war ein äußerst sympathischer Mann und guter Chirurg. Die Zusammenarbeit mit ihm machte mir große Freude. Jede freie Minute nützten wir zum „Fachsimpeln“. Auch das private Zusammensein mit unserem „dokter Igor“ während der Mahlzeiten war ausgesprochen fröhlich und entspannend. Später arbeitete er jahrelang in verschiedenen Ländern mit der Organisation „Ärzte ohne Grenzen“ und berichtete uns manchmal in Briefen über seine Erfahrungen.

Mein früherer Lehrmeister Dr. Jäger aus Schwäbisch Hall besuchte uns auch in Kudus. Er war mit einer Gruppe von Orchideenfreunden in West-Irian, dem indonesischen Teil der Insel Papua-Neuguinea, gewesen und verlängerte seine Reise, um das Mardi Rahayu kennenzulernen. Wir hatten gute und bereichernde gemeinsame Tage.

Während meiner Ausbildungszeit im Haller Diak war ein netter und fleißiger Assistent auf unserer Abteilung gewesen, mit dem ich mich gut verstand. Er begleitete später viele Jahre lang meinen Weg und den Einsatz in Indonesien und unterstützte uns treu. Inzwischen hatte er eine Professur erworben und die chirurgische Endoskopie an der Tübinger Universität aufgebaut. Im Frühjahr 2006 machte er zusammen mit seiner Frau, einer Allgemeinärztin, seinen lang gehegten Traum wahr und kam zu uns nach Kudus. Er erklärte den Kollegen vom Mardi Rahayu in einem Vortrag die Geheimnisse der Magen- und Darmspiegelung und war begeistert von unserem Krankenhaus. Schon einige Zeit vorher hatte Professor Grund seinen Assistenten aus Tübingen nach Kudus geschickt, um uns Ärzten in einem Intensivkurs die Technik der Endoskopie beizubringen. Er hatte unsere chirurgische Abteilung mit vielen dazu benötigten Geräten ausgestattet. Kurz bevor wir von Kudus Abschied nahmen, konnte einer meiner Nachfolger dank der Einladung durch Professor Grund noch drei Monate lang die Technik der Magen- und Darmspiegelung und damit verbundene chirurgische Eingriffe in Tübingen erlernen. So wurde es möglich, im Mardi Rahayu eine Endoskopie-Abteilung aufzubauen.

Entwicklung und Wachstum des Hospitals

Im Lauf der Jahre wurde unser Krankenhaus immer größer und entwickelte sich zu einer modernen Klinik mit internationaler Anerkennung. Um dieses Ziel zu erreichen, war allerdings viel mühevolle Vorarbeit nötig. Eine Unmenge von bürokratischen und organisatorischen Leistungen musste erfüllt werden, bis eine Abordnung des Gesundheitsministeriums aus Jakarta im Jahr 2005 nach eingehender Prüfung die „Akkreditation“ oder „Zertifizierung“ sämtlicher Abteilungen des Krankenhauses erteilen konnte. Vieles wurde dadurch verbessert, was vor allem unseren Patienten zugute kam.

Alte Gebäude wurden umgestaltet und neue errichtet. Es entstanden eine neue Abteilung für Schlaganfall-Patienten sowie eine „HDN“ (High Dependence Nursing, eine Vorstufe der Intensivabteilung). Alle Kranken-Stationen haben Namen aus der Bibel; so wurde z.B. die für Gynäkologie und Geburtshilfe „Eva“ genannt. Das große und mehrstöckige Poliklinik-Gebäude mit neuem Haupteingang heißt „Anugerah“, was „Gnade“ bedeutet. Dort haben unter anderem Apotheke, Laboratorium, Administration und die neu eingerichtete Dialyse-Abteilung ihren Platz gefunden. Drei Patienten mit Nierenversagen können gleichzeitig durch Blutwäsche behandelt werden. Seit dem Jahr 2009 hat das Mardi Rahayu-Hospital eine Kapazität von vierhundert Betten und eine Belegung von durchschnittlich bis zu neunzig Prozent.

Auf eine gute Ausbildung unserer Mitarbeitenden wurde je länger je mehr großer Wert gelegt. Manche Kurse fanden im Mardi Rahayu auch für Schwestern und Pfleger von auswärtigen Kliniken statt. Es konnte sogar eine staatlich anerkannte Hebammen-Akademie eingerichtet werden. Zum ersten Kurs gehörte Sharon, die sich nach bestandenem Examen bis heute als Hebamme in Tumbang Marikoi einsetzt.

Eine große Hilfe bedeuteten uns nach wie vor die Material-Spenden der amerikanischen Mennonitenkirche. Diese vermachte uns außer modernen Pflegebetten auch Monitoren und Beatmungsgeräte für die Intensivstation. Als wesentliche Erleichterung für die Operationen von Oberschenkelbrüchen erwies sich der so genannte Extensionstisch aus Amerika.

Nachdem der „Kalte Krieg" zu Ende gegangen war, wurden die in Deutschland eingerichteten unterirdischen Not-Kliniken aufgelöst und ihre Ausstattung an bedürftige Krankenhäuser im Ausland verteilt. Auch unser Mardi Rahayu gehörte zu den Nutznießern dieser großen Aktion. Wir wurden damals durch die Bundeswehr reich beschenkt mit wertvollen Operations-Instrumenten, Verbandsmaterialien und anderen brauchbaren Dingen.

Ein besonders hilfreiches Geschenk war ein Röntgenapparat mit allem, was dazugehört. Er kam von einer deutschen Kollegin, die in Steinheim/Murr ihre Praxis aufgegeben hatte. Der Transport des großen Geräts erwies sich als eine Aufsehen erregende Aktion, über die sogar in der Steinheimer Zeitung berichtet wurde. Das Gerät ist seither ständig im Gebrauch; und einmal besuchte uns die Spenderin zu unsrer Freude auch selber in Kudus.

Ebenso nützlich wurde unserem Krankenhaus ein Hinweis, den mir während eines Aufenthalts im Tübinger DIFÄM (Deutsches Institut für Ärztliche Mission) die dortige Schwester Dorothea Harms gegeben hatte: die Adresse des TTM, des „Technologie Transfer Marburg" in der gleichnamigen Stadt. Diese Organisation versorgt Kliniken und Gesundheitsstationen in Entwicklungsländern mit benötigten Geräten und medizinischen Instrumenten jeglicher Art zu stark reduzierten Preisen. Fast alle Bestellungen für unser Krankenhaus wurden seitdem über TTM abgewickelt.

Ein Ultrasonographie-Gerät stand schon seit Jahren zur Verfügung; später konnten auch ein gebrauchter Computer-Tomograph und ein Magnetresonanz-Tomograph angeschafft werden. Die Computer sind aus unserem Krankenhaus nicht mehr wegzudenken. Jede Abteilung ist mit ihnen ausgestattet, obwohl noch immer vieles von Hand geschrieben werden muss, wie z.B. die Operationsberichte und Krankheitsverläufe.

Ein großer Dank gebührt auch den treuen Spendern in Deutschland und der Schweiz, die uns und unsere Dienste die vielen Jahre über unterstützt haben, so dass allen Patienten in unserem Krankenhaus geholfen werden konnte, unabhängig von ihrer sozialen Stellung. Und nach diesem Grundsatz wird im Mardi Rahayu auch nach unserem Weggang weitergearbeitet dank der noch immer extrem niedrigen Gebühren bis zur Gratisbehandlung für nicht zahlungsfähige Patienten.

Christliches Zeugnis in einem moslemischen Umfeld

Ein lang vorbereiteter Plan verwirklichte sich, als im Jahr 1997 endlich unsere schöne große Krankenhaus-Kapelle gebaut werden konnte. Es war sehr schwierig gewesen, die Genehmigung für ihren Bau zu bekommen. Erst nach langwierigen Verhandlungen wurde sie endlich gewährt, nachdem das geplante Gebäude nicht als „Kapelle“, sondern als „Versammlungshalle“ bezeichnet wurde. Auch die christlichen Ärzte des Mardi Rahayu beteiligten sich an den Baukosten. Fortan fanden die täglichen Morgenandachten und alle Gottesdienste in der Kapelle statt. In deutlich spürbarer Weise hat sich die Atmosphäre im Krankenhaus seit dem Bestehen der Kapelle zum Guten verändert, und es geht noch mehr Segen als vorher von diesem Ort aus.

Seelsorgeteam des Krankenhauses (Ärzte und Theologen) in der Kapelle

Einweihung der Krankenhauskapelle mit Gesangsgruppe.

Als die Einweihung der neuen Kapelle mit ihren zweihundert Sitzplätzen stattfand, durchlebte Indonesien gerade eine sehr schwierige Zeit mit politischen Unruhen, schwerer Wirtschaftskrise, extrem hoher Arbeitslosigkeit und zunehmendem Hass gegen die reichen und geschäftlich versierten Chinesen, aber auch gegen die Christen des Landes. Hunderte von Kirchen wurden zerstört und Gemeinden brutal zerschlagen. Allein auf der Insel Ambon im Osten von Indonesien wurden nach Bombenanschlägen und Verwüstungen ganzer christlicher Ortschaften durch Terrorgruppen viertausend christliche Märtyrer gezählt. Nachdem im Jahr 2000 während der Weihnachtsgottesdienste achtzehn Kirchen in neun verschiedenen Städten attackiert worden waren, gab es im folgenden Jahr ein Aufgebot von landesweit vierzehntausend Polizisten zur Bewachung der Festgottesdienste. Auch christliche Krankenhäuser wurden angegriffen. Während an vielen Orten Christen vertrieben, gefangen, gefoltert und ermordet wurden, blieb es in unserer Stadt relativ ruhig. Durch Funkverbindung erfuhren unsere Pfarrer von geplanten Terrorakten. So konnten Zerstörungen von Kirchen verhindert werden, auch dank guter Zusammenarbeit mit Polizei und Militär. Mehrmals wurden Lastwagen mit Terroristen um die Stadt herum irregeleitet und hatten deshalb keine Gelegenheit, nach Kudus einzudringen. Unser

Krankenhaus wurde ebenfalls bedroht, und wir sollten uns als ehemalige Ausländer auf eine eventuelle Flucht vorbereiten. Die Verantwortlichen machten sich Sorgen um uns. Deshalb legten wir für den Ernstfall „Notfall-Köfferchen“ zurecht. An einem Abend, als das Mardi Rahayu angegriffen werden sollte, bewachten Militär und Polizei gemeinsam das Krankenhaus. Genau an jenem Abend wurde eine junge Frau mit „akutem Bauch“ eingeliefert und musste sofort von mir operiert werden. Es war die Tochter des Kuduser Polizeichefs. Für uns war das kein „Zufall“, sondern ein Zeichen von Gottes Fürsorge; denn unter solchen Umständen hätte es niemand gewagt, unser Hospital anzugreifen. Die Nacht blieb ruhig, und wir dankten unserem Herrn für Seine Bewahrung.

Vor wenigen Jahren wurde eine christliche Radiostation durch unsere Kirche im Mardi Rahayu eingerichtet. Der Sender bereitete vielen Menschen Freude. Doch eines Tages erschienen unangemeldet Bedienstete vom Landrats- und Bürgermeisteramt und nahmen kurzerhand die wertvollen Geräte mit. Die Radiosendungen hatten

„Der barmherzige Samariter“

auf dem Hospitalgelände

in den Augen der staatlichen Stellen einen zu großen Einfluss auf die Bevölkerung ausgeübt. Es wurde uns wieder einmal bewusst, dass wir in einer streng islamischen Stadt lebten, und dass die Christen bei ihren Aktivitäten mit mehr Weisheit und Zurückhaltung vorgehen sollten. Unsere „Rundfunk-Missionare" gaben jedoch nicht auf und erkämpften eine neue staatliche Genehmigung aus der Großstadt Semarang für ihre Radiostation.

Der Dienst am Nächsten liegt allen, die im Mardi Rahayu Verantwortung tragen, neben der Verkündigung der Frohen Botschaft besonders am Herzen. „Gehe hin und tue desgleichen!" So steht es auf dem Sockel einer Gipsplastik, die den „Barmherzigen Samariter" darstellt, geschrieben. Pak Soleman, ein Mitglied unseres Krankenhausvorstands, hat den unter die Räuber Gefallenen und seinen Helfer geformt. Die Beiden tragen javanische Kleidung und weisen dadurch die Vorübergehenden darauf hin, dass Jesus auch den indonesischen Christen den Dienst an Leidenden und Hilfsbedürftigen aufgetragen hat. Auf vielerlei Weise wird er bis heute im Mardi Rahayu praktiziert. So wurden auch Mitarbeiter niedriger Gehaltsstufen in wirtschaftlich schwierigen Zeiten vom Krankenhaus durch „Überlebens-Pakete" unterstützt, welche die wichtigsten Grundnahrungsmittel enthielten.

Während der Regenzeit kam es immer wieder zu so schweren Überschwemmungen in der Umgebung unserer Stadt, dass Tausende von Flüchtlingen in Kudus Zuflucht suchten. Fabrik- oder Sporthallen, Schulen, Kirchen und Moscheen wurden für diese Menschen als Massenquartiere zur Verfügung gestellt, wo sie geduldig ausharrten, bis sie in ihre Dörfer zurückkehren konnten. Diese Flüchtlinge wurden dann durch Gruppen verschiedener Religionsgemeinschaften sowie durch private und auch staatliche Organisationen mit dem Nötigsten versorgt. Unser Mardi Rahayu setzte sich für kostenlose medizinische Behandlung der vielen Menschen ein und auch für andere lebensnotwendige Bedürfnisse.

Nach dem verheerenden Seebeben im Norden von Sumatra mit anschließendem Tsunami und schwerem Nachbeben auf der benachbarten Insel Nias im Jahr 2004 wurde eine Abordnung des Krankenhauses auf die weit entfernte Insel zum Notfalleinsatz gesandt.

Anlässlich des vierzigsten Jubiläums unseres Hospitals wurden kostenlose Staroperationen bei Bedürftigen durchgeführt. Vier Augenärzte und -ärztinnen aus Kudus und Semarang waren in unseren vier Sälen gleichzeitig am Werk, so dass keine anderen Eingriffe geplant werden konnten. Fast sechzig meist ältere Menschen zogen dann mit buchstäblich neuer Sicht glücklich wieder nach Hause. Zu ihnen gehörte eine Witwe, die wegen Kinderlosigkeit von drei Ehemännern nacheinander verstoßen worden war. Als Christin fand sie Trost im Glauben: „Jetzt habe ich nur noch den Herrn Jesus, dem ich folgen kann", bekannte sie. Nachdem sie wieder sehen konnte, hüpfte und tanzte sie in ihrer Freude darüber und wollte nicht mehr wie vorher beim Gehen geführt werden. Später wurde eine solche Aktion der kostenlosen Katarakt-Operationen noch ein zweites Mal durchgeführt.

Immer wieder kam es vor, dass Neugeborene auf der Entbindungsstation zurückgelassen wurden, weil sie unerwünscht waren. Meist kümmerten sich die Hausmutter des Schwesternwohnheims und ihr Mann, unser Klinikpfarrer, um diese heimatlosen Kinder, bis Adoptiveltern oder ein Heimplatz für sie gefunden wurden. Eines Tages entdeckte eine unserer Ärztinnen einen auffälligen Karton in der Ecke des Krankenhaus-Neubaus „Anugerah" (Gnade). Er enthielt ein neugeborenes Mädchen und einen beigelegten Brief seiner Mutter. Darin bat diese, dass man sich doch um das Baby kümmern möge, weil sie es nicht selber tun könne. Sogar ein Milchfläschchen und Windeln hatte sie dazugelegt. „Sie heißt Febriana", stand auf dem Zettel; denn die Kleine war im Februar geboren. Das Kind hatte nur ein Auge und das war blind, wie sich bald herausstellen sollte. Deshalb ließen sich keine Adoptiveltern für die Kleine finden. Sie wurde dann in einem Heim aufgenommen, das ein indonesisches Pfarrers-Ehepaar gegründet hatte. Dort war unsere Gabriella, wie sie später getauft wurde, gut aufgehoben und erfuhr viel Liebe und Zuwendung.

Eigene Krankheitserfahrungen

Kopfschmerzen gehörten seit der Schädelverletzung vom Jahr 1964 zu meinem Leben. Als beste Therapie dagegen erwiesen sich Singen, Flöten oder Operieren. Den ersten großen epileptischen Anfall in Indonesien erlebte ich im Jahr 1998, während wir gerade den Geburtstag unserer Schwester Heiderose feierten. Niemand von uns Dreien hatte damit gerechnet. Mein linker Arm begann sich unkontrolliert zu bewegen, so dass meine Schwestern noch meinten, ich würde wohl „dirigieren". Dann schwankte ich im Gehen und schaffte es gerade noch zurück in mein Zimmer. Dort warf ich mich aufs Bett und rief den Schwestern zu, welches Medikament sie mir spritzen sollten, während sich der ganze Körper von den Füßen bis zum Gesicht schmerzhaft verkrampfte. Einen kurzen Moment lang kam mir der Gedanke, das sei das Ende meines Lebens; dann verlor ich das Bewusstsein. Wie ich später erfuhr, holten die Schwestern Hilfe und brachten mich auf die Intensivstation, wo ich einige Zeit danach allmählich aufwachte. Ich hatte unerträgliche Kopfschmerzen und ließ mir das Beruhigungsmittel Valium geben. Am nächsten Tag konnte ich nach Hause entlassen werden. Als Ursache des Anfalls vermuteten wir Vernarbungen im Gehirn, die Folge meiner Verletzung vor so vielen Jahren. Etwas anderes konnte auch im Computer-Tomogramm nicht erkannt werden. Für einige Zeit nahm ich ein Medikament gegen weitere Anfälle.

Zehn Jahre später wachte ich morgens nach einem erneuten nächtlichen schweren Anfall zuhause auf. Er hinterließ eine große Beule an der Stirn, ein verstauchtes Fußgelenk, monatelang anhaltende Schmerzen im Brustkorb sowie die nie geklärte Frage, wie ich aus dem Bett und wieder dorthin zurück gekommen sein konnte.

Erfreulicher waren die Operationen meiner Augen wegen Linsentrübung, sprich grauem Star in den Jahren 2002 und 2005. Die Eingriffe wurden in Jakarta von Dr. Purba durchgeführt, der mich fünfzehn Jahre vorher bereits wegen der Netzhautrisse behandelt hatte. Bis heute bin ich dankbar für das klare Sehen, das mir durch jene Operationen wiedergeschenkt wurde.

Häufige Atemwegs- und Magen-Darm-Infekte während der letzten Jahre unseres Einsatzes in Kudus waren möglicherweise eine Folge der ständigen Arbeitsüberlastung. Noch drei Mal war ich stationär im eigenen Krankenhaus aufgenommen und erlebte dabei selber erfreut und dankbar, wie gut man dort als Patient betreut wird. Bedrohlich war die Lungenentzündung im Jahr 2006, aber noch unangenehmer die Therapie-resistente Darminfektion mit starken Leibschmerzen ein Jahr später. Da unser Internist sich nicht mehr zu helfen wusste, überwies er mich ins katholische St. Elisabeth-Hospital nach Semarang. Dort wurde durch Darmspiegelung ein Dickdarmkrebs diagnostiziert und wenige Tage später erfolgreich operiert. Auf dem Weg zu diesem Eingriff begleiteten mich elf unserer Kuduser Mitarbeiter und Schwestern sowie Freunde aus unserer Gemeinde, die dann vor dem Operationssaal kräftig darum beteten, dass ihre „dokter Elisabeth" wieder gesund werden möge. Gott erfüllte ihre Bitte. Verwundert und auch etwas belustigt hat uns alle die Tatsache, dass mein Appendix (Wurmfortsatz/„Blinddarm") hochgradig entzündet gewesen war. Dadurch ließen sich die vorhergegangenen starken Leibschmerzen erklären. Ich selbst hatte nicht an diese Möglichkeit gedacht, obwohl ich solche Patienten ungezählte Male gesehen hatte! Es scheint wohl doch zu stimmen, dass Ärzte recht sonderbare Patienten sind. Auf jeden Fall dankten wir Drei unserem Gott von Herzen für Seine Durchhilfe in jenen Krankheitszeiten; und ich meinerseits war wieder einmal froh um meine Schwestern, die mir immer treu zur Seite standen. Auch sie wurden nicht von Krankheiten verschont; aber ich selber war am häufigsten davon betroffen. Gemeinsam mit unserer Gemeinde und der großen Krankenhaus-Familie feierten wir meine Genesung in einem frohen Dank-Gottesdienst mit viel Singen zur Ehre Gottes.

Alles hat seine Zeit

So steht es im Alten Testament geschrieben, im Buch des „Prediger Salomo" im Kapitel 3, Vers 1-3: „Ein jegliches hat seine Zeit, und alles Vorhaben unter dem Himmel hat seine Stunde: Geboren werden hat seine Zeit, Sterben hat seine Zeit; ...Heilen hat seine Zeit, Abbrechen hat seine Zeit ...".

Auch unser Dienst in Kudus hatte seine Zeit. Viele Jahre lang rechnete niemand ernstlich damit, dass wir das Mardi Rahayu verlassen könnten. Wenn wir diesbezüglich Bemerkungen machten angesichts meines zunehmenden Alters, dann wehrten unsere Freunde und Mitarbeiter entschieden ab: Wir würden doch zu ihnen gehören, und wir sollten möglichst bis zu unserem Lebensende bei ihnen bleiben, auch wenn wir nicht mehr arbeiten könnten. Manchmal spielten wir sogar selber flüchtig mit dem Gedanken, unsere Ruhestandsjahre in Indonesien zu verbringen, da wir ja dortige Staatsbürger waren. Aber vernünftige Überlegungen führten uns schließlich doch zu dem Entschluss, lieber nach Deutschland zurückzukehren. Das Krankenhaus würde auch ohne unsere Mithilfe bestehen bleiben, und seine Dienste konnten von den Indonesiern gut weitergeführt werden. War es doch grundsätzlich das Ziel unserer Auslandseinsätze, Aufbauhilfe zu leisten, damit die Einheimischen in unseren verschiedenen CT-Stationen selbständig weitermachen sollten. Aus diesem Grund wurden unsere Auslandsdienste viele Jahre lang auch als „Deutsche Initiativ-Hilfe" bezeichnet.

Als ich achtundsechzig Jahre alt war - meine beiden Schwestern sind etwas jünger - beschlossen wir, uns ein Jahr später von Kudus zu verabschieden. Als wir das der Krankenhausleitung mitteilten, stießen wir auf heftigen Protest. Der Direktor des Mardi Rahayu schrieb einen offiziellen Brief an die Leitung unserer Schwesternschaft nach Deutschland mit der Bitte, dass wir doch noch ein weiteres Jahr bleiben sollten, bis ein geeigneter Nachfolger für die Chirurgie gefunden sei. Für den jüngeren Fachkollegen, der bereits einige Jahre bei uns war, sei die Arbeit nicht zu bewältigen, wenn ich nicht mehr da wäre. Unsere leitenden Schwestern in Deutschland überließen uns Dreien in Kudus die Entscheidung. So verlängerten wir also unsere Zeit um

Unser Schwesternteam im Jahr 2007

das eine erbetene Jahr und planten den endgültigen Abschied für das Frühjahr 2009, in meinem siebzigsten Lebensjahr. Wir vertrauten darauf, dass Gott uns auch für diese letzte Zeit noch genügend Kraft und Gelingen schenken würde. Ein katholischer Chirurg aus Sumatra arbeitete sich recht gut ein und konnte sogar noch vor unserem Abschied eine Zusatzausbildung in der Endoskopie in Tübingen absolvieren.

Wir empfanden das zusätzliche letzte Jahr in Kudus sogar als hilfreich, um alles, was mit unserem Auszug verbunden war, in Ruhe vorbereiten und regeln zu können. In der Chirurgie, die mich bis zuletzt voll in Anspruch nahm, erlebte ich noch einige außergewöhnliche Krankheitsfälle und Geschehnisse, die ich im Nachhinein nicht missen möchte. Am 31. März 2009 war mein letzter Arbeitstag. Nachdem ich zwei Kröpfe operiert hatte, stand noch ein radikaler Eingriff wegen Brustkrebs bei einer unserer Röntgen-Assistentinnen auf dem Programm. Nach einer allerletzten kleinen Operation am Nachmittag machte ich dann am Abend meine Abschieds-Visite auf den verschiedenen Stationen. Erst am folgenden Tag kam ich dazu, mich auf allen Abteilungen unseres Hospitals zu verabschieden, besonders im Operationstrakt. Dort fiel es mir am schwersten und ich hatte tatsächlich Mühe, meine Tränen zurückzuhalten. Dass ich nach zweiundvierzig Jahren praktizierter Chirurgie und fünfunddreißig davon in Indonesien künftig nicht mehr operieren sollte, das erschien mir unvorstellbar. Zum Glück blieb gar keine Zeit, mir darüber Gedanken zu machen; denn gleich am folgenden Tag brachen wir auf zu einem Abschiedsbesuch bei unseren Schwestern auf der Nachbarinsel Borneo. Ein letztes Mal sahen wir ihre Poliklinik, die Kirche und den schönen Kindergarten in dem noch größer und sauberer gewordenen Dorf Tumbang Marikoi. Erst als wir von dort zurückgekommen waren, konnte ich mit Räumen, Verschenken und Packen für den geplanten Auszug beginnen.

Doch wieder einmal hatten wir unsere Landsleute „unterschätzt“: Sie meinten, uns auf keinen Fall einfach wegziehen lassen zu können. Pfarrer und Verantwortliche aus der Gemeinde und deren Gesundheitsdiensten besuchten uns und bearbeiteten uns mit vielen Worten: Auch wenn wir nicht mehr im Krankenhaus arbeiten würden, seien wir doch lebenslang ihre Schwestern. Wir dürften sie doch nicht verlassen, sondern sollten das Mardi Rahayu auf seinem weiteren Weg unterstützen durch Ratschläge, unsere Fürbitte und einfach durch unser Dasein, damit es bei seiner christlich orientierten Zielsetzung bleiben und nicht zu einem rein wirtschaftlichen Unternehmen werde, so wie es bereits mit anderen christlichen Krankenhäusern in Indonesien leider geschehen war.

Deshalb sollten wir noch in den Aufsichtsrat des Hospitals aufgenommen werden. Wir brachten es nicht fertig, ihre überraschende und dringliche Bitte abzuschlagen. So wurden wir am folgenden Sonntagmorgen im Gemeindegottesdienst feierlich, auf einem Bänkchen vor dem Altar kniend, eingesegnet als Mitglieder des Aufsichtsrats unseres Mardi Rahayu - Hospitals. Dann wurden wir in einen „langen Urlaub“ nach Deutschland entlassen. Inzwischen sind wir schon mehrmals zu Arbeitsbesuchen in Kudus gewesen und konnten uns überzeugen, dass das Krankenhaus in kompetenter und verantwortlicher Weise gut weitergeführt wird.

Am gleichen Sonntag wie unsere „Einsegnung“ fand in der Krankenhauskapelle ein schöner Abschiedsgottesdienst statt, in dem Gott die Ehre gegeben wurde und der Dank für all das, was Er während der zurückliegenden zweiundzwanzig Jahre hatte wachsen lassen. Auf vielfältige Weise wurde zum Ausdruck gebracht, wie fest wir zur großen Familie des Hospitals gehörten und wie schmerzlich es nun sei, dass wir es verlassen würden. Dankbar für die gemeinsame Zeit befahlen wir uns gegenseitig der Gnade und Fürsorge unseres Gottes an. Natürlich gab es anschließend noch ein Festessen für alle Anwesenden.

Auch in unserer operativen Abteilung wurde noch ein herzlicher und tränenreicher Abschied gefeiert. Dokter Johan hielt eine ergreifende Ansprache über das Wort aus dem Hebräerbrief Kapitel 13, Verse 7 und 8: „Seht auf ihr Ende und nehmt euch ihren Glauben zum Vorbild. Jesus Christus ist derselbe gestern und heute und bleibt es auch in Ewigkeit." Wir wurden überschüttet mit Geschenken, die wir gar nicht alle mit nach Deutschland nehmen konnten. Am Abend vor unserer endgültigen Abreise vermachte mir das Krankenhaus noch einen kleinen Laptop, den damals modernsten und teuersten seiner Art. Die Direktorin und der Vorstandsvorsitzende überreichten ihn mir persönlich.

Im Vertrauen auf Gottes weitere Führung machten wir uns schließlich auf den Weg.

Zurück in der alten Heimat

Operation und wunderbare Genesung

Hier in Deutschland macht mir das wertvolle Abschiedsgeschenk aus unserem geliebten Mardi Rahayu nun viel Freude. Der kleine Laptop verbindet mich durch die elektronische Korrespondenz mit der Welt, begleitet mich mit seinen Bildern zu Vorträgen über Indonesien und ist mir eine große Hilfe beim Schreiben dieser meiner Erinnerungen.

Während unserer mehr als dreißig gemeinsamen Dienstjahre in Indonesien konnten wir drei Schwestern uns gegenseitig gut kennenlernen und zusammenwachsen. Nun sollte jede von uns eine neue Heimat in einem der deutschen Schwesternhäuser finden. Wir wurden aufgenommen in größere Haus-Gemeinschaften, als es die unsrige in Kudus gewesen war. Schwester Gisela kehrte zurück nach Bensheim-Auerbach, dem Ursprungsort unserer Christusträger-Kommunität; Schwester Heiderose begann einen neuen Dienst in Rödermark, wo alte und gebrechliche Menschen im „Haus Morija" auf ihrer letzten Wegstrecke begleitet und betreut werden; und ich

Mit den Hergershofer Schwestern (rechts außen Sr. Elisabeth)

selber kam zum Hergershof, wo aus einem ehemaligen bäuerlichen Anwesen ein viel besuchtes Gästezentrum entstanden ist. Als wir drei „Ex-Kuduser“ uns vor einiger Zeit wiedersahen, stellten wir dankbar fest, dass jede von uns genau am richtigen Ort gelandet ist. Gott hat uns gnädig geführt durch unsere gemeinsame erlebnisreiche Zeit in Indonesien; und Er meint es auch weiterhin gut mit einer jeden von uns. In dieser Gewissheit sind wir Drei uns vollkommen einig.

Nachdem ich die neun großen Umzugs-Pakete ausgepackt und mein neues Zimmer eingerichtet hatte, lud ich meine Hergershofer Mitschwestern zu einer kleinen „Einzugs-Party“ dorthin ein. Doch kurz danach sollte die Freude über den guten Anfang im großen Schwesternkreis kräftig getrübt werden: Nach einem erneuten epileptischen Anfall und anschließender gründlicher Untersuchung im Schwäbisch Haller Diakoniekrankenhaus wurde bei mir eine Erkrankung festgestellt, von der wir nichts geahnt hatten. Es handelte sich um einen nicht gerade kleinen Tumor, der im Lauf der Jahre in meinem Kopf gewachsen war. Offensichtlich wurde er mit durch einen Knochensplitter verursacht, der die Hirnhaut chronisch gereizt und dadurch die Entstehung der Geschwulst, eines so genannten Meningeoms, in die Wege geleitet hatte. So wurde erst ganze fünfundvierzig Jahre nach jenem Überfall in Würzburg klar, dass der damalige Täter nicht nur die linke Schädelseite zertrümmert, sondern auch auf die rechte eingeschlagen hatte. Endlich verstand ich auch, warum die Finger der rechten und nicht der linken Hand bei meinen mutmaßlichen Abwehrbewegungen verletzt worden waren. Jedenfalls konnte die Geschwulst zwei Monate nach meinem Einzug in Hergershof von einem Neurochirurgen des Schwäbisch Haller Diakonieklinikums operativ entfernt werden. Der Eingriff dauerte vier Stunden, was für einen Hirntumor keine lange Zeit ist.

Zu meinen ersten Erinnerungen nach der Operation gehört der wohltuende warme Pfefferminztee, den mir ein freundlicher und hilfsbereiter Pfleger wegen meines trockenen Mundes auf der Intensivstation immer wieder zu trinken gab. Er reichte mir auch das Telefongerät zu, mit dessen Hilfe ich kurz meinen Bruder Martin in Neuendettelsau begrüßen konnte. Weniger erfreut stellte ich fest, dass der linke Arm total gelähmt war. Von der Schulter bis zu den Fingern konnte kein einziger Muskel bewegt werden. Das linke Bein war nur teilweise von der Halbseitenlähmung betroffen. Wie ich noch am Operationstag erfuhr, war der Tumor fest mit der Gehirnrinde verwachsen gewesen, welche deshalb bei der schwierigen Ablösung oberflächlich beschädigt wurde. Man könne aber hoffen, meinte der Operateur zuversichtlich, dass die motorischen Funktionen der gelähmten Seite wiederkehren würden. So machte ich mir deswegen keine weiteren Sorgen. Ich hatte die Operation überlebt, und ich konnte noch klar denken und sprechen. Dafür war ich sehr dankbar. Schwester Gisela stand neben meinem Bett, als ich aus der Narkose erwachte. Während der anschließenden Rehabilitationsbehandlung in Bad Urach, wo ich den linken Arm in einer Schlinge trug und mit Hilfe eines Stocks wieder gehen lernte, merkte ich eines Morgens plötzlich zu meiner Freude und Überraschung, dass sich der linke Daumen willkürlich bewegen ließ. Allmählich kehrten fast alle aktiven Funktionen des Arms und auch des Beins wieder zurück. Die Schwäbisch Haller Neurochirurgen hatten diese Entwicklung richtig vorausgesehen. Es erschien mir wie ein Wunder, und ich war begeistert. Die verordneten Übungen in der Rehabilitationsklinik führte ich mit großem Eifer durch. Doch die Freude wurde zwei Wochen später gedämpft. Eines Morgens waren die vorher erreichten Fortschritte verschwunden. Aufgrund weiterer Symptome wurde ich zur Computertomographie ins benachbarte Metzingen geschickt. Ein Neuro-Radiologe äußerte den Verdacht, dass eine große Vene an der Oberfläche des Gehirns infolge ihrer Ablösung vom Tumor durch ein Blutgerinnsel verlegt sein könnte. Eine solche so genannte Sinusvenenthrombose ist lebensgefährlich. Deshalb hielt man es in Bad Urach für erforderlich, mich ins Diakoniekrankenhaus nach Schwäbisch Hall zurückzuverlegen, um dort fachgerecht behandelt werden zu können. Für Schwester Gisela, die mir zur selben Zeit gerade einige Tage Gesellschaft leistete, war diese Entwicklung aufregender als für mich selber. Ich wusste mich in Gottes Hand geborgen und war ganz getrost, so dass ich meine Schwester beim Abschied mit dem Bibelwort aus Psalm 118, Vers 17 beruhigen konnte, in dem es heißt: „Ich werde nicht sterben, sondern leben und des Herrn Werke verkündigen“. Ich hatte die innere Gewissheit, dass auch diese Sache gut ausgehen werde. Mit dem Krankenwagen wurde ich notfallmäßig nach Schwäbisch Hall zurückgefahren unter ständiger Kontrolle der Vitalfunktionen. In der neurochirurgischen Abteilung war dann - Gott sei Dank - anhand der dortigen Untersuchungsbefunde keine Venenthrombose mehr festzustellen. Es bestand aber eine Schwellung des Gehirns, und es ging mir dabei schlechter als nach der Operation. Unter entsprechender Behandlung kam die vorher erreichte Beweglichkeit von Arm und Bein langsam wieder zurück. Nach zwei Wochen wurde ich einen Tag vor meinem siebzigsten Geburtstag nach Hergershof entlassen. Dort lief gerade eine so genannte Back-Freizeit, bei der die Teilnehmerinnen neue Rezepte ausprobierten und sich in der Kunst des Backens übten. Als Überraschung fabrizierten sie für mich eine wunderbare Torte mit kunstvoll gestalteter aufgeschlagener Bibel und süß schmeckenden Segenswünschen zum neuen Lebensjahr. Ich war überwältigt und freute mich sehr; besonders darüber, dass ich wieder einmal überlebt hatte und nun im großen Schwesternkreis feiern konnte. Wir taten es gemeinsam in Dankbarkeit für Gottes gnädige Durchhilfe. Meine Schwestern betreuten mich sorgfältig und liebevoll. Ja, es wurde sogar ein neuer „Handlauf" im Treppenhaus angebracht, an dem ich mich mit der nicht gelähmten Hand festhalten konnte. Zu jeder Tages- und Nachtzeit konnte ich mit schwesterlicher Hilfe rechnen. Wieder neu schätzte ich das Geschenk unserer Gemeinschaft. Schon nach weniger als einem Jahr erfüllte sich meine Hoffnung, wieder selber mit dem Auto fahren und auf der Querflöte spielen zu können. Und das Erstaunlichste: Ich habe keine Kopfschmerzen mehr! Puji Tuhan, gelobt sei der Herr!

Im Schwesternkreis von Hergershof

An vieles mussten wir „Ausländer" uns in Deutschland neu gewöhnen. Dazu gehörten die penible Pünktlichkeit, das Eingebunden-Sein in geregelte Tageszeiten, das andere Denken der Menschen in diesem Land mit ihren uns ungewohnten Problemstellungen und Lebensansichten, die komplizierte Abfallbeseitigung, das genaue Einhalten von Verkehrsregeln, das obligatorische Anschnallen im Auto, sowie die für das kühlere Klima benötigte Kleidung, die so anders ist als in der uns gewohnten immer feuchtheißen Luft. Viel Freude machte die Begegnung mit Menschen aus dem großen Freundeskreis der Schwestern sowie das Erleben kultureller Ereignisse und die lebendige Gemeinschaft mit anderen Christen besonders im Gästehaus. Neu erlebten wir „Ex-Indonesier" hier auch wieder die vier Jahreszeiten mit ihren jeweiligen Besonderheiten, sowie die vielfältigen Schönheiten der Natur, die unser Hergershofer Schwesternhaus umgibt mit dem wunderschönen Garten und frohem Vogelgesang. Es war einfach faszinierend, das alte Heimatland wieder neu zu entdecken und schätzen zu lernen.

Das schönste Geschenk aber war und ist unsere Schwesternschaft. Wer von uns nach Deutschland zurück kommt, darf wissen, wohin er gehört. Es gibt auch für jede von uns „Heimkehrerinnen" größere oder kleinere Dienste, durch die wir unsere Gaben und Fähigkeiten einbringen können. Die gemeinsame Zielsetzung unserer Bruder- und Schwesternschaft, nämlich unserem Herrn und den Menschen zu dienen und mitzuhelfen beim Bau Seines Reiches in dieser Welt, verbindet uns über alle Verschiedenheiten hinweg und macht uns eins in Ihm. Bei der Gästearbeit in Hergershof, unseren Offenen Abenden und den Oasentagen, während unserer Freizeiten, bei auswärtigen Einsätzen, beim Singen und Musizieren anlässlich großer oder kleiner Treffen zwischen Schwestern und Brüdern, beim gemeinsamen Feiern, immer wissen wir uns fest verbunden durch Christus, der uns in Seine Nachfolge gerufen hat. Im Jahr 2011 schauten wir zurück auf fünfzig Jahre unserer Bruder- und Schwesternschaft. Dieses Christusträger-Jubiläum wurde an verschiedenen Orten gefeiert unter dem Thema „Gott sei Dank".

Für zwei Geschenke nach meiner Rückkehr bin ich zusätzlich dankbar: Es sind die Mitgliedschaft in einem Kirchenchor von Schwäbisch Hall und die geographische Nähe zu Neuendettelsau. Sie macht es möglich, dass ich meinen älteren Bruder Martin, mit dem ich seit Kindertagen herzlich verbunden bin, und seine Frau immer wieder treffen kann. Im Speisesaal unseres Hergershofer Gästehauses hängt das eingerahmte Wort von Hermann Bezzel: „Die größte Kraft des

Lebens ist der Dank". Dieser Feststellung kann ich voll zustimmen im Rückblick auf mein Leben. Es muss dabei angefügt werden, wem dieser Dank gelten soll, und woher die Kraft dazu kommt: Es ist Jesus Christus, unser Herr, der uns Sinn und Ziel des Lebens gezeigt hat, und der uns stark macht, um Seine Zeugen zu sein und Sein Licht leuchten zu lassen in der Dunkelheit dieser Welt. Ohne Ihn können wir nichts tun. Er ist treu und verlässt die Seinen nicht. Alles ist Gnade!

Ausblick

In dieser aus Erfahrung geborenen festen Zuversicht und in getrostem Blick auf das, was kommen wird, sei zum Schluss ein Gebet zitiert, das mir aus dem Herzen spricht. Es stammt von Aurelius Augustinus, dem abendländischen Kirchenlehrer, der in den Jahren 354 bis 430 gelebt und gewirkt hat:

Herr, unser Gott, im Schatten deiner Flügel haben wir Hoffnung; schütze uns und trage uns!
Du wirst uns tragen von unserer Kindheit an bis ins hohe Greisenalter.
Reich und schön ist unser Leben in deiner Nähe.
Bei dir haben wir Heil in Fülle, weil du selber das Heil bist.
Darum vertrauen wir darauf, die Heimat wieder zu finden, die wir einst verließen.
Auch wenn wir ferne waren, das Haus, deine Ewigkeit, ist immer für uns da.
Amen.

Nachwort

Die letzten Seiten ihrer Biographie waren gerade fertig, als Sr. Elisabeth sich einer HNO-Operation unterziehen musste. Anschließend traten unerklärliche Beschwerden auf, die sie sehr schwächten und manche Einschränkungen brachten. Tapfer gab sie auf, was ihr so viel Freude gemacht hatte: das Arbeiten am PC, selber Autofahren, Chorsingen, Besuchsreisen nach Indonesien …

Nach eingehenden Untersuchungen und verschiedenen Klinikaufenthalten wurde klar, dass jetzt ein ruhigerer Lebensrhythmus angebracht sei. Deshalb entschied sich Sr. Elisabeth, nach Künzelsau umzuziehen, eine halbe Stunde Autofahrt von Hergershof entfernt. Hier leben mehrere CT-„Senioren"-Schwestern, die wie sie viele Jahrzehnte lang Pionier-Dienste in Asien und Südamerika geleistet haben und dann nach Deutschland zurückgekommen sind. Sr.Elisabeth fühlt sich wohl im neuen Schwesternhaus und ist dankbar dafür, dass ihre Beschwerden deutlich nachgelassen haben. Nun kann sie wieder Querflöte spielen und auch in der Johannes-Kantorei von Künzelsau mitsingen. Wir freuen uns mit ihr und auch darüber, dass sie unsere Gemeinschaft bereichert – nicht zuletzt durch ihr herzliches Lachen.

Künzelsau, im Mai 2013

Schwester Christine, CT

Zur Autorin

Elisabeth Bartholomäus

wurde 1939 in Würzburg geboren. Sie absolvierte nach ihrem Medizinstudium die chirurgische Fachausbildung. 1971 trat sie in die Christusträger-Schwesternschaft ein und war von 1974-2009 als Chirurgin im missionsärztlichen Dienst auf Borneo und Java tätig.

Frauen erzählen

Erlanger Verlag
für Mission
und Ökumene

Ein Leben zwischen den Kulturen

Rosmarie Gläsle

Wegerfahrungen am Bambusvorhang

Rosmarie Gläsle wuchs als Kind Basler Missionare in China auf. Die Lebensweisen und die Kultur der Hakka-Chinesen gehörten zu ihrem Alltag. Mit 12 Jahren kehrte sie nach Deutschland zurück und musste sich in die dortige Kultur einfinden. Jahre später reiste sie als Gemeindediakonin nach Hongkong, um in der „Abteilung für Soziale Fürsorge“ der Kirche „Tsung Tsin Mission“ mitzuarbeiten.

Rosmarie Gläsle schreibt nicht nur von ihren persönlichen Erfahrungen, sondern macht den Leser auch mit der Kultur der Hakka-Chinesen, der Geschichte der protestantischen Missionen und der entstehenden Kirchen vertraut.

288 Seiten, broschiert, mit farbigen Abbildungen,
ISBN 978 387214 624 3 Preis: 15,00 €

Außerdem von Rosmarie Gläsle erschienen:

Pauline und ihre Töchter

Junge Frauen waren im 19. und Anfang des 20. Jahrhunderts bereit, sich nach Beratung durch Freunde und Verwandte auf eine schriftliche Braut werbung einzulassen und als „Missionsbräute“ zu unbekannten Männern, die als Missionare in Indien oder China arbeiteten, zu reisen. Sechs Lebensbilder aus der Geschichte der Basler Mission schildern den Lebensweg dieser Frauen.

282 Seiten, broschiert, 3., durchgesehene Auflage 2009,
ISBN 978 3 87214 619 9, Preis: 15,00 €